ANDERSEN

CONTES DANOIS

TRADUITS POUR LA PREMIÈRE FOIS

PAR MM.

ERNEST GRÉGOIRE & LOUIS MOLAND

ILLUSTRÉS D'APRÈS LES DESSINS

DE M. YAN' DARGENT

PARIS

GARNIER FRÈRES, LIBRAIRES-ÉDITEURS

6, RUE DES SAINTS-PÈRES ET PALAIS-ROYAL, 215

CONTES DANOIS

PARIS. — J. BOLBACH, IMPRIMEUR

25, RUE DE LILLE

ANDERSEN

CONTES DANOIS

TRADUITS POUR LA PREMIÈRE FOIS

PAR MM.

ERNEST GRÉGOIRE & LOUIS MOLAND

ILLUSTRÉS D'APRÈS LES DESSINS

DE M. YAN' DARGENT

PARIS

GARNIER FRÈRES, LIBRAIRES-ÉDITEURS

6, RUE DES SAINTS-PÈRES, 6

PLACEMENT DES GRAVURES HORS TEXTE

Portrait d'Andersen (*en regard du titre*).

Mais voilà qu'ils aperçoivent les plus belles myrtilles	96
Les vagues parfois les couvraient	179
Les enfants venaient s'asseoir sur de petits bancs	216
Entre les branches, une planche est suspendue.	234
Tout à coup apparut une vaste lueur.	257
J'en ai fait une basse-cour, dit le comte	288
Il gisait là, raide, paralysé	362
Il se jette à genoux et prie avec ferveur	380

INTRODUCTION

Le poète danois Andersen est un auteur fécond qui a abordé tous les genres littéraires ; nous trouvons dans ses œuvres des poèmes, des satires, des relations de voyages, des drames, des comédies, des romans et des contes. Autant qu'il nous est permis d'en juger, c'est dans le conte qu'il a déployé la plus grande originalité. Aussi ses contes, plus encore que ses autres ouvrages, se sont-ils répandus en tous pays. Ils ont été traduits en toutes langues, et partout ils ont joui d'une vogue soutenue. On peut dire qu'ils sont devenus populaires en Europe.

Les contes d'Andersen ont ce caractère d'unir toujours à une très grande richesse d'imagination, à une très riante fantaisie, un sens profond. Sous des conceptions parfois bizarres, il cache toujours une idée philosophique. C'est, du reste, à cette double condition seulement que les contes deviennent populaires. Voyez (pour prendre l'exemple le plus familier à nos lecteurs) les Contes de Perrault : malgré des apparences enfantines, ils renferment tous une moralité assez haute. *Ri-*

quet à la Houppe et Peau d'Ane ont une signification qui n'échappe à personne ; et le Chat botté, et Cendrillon, et et le Petit Poucet, et les Deux Sœurs, dont l'une, en parlant, jette des diamants et des perles, et l'autre des vipères et des crapauds? Dans chacun de ces récits l'on aperçoit distinctement une leçon éternellement vraie, un sujet de méditation. Lorsque ce fond existe, la fiction peut être impunément puérile, fantastique, extravagante. Pourvu qu'elle saisisse vivement l'imagination, le but est rempli. Le Calila et Dimna de l'Orient, le Comte Lucanor de l'Espagne, tous ces recueils d'histoires qui ont traversé les siècles sans périr, se prêteraient aussi bien à la même observation.

Pour qu'ils puissent se graver dans la mémoire des générations successives, les contes doivent plaire également à l'enfance et à la vieillesse, puisque l'une est chargée de les transmettre à l'autre. Or ils ne plaisent pas à l'une et à l'autre par les mêmes qualités. La première y cherche des aventures naïves ou touchantes, des peintures pittoresques, des drames merveilleux. La seconde, lorsqu'elle y revient, veut y trouver l'image même de la vie et du monde. Il faut donc que les contes, pour vivre plus d'une saison, combinent ce double élément.

On s'étonne parfois que la littérature enfantine compte un si petit nombre d'œuvres durables, et qu'il soit si difficile d'y réussir. C'est qu'en réalité la littérature enfantine, si l'on entend par là une littérature qui ne conviendrait qu'à l'enfance, est une illusion. Il n'y a point de littérature qui ne doive être faite pour tous les âges. Seulement, pour descendre jusqu'à l'enfance et pour se rendre abordable aux jeunes esprits, il faut que les ouvrages d'imagination présentent des mérites beaucoup plus frappants et beaucoup plus rares. Ce qu'on peut établir comme une règle certaine, c'est que, si le livre destiné à vos enfants n'est pas lu avec autant d'intérêt par leurs parents et par leurs grands parents que par eux-mêmes, vous n'avez affaire qu'à une production éphémère et sans valeur.

Les contes d'Andersen s'adressent à tout le monde ; ils n'offrent pas seulement des tableaux pittoresques, des péripéties saisissantes, des personnages originaux ; ils ouvrent comme une source vive de pensées et de réflexions sur la vie et sur la destinée humaine. Le conteur peut nous conduire à travers les plus étranges labyrinthes de la fantaisie et de l'imagination. Nous sentons toujours le fil que le philosophe et l'observateur ont remis entre nos mains pour nous y diriger. Dès lors, ce qui nous rebuterait peut-être, si nous n'avions pas ce fil conducteur, nous enchante et nous ravit, et nous suivons sans résistance et avec plaisir le poète dans ses rêves splendides.

L'imagination du conteur danois, à dire vrai, est parfois vertigineuse. Une remarque que l'on a faite déjà et que nous pouvons répéter à son occasion, c'est que, par l'éclat et la hardiesse de l'invention poétique, les peuples du Nord rivalisent avec les peuples de l'Orient. Il n'y a pour lutter de merveilles avec le brûlant soleil de l'Inde, de la Perse et de l'Arabie, que la neige et la brume de l'Irlande, de la Norwège, de la Suède et du Danemark. Les extrêmes se touchent, dit-on : l'*Edda* rejoint les *Vedas;* je ne sais rien de comparable aux *Mille et une Nuits* que les *Mabinogion* ou *Nursery tales* des anciens Gallois. Qui a le mieux traduit les magnificences de la poésie indienne dans un poème moderne ?

c'est Thomas Moore, un Irlandais, dans son poème de *Lalla Rook*.

Mais si l'imagination, de part et d'autre, semble d'une égale richesse, elle n'a point pour cela le même caractère et ne revêt pas les mêmes couleurs. Dans le Nord, la pensée est toujours quelque peu nuageuse, toujours teintée de mélancolie et de tristesse. La féerie n'y est guère que la personnification des forces turbulentes et redoutables de la nature : l'homme, dominé par elles, leur prête la vie de l'esprit. Pour lui, le ciel et la terre se peuplent d'êtres symboliques ; tout l'univers s'anime.

Ce naturalisme n'existe nulle part à un degré plus remarquable que dans Andersen. Il n'est point d'objet qu'il n'ait touché de sa baguette magique et doué de la vie et de la parole. Ses récits forment comme un concert où tous les êtres se répondent. L'homme y fait sa partie avec toutes choses. Non seulement les éléments, les vents, les orages, les eaux, le feu du ciel, non seulement les animaux, les arbres et les plantes lui donnent la réplique, mais les meubles qui l'environnent, les instruments qui lui servent, les jouets qui l'amusent. Il a la faculté de les voir vivre et de les entendre parler. La matière inerte n'existe pas pour lui.

Les héros des contes d'Andersen sont le plus souvent des enfants, des jeunes gens. Rarement il les conduit au delà de la jeunesse. Il est comme la plupart des poètes que le printemps de la vie et le printemps de l'année charment presque exclusivement. Il a l'ironie humoristique, mais il y joint beaucoup de sensibilité et de grâce ; la satire n'est chez lui jamais cruelle. Ajoutez à cela une grande pureté de sentiment, et vous avez assez exactement, je crois, le caractère général de l'œuvre du conteur danois.

INTRODUCTION.

Ces traits qui leur sont communs n'empêchent pas qu'il y ait une grande diversité parmi les contes d'Andersen : les uns sont pris dans la vie réelle et ne mettent en scène que des personnages humains; c'est le plus grand nombre de ceux qui composent notre recueil, car nous croyons qu'ils s'accordent mieux au goût de notre nation et de notre temps; tels sont : *Ib et la petite Christine, Elle se conduit mal, Une Histoire dans les dunes, le Fils du portier, Sous le saule, Ce que le vieux fait est bien fait, Caquets d'enfants, Un Crèvecœur, le Jardinier et ses maîtres.* Les autres sont de pures féeries : tels sont *la Reine des neiges, la Fille du Roi de la vase ;* et, dans un caractère différent et se rapprochant de l'apologue : *Un Couple d'amoureux, le Schilling d'argent* et *les Aventures du chardon.* D'autres enfin mêlent à dose à peu près égale la réalité humaine et le fantastique, sans que jamais l'élément fantastique, introduit parmi des tableaux d'une vérité très franche, choque l'esprit du lecteur. A cette dernière catégorie appartiennent *la Vierge des glaciers, le Sylphe, Une feuille du ciel.*

Dans le choix que nous avons fait nous avons cherché la variété, et nous nous sommes proposé d'offrir un spécimen assez complet du talent du conteur. Ce talent est déjà connu et apprécié en France; mais nous espérons que ce nouveau recueil ajoutera à la réputation dont l'écrivain danois jouit parmi nous.

Louis MOLAND.

HANS CHRISTIAN ANDERSEN.

Andersen, l'auteur des contes qu'on va lire, a écrit son autobiographie sous ce titre : « Le Conte de ma vie. » Nous ne saurions mieux faire que d'en détacher quelques pages :

« Ma vie est un bien charmant conte. Si, lorsque jeune garçon j'entrai pauvre et seul dans le monde, j'avais rencontré une puissante fée et qu'elle m'eût dit : « Choisis ta car-
« rière et le but où tu veux atteindre, et je te protégerai, je
« te conduirai dans le droit chemin, » vraiment mon sort n'eût pas été plus heureux ni ma vie mieux arrangée qu'ils ne l'ont été en réalité. L'histoire de ma vie prouvera au monde ce qu'elle me prouve à moi-même : qu'il y a un Dieu plein d'amour qui dirige toutes choses pour le mieux.

« Ma patrie, le Danemark, est un pays poétique, où abondent les sagas, les traditions populaires, les anciens chants. Son histoire est riche en événements dramatiques. Les îles danoises sont couvertes de superbes forêts de hêtres, de prairies et de fertiles champs de blé. C'est comme un vaste jardin du plus grand style. Sur une de ces îles verdoyantes, la Fionie, se trouve ma ville natale, Odensée, appelée ainsi du dieu païen Odin, qui y avait, dit la tradition, sa demeure principale.

« Là vivait en 1805, dans une pauvre petite chambre, un jeune couple. Ils s'aimaient tendrement. L'homme, cordonnier de son métier, avait à peine vingt-deux ans. C'était, malgré son humble condition, un esprit fort bien doué, une nature pleine d'aspirations poétiques. La femme était un peu plus âgée. Elle ne connaissait ni le monde ni la vie. Son cœur était un trésor d'amour.

« Le jeune homme avait lui-même confectionné son établi et son lit nuptial; pour ce dernier, il avait employé les pièces de bois qui avaient servi à la construction du catafalque sur lequel le cercueil du comte de Trampe avait été exposé. Des lambeaux de drap noir attachés aux planches en rappelaient la première destination. A la place du cadavre du noble seigneur, se trouvait sur ces planches, le 2 avril 1805, un petit enfant plein de vie, mais pleurant sans cesse. C'était moi, Hans Christian Andersen.

« Mon père, m'a-t-on dit, se tenait, pendant les premiers jours qui suivirent ma naissance, près du lit et lisait tout haut les œuvres de Holberg, pendant que je continuais à crier : « Veux-tu t'endormir ou écouter en silence ? » disait-il en plaisantant. Mais je ne cessais de pousser des cris. Même à l'église, lorsque je fus baptisé, je criai au point que le pasteur, qui était un homme emporté, se mit à dire avec impatience : « Ce garçon miaule vraiment comme un chat. » Jamais ma mère ne lui a pardonné ces paroles. Un pauvre émigré français du nom de Gomard, qui fut mon parrain, lui dit pour la consoler que plus je criais étant enfant, mieux je chanterais plus tard.

« Notre petite chambre que le lit, le fauteuil et les outils de mon père remplissaient presque entièrement, voilà le palais qui abrita mon enfance. Les murs en étaient couverts d'images. Au-dessus de l'établi étaient suspendues des planches portant des livres et des cahiers de chansons. Dans la petite cuisine, il y avait beaucoup d'assiettes et de plats brillants. De là, par une échelle, on montait sur le toit, où, contre la gouttière, tout en face de la maison voisine, une grande caisse pleine de terre formait tout le jardin maternel : il fleurit encore aujourd'hui dans un conte : *la Reine des neiges*.

« Je fus le seul enfant de mes parents, et je fus gâté autant qu'il est possible de l'être. Ma mère me dit combien mon enfance était plus heureuse que ne l'avait été la sienne : j'étais presque traité aussi bien que le fils d'un comte, tandis que ses parents l'avaient forcée, avec des coups, à aller mendier ! Elle n'avait pu d'abord s'y résoudre ; elle était restée tout un jour sous un pont à pleurer. J'ai tracé le portrait de ma mère dans la vieille Dominica de *l'Improvisateur* et dans la mère du *Violonneux* (1).

« Mon père me laissait faire toutes mes volontés. Je possédais toute son affection ; il ne paraissait vivre que pour moi. Les dimanches il s'amusa à me construire un petit théâtre ; il me découpa des décors qui étaient mobiles et qui pouvaient même changer à vue. Il me lisait des scènes des comédies de Holberg et des contes des *Mille et une Nuits*. Ce

(1) Ce sont deux romans d'Andersen.

n'est que lorsqu'il s'entretenait ainsi avec moi que je me rappelle l'avoir vu bien gai. Il ne se sentait pas heureux de son sort. Ses parents avaient été de riches paysans. Une suite de malheurs vinrent les frapper. Le bétail fut enlevé par la maladie ; la grange brûla, et à la fin son père perdit la raison. Sa mère vint habiter Odensée, et elle mit son jeune fils en apprentissage chez un cordonnier. L'enfant, qui avait l'esprit éveillé, avait toujours désiré entrer à l'Ecole latine (1). Quelques bourgeois d'Odensée, qui étaient à leur aise, avaient annoncé qu'ils se cotiseraient pour lui faire faire ses études. Mais tout se borna de leur part à des paroles.

« Mon pauvre père ne put réaliser son plus cher souhait. Jamais il ne s'en consola bien. Je me souviens qu'étant enfant je vis ses yeux se remplir de larmes, lorsqu'un élève de l'Ecole latine, venant chez nous commander des bottes neuves, montra ses livres et parla de toutes les belles choses qu'il apprenait : « Voilà le chemin que j'aurais dû suivre ! » dit mon père, et il m'embrassa avec force, et de toute la soirée il ne dit plus rien.

« Rarement il fréquentait les autres artisans. Le dimanche, il allait habituellement promener dans le bois, et il m'emmenait avec lui. Il ne me parlait pas beaucoup, il s'asseyait sous un arbre et restait enseveli dans ses pensées, tandis que je sautais tout autour, que j'attachais des fraises le long d'un brin de paille, ou que je tressais des couronnes.

« Une fois l'année seulement, au mois de mai, lorsque la forêt resplendissait de la première verdure du printemps, ma mère nous accompagnait, elle portait alors une robe de

---

(1) On désigne ainsi ce que nous appelons les colléges, les lycées.

cotonnade qu'elle réservait pour ce jour et pour ceux où elle communiait. Cette robe fut, pendant toutes les années dont je me souviens, son unique robe de fête.

« Lorsqu'elle venait ainsi avec nous, elle rapportait à la maison des branches de hêtre fraîches qu'elle plaçait derrière le poêle brillant et poli, et aussi des herbes de la Saint-Jean qu'elle mettait entre les fentes des poutres ; elles y poussaient, et, d'après leur grandeur, nous calculions combien d'années nous avions à vivre. Notre petite chambre, que ma mère tenait dans une extrême propreté, était ainsi ornée de verdure. Elle mettait son orgueil à ce que les couvertures du lit et les rideaux fussent toujours bien blancs.

« La mère de mon père venait chaque jour chez nous passer ne fût-ce que quelques instants, pour voir son petit-fils : j'étais sa joie et son bonheur. C'était une vieille tout aimable, aux yeux bleus très doux. Elle avait une figure agréable et l'air d'une dame. La vie l'avait durement éprouvée. Après avoir possédé une belle fortune, elle était tombée dans une grande gêne. Elle habitait, avec son mari malade d'esprit, une petite maison qu'elle avait achetée des derniers restes de son avoir. Cependant je ne me souviens pas de l'avoir vue pleurer ; mais cela ne me faisait que plus d'impression quand elle soupirait profondément et qu'elle racontait l'histoire de sa mère : laquelle était une noble et riche demoiselle de Cassel en Allemagne : elle s'était éprise d'un comédien et l'avait épousé, quittant pour lui parents et patrie. « C'est cette faute, disait ma grand'mère, que nous, ses descendants, devons expier. »

« Je n'ai pas l'idée qu'elle ait jamais prononcé devant moi le nom de cette aïeule.

« Elle s'était chargée, pour un petit salaire, de cultiver le jardin de l'hôpital. Elle en rapportait tous les samedis soir quelques fleurs qu'on lui permettait de prendre. Le bouquet était placé sur la commode de ma mère comme ornement ; mais *il était à moi*, c'était moi qui le mettais dans l'eau, et qui la renouvelais quand il en était besoin. C'était une de mes grandes joies. Ma grand'mère m'apportait tout ce qu'elle pouvait ; elle m'aimait de toute son âme ; je le savais.

« Deux fois par an elle faisait dans le jardin de l'hôpital un grand feu avec les branches et les feuilles mortes, avec les mauvaises herbes, etc. J'allais alors la trouver, et je me roulais joyeusement sur les tas de feuilles. On me donnait, pour m'amuser, beaucoup de fleurs. Et ce que j'estimais assez, je mangeais là de meilleures choses qu'à la maison.

« Les fous tranquilles avaient la permission de se promener dans la cour. Ils venaient quelquefois nous trouver au jardin. Je les écoutais parler avec un mélange de curiosité et de terreur, et je me prenais à les suivre pour entendre la fin de leurs histoires. Je me hasardais même à aller voir, avec les gardiens, les fous furieux. Un long corridor longeait leurs cellules. Une fois, le gardien étant parti, je m'agenouillai à terre, et je regardai par la fente d'une de ces portes. Il y avait là une femme à moitié nue, couchée sur de la paille. Ses longs cheveux flottants pendaient jusqu'à mi-corps. Elle chantait de la voix la plus douce. Tout à coup elle s'élança vers la porte, ouvrit le petit judas par lequel on lui passait ses aliments. Elle me regarda d'un air fixe et terrible et étendit son long bras vers moi ; je sentis ses ongles toucher mes habits, je criai d'épouvante ; le gardien accourut, j'étais à demi mort de frayeur. Même après bien des années écoulées, ce spectacle et cette impression restèrent présents à mon esprit.

« Près de l'endroit du jardin où nous faisions notre feu était une chambre où filaient de pauvres vieilles femmes. J'entrai les voir et je fus bientôt leur favori. C'est que je leur racontais avec éloquence des choses qui les plongeaient dans l'étonnement. Par hasard, j'avais entendu quelqu'un parler de la conformation intérieure du corps humain. Je n'y avais naturellement rien compris ; mais le mystère m'attirait, et avec de la craie je me mis à tracer, devant ces bonnes vieilles, une suite de zigzags qui représentaient, leur dis-je, la forme des intestins ; puis je leur décrivis fantastiquement le cœur et les poumons. Elles ne revenaient pas de leur surprise.

« Je passai aussitôt parmi elles pour un enfant prodige et elles me prédirent qu'ayant trop d'esprit je ne vivrais pas longtemps. Pour me récompenser de ce que je leur avais appris, elles me confèrent une quantité de contes de fées, d'histoires de magiciens, etc. Tout un nouveau monde aussi riche, aussi brillant que celui des *Mille et une Nuits*, se développa devant moi.

« Les récits de ces bonnes vieilles, la fréquentation des fous firent sur moi une telle impression que j'osais à peine, après le crépuscule, sortir de la maison. Dès que le soleil se couchait, je me mettais au pied du lit de mes parents, et là, tout éveillé, je voyais défiler les figures les plus extraordinaires. Je vivais familièrement au milieu d'elles. J'avais une peur extrême de mon grand-père le faible d'esprit. Une seule fois il m'avait parlé, me disant *vous* comme à un étranger. Il passait son temps à découper dans du bois des figures bizarres, des hommes avec des têtes d'animaux, des bêtes étranges, des griffons ailés. De temps en temps il mettait tout son ouvrage dans un panier et partait pour la campagne. Partout les paysannes lui faisaient fête et le régalaient, car il donnait à leurs enfants ces singuliers jouets. Un jour qu'il revenait en ville d'une de ces tournées, j'entendis les gamins de la rue crier après lui. Je me précipitai dans une maison et me cachai de frayeur derrière l'escalier. Je savais bien que j'étais de son sang.

« Tout ce qui m'entourait de près était bien fait pour exciter mon imagination. De plus, à cette époque, où il n'y avait pas de bateaux à vapeur, où les communications par la poste étaient bien plus rares qu'aujourd'hui, Odensée avait un tout autre caractère qu'à présent. Elle semblait arriérée, comme on dit, de plusieurs siècles. Il y régnait encore beaucoup de coutumes des anciens temps qui presque partout ailleurs étaient abolies. On y voyait les corporations se promener en procession chacune ayant en tête son arlequin avec fouet et sonnettes. Le lundi du carnaval, les bouchers menaient par les rues le bœuf le plus gras enguirlandé de fleurs ; un garçon habillé d'une chemise longue, ayant des ailes dans le dos, était à califourchon sur l'animal. Un autre jour de fête, les matelots avec une musique, et portant tous leurs pavillons, traversaient la ville, puis ils plaçaient une longue planche dont les deux bouts reposaient chacun sur une barque. Les plus hardis s'avançaient de chaque côté à la rencontre l'un de l'autre et luttaient ensemble : celui qui jetait à l'eau son adversaire était le vainqueur.

« Un des souvenirs qui se sont le plus vivement gravés

dans ma mémoire et qui y furent sans cesse ranimés par les récits que j'entendis faire, c'est celui du séjour que firent les Espagnols en Fionie pendant l'année 1808 (1). Je n'avais alors, il est vrai, que trois ans. Pourtant je me rappelle nettement ces étrangers au teint brun, qui tiraient des coups de canon. J'allais les voir camper dans une vieille église à moitié démolie, voisine de l'Hôpital. L'un d'eux me prit un jour dans ses bras et pressa contre mes lèvres une médaille d'argent qu'il portait sur sa poitrine. Ma mère, il m'en souvient, en fut fâchée ; mais moi j'aimais l'image qui se voyait sur la médaille et le bon soldat qui me faisait danser, qui m'embrassait et qui versait des larmes en me regardant ; certainement il avait laissé des enfants en Espagne.

« Je vis conduire au supplice un de ses camarades qui avait assassiné un Français. Bien des années plus tard, ce souvenir se raviva tout à coup dans mon imagination et j'écrivis mon petit poëme, le *Soldat,* que Chamisso a traduit en allemand.

« Presque jamais je ne me trouvais avec les autres garçons. Même à l'école, je ne me mêlais pas à leurs jeux pendant les récréations. Je restais seul dans la salle d'étude. Je n'avais nul besoin de leurs amusements. J'avais à la maison assez de jouets ; mon père me les confectionnait. Je prenais plaisir à coudre moi-même des habits pour mes poupées. Ce qui me plongeait dans le ravissement, c'était d'étendre un tablier de couleur, emprunté à ma mère, sur deux piquets, devant un groseiller que j'avais planté dans la

---

1. C'était un régiment levé en Espagne par Napoléon Ier et envoyé, par un hasard de la guerre, au fond du Danemark.

cour, et de voir les effets de lumière que le soleil en passant par l'étoffe produisait sur les feuilles.

« J'étais, comme vous voyez, un enfant bizarre et rêveur. Souvent je marchais, les yeux demi-clos, absorbé dans mes songes. A la fin l'on s'en aperçut et l'on supposa que j'avais la vue faible, tandis que je l'avais excellente.

« Pendant la moisson, ma mère m'emmenait parfois avec elle aux champs où nous glanions des épis, comme Ruth sur les terres du riche Booz. Un jour nous en ramassions dans un domaine dont le régisseur était connu pour un homme dur et colère. Tout à coup nous le voyons approcher, armé d'un terrible fouet. Ma mère et les autres glaneuses s'enfuirent. Je fis de même, mais en courant je perdis mes sabots, et restai pieds nus. Les éteules me piquèrent si fort qu'il me fut impossible d'avancer davantage. L'homme m'avait rattrapé ; déjà il levait son fouet ; je le regardai en face, et voici les paroles qui sortirent comme involontairement de ma bouche : « Comment oses-tu me frapper, puisque Dieu peut te voir ! » Cet homme brutal demeura saisi, son visage se radoucit tout à coup ; il me demanda mon nom et me donna une belle pièce d'argent. Lorsque je la montrai à ma mère, elle dit aux autres : Quel singulier enfant que mon Hans Christian ! tout
« le monde lui veut du bien, même ce méchant qui lui a
« donné de l'argent. »

« Je grandissais, je devins pieux et même superstitieux. Je n'avais aucune idée de ce que pouvait être le besoin ; mes parents ne vivaient, il est vrai, qu'au jour le jour, mais moi du moins j'avais tout en abondance. Une vieille femme arrangeait à ma taille les vieux habits de mon père.

« J'accompagnais parfois mes parents au théâtre. Les premières pièces que j'y vis se jouaient en allemand : c'étaient le *Potier* de Holberg, mis en opéra, et la *Nymphe du Danube*. La première impression que me firent le théâtre et la foule qui s'y trouvait rassemblée n'indiquaient pas du tout qu'il y eût en moi une veine poétique cachée. Lorsque j'aperçus tout ce monde, je m'écriai : « Si nous avions à la maison autant de « tonnelets de beurre qu'il y a ici de personnes, je mangerais « joliment des tartines ! »

« Bientôt je ne me trouvai nulle part aussi bien qu'au théâtre ; comme on ne m'y conduisait que rarement, je me fis un ami du porteur de programmes. Tous les jours il me donnait un programme ; je le lisais et le relisais, puis j'allais dans un coin où j'imaginais toute une pièce d'après le titre et les personnages de la pièce affichée. Ce furent là mes premières œuvres poétiques, encore inconscientes.

Mon père, de plus en plus renfermé en lui-même et taciturne, avait plus que jamais le goût de passer tous ses moments de loisir à errer dans les bois. Il ne pouvait plus rester en place ; il était absorbé par les faits de guerre qu'il lisait dans le journal. Napoléon était son idéal, son héros. Le Danemark s'allia en ce temps à la France. Il n'était question que de guerre. Mon père s'engagea comme soldat, espérant revenir lieutenant. Ma mère pleura ; les voisins haussèrent les épaules en disant que c'était folie d'aller se faire tuer quand on n'y était pas forcé.

« Le matin où le régiment partit, j'entendis mon père chantonner gaiement, mais c'était pour cacher sa profonde émotion ; je la devinai à la véhémence avec laquelle il m'embrassa. J'étais couché, malade de la rougeole. Le tambour retentit, et ma mère accompagna en sanglotant mon père jusqu'à la porte de la ville. Ma grand'mère vint me voir, elle me regarda de ses yeux doux et dit qu'il serait à souhaiter que je mourusse maintenant, mais qu'il fallait pourtant s'en remettre à la volonté divine qui fait tout pour le mieux. Ce fut là le premier chagrin véritable que je ressentis.

« Le régiment n'alla pas plus loin que le Holstein ; la paix fut signée et mon père revint à son établi. Tout paraissait rentré dans l'ordre. Je continuais à m'amuser avec mes poupées ; je jouais avec elles des comédies, et cela toujours en allemand, parce que je n'avais vu encore que des pièces allemandes ; mais je ne comprenais pas cette langue ; mes pièces étaient donc dans un jargon de fantaisie où il n'y avait qu'un seul mot véritablement allemand ; je l'avais retenu d'une phrase que mon père disait souvent depuis qu'il avait été dans le Holstein. « Allons, disait-il en plaisantant, tu as du « moins tiré quelque profit de mon voyage. Dieu sait si tu « iras jamais aussi loin que je viens d'aller. C'est ton affaire, « Hans Christian, pense à voir le monde. »

« Ma mère l'interrompit en déclarant qu'autant qu'elle avait son mot à dire je demeurerais à la maison et je n'irais pas compromettre ma santé comme il avait fait de la sienne. C'était, en effet, le cas. Un matin il se réveilla avec le délire. Il ne parlait que de batailles et de Napoléon. Il s'imaginait qu'il recevait des ordres de l'Empereur pour le commandement de son corps d'armée. Ma mère m'envoya aussitôt, non chez le médecin, mais chez une vieille femme considérée comme à moitié sorcière. Elle demeurait à une demi-lieue de la ville. Elle me fit toutes sortes de questions, mesura mes bras avec un fil de laine, fit plusieurs signes et gestes singuliers, puis finit par m'attacher sur la poitrine une branche verte, m'as-

surant que cette branche était cueillie à un arbre de la même espèce que l'arbre dont avait été faite la croix de notre Sauveur. « Retourne maintenant chez toi en suivant la ri-
« vière, me dit-elle, si ton père doit mourir cette fois, tu
« rencontreras en chemin son esprit. »

« On peut aisément s'imaginer quelles furent mes angoisses et ma terreur, lorque, superstitieux comme je l'étais, je suivais le bord de l'eau. « Tu n'as vraiment rien rencontré ?
« me demanda ma mère. — Non, » répondis-je. Bien que je fusse rassuré pour mon père, mon cœur battait à se rompre.

« Le surlendemain, mon père mourut ; je restai avec ma mère à veiller son corps toute la nuit. Le grillon du foyer ne cessa pas de faire entendre son cri-cri que le peuple considère chez nous comme la plainte d'un ami : « Il est bien mort, dit
« ma mère en s'adressant à la bête invisible ; tu l'appelles
« en vain ; la Vierge des glaces l'a emporté. »

« Je compris ce qu'elle voulait dire. Je me rappelai que l'hiver précédent, nos fenêtres étant gelées, mon père nous y avait montré une figure ressemblant à une belle Vierge. Elle tenait ses bras ouverts. « Elle vient pour m'enlever ! » dit-il en plaisantant. Maintenant qu'il gisait là inanimé, ma mère s'était souvenue de ces paroles. Il fut enterré au cimetière de Saint-Canut, près de la porte latérale de gauche. Ma grand'mère planta des roses sur sa tombe. Aujourd'hui il y en a deux de plus au même endroit, et déjà elles sont recouvertes d'une herbe épaisse.

« Après la mort de mon père, je restai entièrement abandonné à moi-même. Ma mère travaillait au dehors, lessivait pour les autres. Moi, je restais seul à la maison avec mon petit théâtre ; je cousais des robes pour mes poupées et je lisais des comédies. On m'a raconté plus tard que j'étais toujours habillé proprement et gentiment, que je poussais comme une longue perche et que j'avais de longs cheveux clairs, couleur de lin.

« Dans notre voisinage habitait la veuve d'un pasteur, Mme Bunkeflod, avec sa belle-sœur. Elles me reçurent chez elles; ce fut la première famille de personnes instruites et faisant partie de la bonne société où je fus accueilli amicalement. Le défunt pasteur avait écrit des poésies et il n'était pas sans un certain renom dans la littérature danoise; ses chansons de fileuses étaient encore dans la bouche du peuple.

« C'est là que j'entendis pour la première fois prononcer le nom du poète, et cela avec un respect profond, comme si c'était quelque chose de sacré. Je savais déjà qu'il y avait des auteurs comme Holberg, par exemple, dont mon père m'avait lu quelques comédies. Mais là il n'était pas question de théâtre; il ne s'agissait que de vers et de poésie : « Mon frère, le poète, » disait la sœur du pasteur, et ses yeux, à ces mots, prenaient un éclat particulier. Elle m'apprit que c'était un sort heureux, une profession sainte que d'être poète.

« C'est dans cette maison que je lus pour la première fois Shakspeare, dans une mauvaise traduction, il est vrai; mais ses personnages audacieux, ses scènes sanglantes, ses sorcières et ses revenants étaient entièrement de mon goût. Je jouai aussitôt ses drames sur mon théâtre de marionnettes. Je vivais familièrement avec l'esprit du père de Hamelet, avec le vieux roi Lear. Plus il mourait de personnages, plus cela me paraissait intéressant. C'est à cette époque que j'écrivis ma première pièce, qui n'était pas moins qu'une tragédie où naturellement tout le monde périssait. J'en avais pris le sujet dans une vieille chanson de Pyrame et Thisbé; mais j'avais ajouté à ces personnages un ermite et son fils, tous deux épris de Thisbé, et qui se tuaient lorsqu'elle mourait. J'avais mis dans la bouche de mon ermite beaucoup de passages de la Bible et du Petit Cathéchisme. La pièce s'appelait *Abor et Elvira*. J'en étais enchanté, et j'allais la lire avec le plus grand contentement à tous les gens du voisinage. Tous la trouvèrent superbe, excepté une voisine, qui, faisant un jeu de mots sur le titre, me dit que ma pièce aurait dû s'appeler « *la Perche* (*Aborre* en danois) *et la Morue*. » Je rentrai tout désolé à la maison. Je sentais qu'on s'était moqué de moi; je contai mon chagrin à ma mère : « Elle n'a dit cela, dit ma mère, que parce que son fils n'en saurait faire autant. »

« Je fus consolé et je recommençai une nouvelle pièce où figuraient un roi et une reine. Dans Shakspeare, ces hauts personnages parlent comme tout le monde. Il me semblait que cela ne devait pas être juste. Je demandai à ma mère et à diverses personnes comment un roi s'exprimait en réalité. On me répondit qu'il y avait longtemps qu'un roi était venu à Odensée, mais qu'on croyait que les têtes couronnées se servaient de langues étrangères. Je me procurai une sorte de dictionnaire où il y avait des mots allemands, français et anglais, avec la traduction en danois. C'était bien ce qu'il me fallait. Je pris un mot dans chaque langue et les intercalai dans les discours de mon roi et de ma reine. Cela faisait un langage comme celui qu'on a pu parler devant la tour de Babel; mais j'étais persuadé d'avoir fidèlement reproduit le langage des cours. Tout le monde fut obligé d'entendre ma pièce. Je la lisais avec une joie profonde; jamais il ne m'advint de douter que les autres n'éprouvassent pas le même plaisir à m'écouter.

« Le fils de la voisine travaillait dans une fabrique de drap et rapportait toutes les semaines quelque argent à la maison. Moi, je ne faisais, disait-on, que flâner. On résolut de me mettre dans cette fabrique : « C'est moins, dit ma « mère, pour l'argent qu'il y gagnera, que pour savoir toujours « où il est et ce qu'il fait. » Ma vieille grand'mère m'y conduisit; elle en était bien peinée. Elle n'aurait jamais cru, me disait-elle, que je serais un jour dans un atelier comme celui-là, avec les enfants les plus pauvres.

« Il s'y trouvait beaucoup d'ouvriers allemands qui chantaient gaiement; ils échangeaient entre eux des plaisanteries déplacées et grossières qui étaient accueillies avec la plus vive jubilation. A cette époque, j'avais une voix de soprano très haute et extraordinairement belle. Je le savais, car, lorsque je chantais sur notre toit, près de notre petit jardinet, je voyais dans la rue les passants s'arrêter. Les étrangers de qualité qui venaient dans le jardin du conseiller d'État attenant à notre maison m'écoutaient en silence. Lorsqu'à la fabrique on me demanda si je savais chanter, je commençai tout de suite; aussitôt tous les métiers cessèrent de marcher. On me fit chanter et rechanter; d'autres garçons se chargèrent de faire mon ouvrage.

« Encouragé par ce succès, je racontai que je savais aussi jouer la comédie et je leur récitai des scènes entières de Holberg et de Shakspeare. Tout le monde m'aimait, et je trouvai les premiers jours que je passai à la fabrique fort amusants. Mais un acte de brutalité m'en fit sortir et ma mère ne m'y laissa plus aller.

« Je me remis à fréquenter la maison de Mme Bunkeflod ; je fis connaissance d'une autre veuve de pasteur ; elle me prit pour lecteur des romans qu'elle louait au cabinet de lecture. Un de ces livres commençait ainsi : « Il faisait une nuit orageuse, la pluie frappait contre les carreaux... » — Ce sera une histoire bien intéressante, » dit la vieille dame. Je lui demandai innocemment comment elle savait cela. « Dès la première phrase d'un roman, répondit-elle, je devine s'il sera bon ou mauvais, amusant ou ennuyeux. » J'étais naïf au point d'admirer avec une sorte de vénération une pareille perspicacité.

« Au moment de la moisson, ma mère m'emmena à un château situé à quelques milles d'Odensée. C'était pour moi un grand voyage. Nous fîmes presque toute la route à pied. Nous y employâmes deux jours. La campagne me fit une si vive impression, que je ne désirais plus rien que de devenir paysan. On était en train de récolter le houblon. J'aidai à le cueillir. On se réunissait en cercle au fond de la grange, on racontait des histoires, chacun disait ce qu'il savait de plus curieux. J'entendis un vieillard dire que Dieu connaissait tout ce qui se passait et devait se passer. Cette idée me préoccupa singulièrement. Un soir que j'étais seul au bord d'un profond étang, la pensée qui m'absorbait se présenta à mon esprit avec plus de force qu'auparavant : « Dieu a peut-être résolu, « me dis-je, que je vivrai de longues années ; mais si je saute « dans l'eau, je déjouerai ses prévisions. » J'avais une envie étrange de m'élancer dans l'étang ; je courus vers l'endroit le plus profond, mais une réflexion m'arrêta : « C'est une tentation du démon qui veut me perdre ! » Je poussai un cri et courus me jeter, tout éperdu, dans les bras de ma mère.

Ni elle ni les autres ne purent me faire dire ce qui m'était arrivé. « Il aura vu un revenant, » dit une femme, et l'explication satisfit tout le monde et moi-même.

« Ma mère se remaria avec un artisan dont la famille blâma cette union trop peu avantageuse et ne voulut recevoir ni ma mère ni moi. Mon beau-père était un jeune homme tranquille qui n'entreprit nullement de se mêler de mon éducation. Aussi ne vivais-je plus que pour mon théâtre; j'étais constamment occupé à rassembler des chiffons de couleur que je coupais et cousais pour mes marionnettes. Ma mère voyait là un exercice utile, et croyait qu'il indiquait que j'étais né pour être tailleur. J'en concluais au contraire que j'avais des dispositions pour le théâtre et que je devais être un jour comédien. A ceci ma mère s'opposait formellement. Elle ne connaissait en fait de gens de théâtre que les histrions ambulants et les danseurs de corde, personnages de mince réputation. Force était donc d'apprendre l'état de tailleur et d'entrer en apprentissage. La seule chose qui me réconciliât avec cette profession, c'était qu'elle me procurerait sans doute beaucoup de morceaux de drap pour les costumes de mes poupées.

« Ma belle voix, la mémoire dont je faisais preuve en retenant par cœur des scènes entières de pièces de théâtre, avaient attiré sur moi l'attention de plusieurs familles distinguées de la ville. Elles prirent goût à ma personne bizarre et m'admirent chez elles, la plupart pour se divertir. Toutefois le colonel Hoegh Guldberg et sa famille me témoignèrent un véritable intérêt.

« J'étais devenu un grand garçon; ma mère ne voulait plus me laisser sans direction et sans but. J'allai à l'école des pauvres. J'y appris le catéchisme, à écrire et à compter ; à vrai dire j'estropiais l'orthographe de presque tous les mots et je connaissais assez mal les quatre règles. En revanche, à chaque fête du professeur, je tressais une couronne que je lui offrais avec un poème de ma façon. Il le prenait, en souriant à la fois de satisfaction et de pitié pour mes faibles vers. Les gamins des rues avaient entendu parler de mes singularités ; ils savaient que j'étais invité chez des personnes de qualité. Un jour, ils me poursuivirent en criant : « Le voilà, le voilà, « l'auteur de comédies ! » J'allai me cacher à la maison dans un coin, je pleurai et je priai Dieu.

« Ma mère demandait que je fusse confirmé afin que décidément j'entrasse en apprentissage et que je fisse quelque chose de raisonnable. Elle m'aimait de tout son cœur, mais ne comprenait rien (ni moi non plus du reste) à mes instincts, à mes aspirations. Tous ceux qui l'entouraient blâmaient ma manière d'être.

« Nous étions sur la paroisse de Saint-Canut. Les garçons qui devaient recevoir la confirmation allaient se faire instruire les uns chez le prévôt, c'étaient les enfants de qualité et les élèves de l'École latine ; les enfants pauvres chez le chapelain. J'allai me faire inscrire chez le prévôt, ce qu'il interpréta sans doute comme un trait de vanité, mais ce n'était que par peur des gamins qui s'étaient moqués de moi et par une espèce de vénération pour les élèves de l'École latine. Quand ils jouaient dans leur cour, je les regardais par la grille et je souhaitais d'être du nombre de ces enfants privilégiés, non pour prendre part à leurs jeux, mais à cause des paquets de livres que je leur voyais.

« Pendant le temps que je passai parmi ces enfants

chez le prévôt, il n'est pas un seul d'entre eux qui m'ait laissé un souvenir particulier : signe certain qu'ils ne s'occupèrent pas du tout de moi. J'étais embarrassé, je me sentais un intrus. Aussi quel ne fut pas mon bonheur, lorsqu'un jour celle des jeunes filles qui était la plus noble de naissance et qui me regardait toujours avec amitié, me donna une rose ; il y avait donc quelqu'un qui ne me méprisait pas !

« Ma vieille tailleuse arrangea le surtout de défunt mon père et m'en fit un habit de confirmation. Je n'avais jamais porté d'habit de cette coupe, de même que je mettais pour la première fois des bottes. Ma joie était extrême ; je craignais seulement que mes bottes ne fussent pas aperçues de tous ; je les passai par-dessus le pantalon. Quand je traversai l'église, ces bienheureuses bottes craquèrent, j'en fus enchanté, parce que tout le monde, pensai-je, remarquerait qu'elles étaient neuves. Ces idées profanes troublaient entièrement mes sentiments de piété. J'éprouvais des remords terribles en voyant que mes pensées s'occupaient autant de ces bottes neuves que du bon Dieu. Je le priai de tout cœur de me pardonner, et un moment après je me prenais à admirer de nouveau les bottes de Hans Christian Andersen. L'année précédente j'avais amassé une petite somme d'argent que je me mis alors à compter. Il y avait treize écus ; je fus transporté à l'idée d'une telle richesse, et lorsque ma mère exigea positivement que j'entrasse en apprentissage chez un tailleur, je la priai et la suppliai de me laisser aller à Copenhague, qui était à mes yeux la plus grande cité du monde.

« Mais que veux-tu y devenir ? demanda ma mère.

« — Je veux devenir célèbre. »

« Et je lui racontai ce que j'avais lu des débuts des

hommes remarquables : « D'abord on a une quantité de « contrariétés, et ensuite on devient célèbre. »

« C'était un instinct inexplicable qui me dirigeait et me poussait. Je priai, je pleurai. Ma mère céda, mais auparavant elle fit venir une vieille femme réputée sorcière pour prédire mon sort d'après les cartes et le marc de café. « Votre fils deviendra un grand homme, dit la vieille. Un « jour, en son honneur, la ville d'Odensée illuminera. » Ma mère pleura de joie en entendant ces paroles, et elle me permit de partir. Tous les voisins lui reprochèrent de me laisser aller à quatorze ans, si loin, dans une grande ville comme Copenhague, où je ne connaissais personne. « Il ne « me laisse pas de repos, répondit-elle, il a fallu céder ; mais « je suis persuadée qu'il n'ira pas plus loin que Nyborg. « Quand il verra la mer et ses grandes vagues, il reviendra. »

« L'été précédent, une partie des acteurs et chanteurs du Théâtre Royal de Copenhague était venue à Odensée et y avait joué une suite d'opéras et de tragédies. La ville était dans l'enthousiasme. Grâce à mon ami le porteur de programmes, j'avais pu entrer dans les coulisses, voir toutes les représentations, y figurer même comme page, berger, etc. ; j'avais eu quelques mots à dire sur la scène. Je remplissais mon rôle avec un tel zèle que, bien avant que les acteurs arrivassent pour s'habiller, j'avais déjà revêtu mon costume. Ce zèle me fit remarquer d'eux. Mon enthousiasme, mes idées et mes manières enfantines les amusèrent. Ils causèrent amicalement avec moi, et je les écoutais comme les vrais dieux d'ici-bas.

« Je me rappelais tout ce qu'on avait dit de flatteur sur ma voix et sur ma manière de déclamer les vers. « C'est pour

« le théâtre que je suis né, pensai-je ; c'est sur les planches « que je deviendrai célèbre. » C'est pourquoi Copenhague était devenu le but de mes désirs. J'entendis beaucoup parler du grand Théâtre Royal. On me dit qu'on y voyait un genre de pièces qui s'appelait *ballet* et qui était encore au-dessus de l'opéra. On me cita la vogue de la première danseuse, Mme Schall. Cette artiste m'apparut comme la reine du théâtre, et dans mon imagination je décidai que si je pouvais obtenir sa protection, mon avenir était assuré. Rempli de cette idée, j'allai trouver un des notables de la ville, le vieil imprimeur Iversen, qui, je le savais, avait eu de nombreuses relations avec les acteurs du Théâtre Royal. « Il doit connaître « cette danseuse, me disais-je, il voudra bien me donner « une lettre pour elle, et Dieu fera le reste. »

« Le vieillard qui me voyait pour la première fois m'écouta avec beaucoup d'affabilité, mais il me déconseilla fortement mon entreprise et me dit d'apprendre plutôt un métier. « Ce « serait un grand péché, » répondis-je avec une assurance qui le surprit. Ce que je lui dis encore acheva de le gagner. Il ne connaissait pas personnellement Mme Schall ; il me donna cependant une lettre de recommandation pour elle ; je me croyais tout près du but.

« Ma mère fit un petit paquet de mes effets et alla parler au postillon pour qu'il m'emmenât à Copenhague en me faisant asseoir sur la banquette. Le voyage ne laissa pas de coûter trois écus. Le jour du départ arriva. Ma mère toute désolée me conduisit jusqu'à la porte de la ville. Là se trouvait déjà ma vieille grand'mère ; ses beaux cheveux étaient devenus tout gris. Elle me pressa sur son cœur en pleurant, sans pouvoir prononcer une parole. Moi aussi j'étais profondément ému. Nous nous séparâmes ainsi ; je ne la revis plus ; elle mourut l'année suivante. Je ne sais pas où elle repose ; elle fut enterrée dans le cimetière des pauvres.

« Le postillon sonna de la trompette et la voiture partit. C'était une magnifique après-dînée ; le soleil était superbe ; mes larmes furent bien vite séchées. Je me réjouissais de toutes les choses nouvelles que je voyais. Et puis n'avançais-je pas vers mon but rayonnant ?

« Cependant, quant à Nyborg je m'embarquai sur le Grand Belt et je m'éloignai de mon île natale, je ressentis combien j'étais seul et abandonné. Je n'avais plus personne que Dieu au ciel. Lorsque je débarquai en Seeland, j'allai derrière une hutte qui était sur la plage, je m'agenouillai et priai Dieu de m'aider et de me conduire. Je me trouvai tout consolé, tant j'avais confiance en Dieu et en mon étoile. Tout le jour et ensuite la nuit la voiture traversa des villes et des villages. Quand on changeait de chevaux, je descendais et me promenais seul, en mangeant le pain que j'avais emporté. Je me croyais déjà loin, bien loin dans le vaste monde.

« Le 5 septembre 1819, un lundi matin, j'aperçus pour la première fois Copenhague de la hauteur du Frédériksberg. Je descendis de la voiture, et, mon petit paquet sous le bras, je m'avançai vers la ville par le parc et la grande avenue. La veille avait éclaté un mouvement populaire contre les Juifs. Toute la ville était dans l'agitation. Les rues étaient pleines de monde. Ce tumulte répondait bien à l'idée que je m'étais faite de la capitale.

« Ayant à peine dix écus en poche, je me logeai dans la plus modeste auberge que je pus découvrir.

« Ma première sortie fut pour aller à la recherche du

théâtre. Je fis plusieurs fois le tour de l'édifice que je regardais en quelque sorte comme mon domaine. Un marchand de contremarques me vit passer et repasser, il me demanda si je voulais un billet. Je connaissais encore si peu le monde, que je m'imaginai que ce brave homme avait la bonté de me faire cadeau d'un billet. J'acceptai avec plaisir. On s'expliqua. Le marchand crut que je me moquais de lui et se fâcha. Je m'enfuis tout effrayé ; c'est ainsi que je fus alors chassé de ces lieux où, dix ans plus tard, je vis représenter ma première œuvre dramatique.

« Le lendemain, j'endossai mes beaux habits de confirmation. Je n'omis pas de chausser mes superbes bottes et d'en faire passer les tiges par-dessus mon pantalon. Ainsi équipé, coiffé d'un chapeau qui me descendait jusqu'aux yeux, je me rendis chez Mme Schall pour lui remettre ma lettre d'introduction. Avant de sonner, je me mis à genoux devant la porte de son appartement, priant Dieu qu'il voulût me faire trouver là appui et protection. En ce moment, une servante descendait l'escalier ; elle me sourit amicalement, me mit un schilling dans la main et s'en alla en sautillant. Je regardai tout ébahi la pièce de monnaie. N'avais-je pas mes habits de confirmation que je croyais si élégants ? Comment pouvait-on me prendre pour un mendiant ? Je rappelai la jeune fille. « Garde-
« le, » me cria-t-elle, et elle disparut.

« Je sonnai et fut admis en présence de la danseuse, qui me considéra avec le plus grand étonnement. Je lui contai mon histoire. Elle ne connaissait pas du tout le libraire d'Odensée qui m'avait donné la lettre de recommandation. Ma personne, mon air, mes paroles lui paraissaient de plus en plus étranges. Je lui déclarai que j'aimais le théâtre par-dessus tout. Elle me demanda quel rôle je pensais pouvoir remplir. « Cendrillon, » répondis-je. J'avais vu cette pièce à Odensée, et j'avais été tellement frappé du rôle principal, que je l'avais retenu par cœur. Je priai la danseuse de me laisser ôter mes bottes qui me gêneraient pour bien jouer la légère Cendrillon. Puis, prenant mon chapeau en main et tapant dessus comme sur un tambourin, je me mis à danser et à chanter un des grands airs de cet opéra. Je tournais avec une merveilleuse agilité. Mes gestes devaient être des plus bizarres. La danseuse me prit pour un fou et s'empressa de me congédier.

« J'allai trouver le directeur du théâtre pour lui demander de m'engager. Il me répondit que j'étais trop maigre : « Donnez-moi seulement cent écus de gages, dis-je, et je me « charge d'engraisser. » Il prit alors un air sérieux et me dit qu'au théâtre il ne fallait que des personnes qui eussent de l'instruction.

« Je demeurai, après ce double échec, plongé dans l'affliction la plus profonde. Je n'avais pas une âme à qui demander conseil ou consolation. Je pensai un instant qu'il ne me restait plus qu'à mourir ; mais aussitôt mes idées se reportèrent vers Dieu, et, avec la pleine confiance d'un enfant, je m'assurai en son assistance et en son secours. J'avais pleuré tout mon soûl : j'essuyai mes larmes, en me disant : « Quand « cela va tout à fait mal et que tout semble désespéré, c'est « alors que le bon Dieu nous vient en aide. N'est-ce pas « ce que j'ai lu si souvent ? Il faut souffrir avant de devenir « quelque chose. »

« Rasséréné, j'achetai un billet de théâtre pour le paradis. On donnait *Paul et Virginie*. Au moment où les deux amants se séparent, j'éclatai en sanglots. Deux braves femmes qui étaient à côté de moi essayèrent de me consoler et me dirent que ce qui se passait sur la scène n'avait rien de réel, que c'était spectacle, pure fiction. L'une d'elles, pour me calmer, m'offrit une grosse tartine avec du saucisson. Moi qui ressentais pour tout le monde la plus naïve confiance, je me mis à leur raconter que ce n'était pas, au fond, sur les aventures de Paul et de Virginie que je m'apitoyais, mais sur moi-même : je regardais le théâtre comme ma Virginie, et, séparé de lui, je deviendrais certainement aussi malheureux que Paul. Elles me considérèrent avec des yeux étonnés, et ne parurent pas comprendre du tout ce que je leur disais.

« Je leur expliquai pourquoi j'étais venu à Copenhague, ce qui m'était arrivé, et combien je me trouvais abandonné. Les bonnes âmes me bourrèrent alors de tartines, de gâteaux et de fruits.

« Le lendemain, je payai mon compte à l'auberge, et, à mon extrême chagrin, je m'aperçus qu'il ne me restait, en tout, qu'un écu. Il fallait, ou bien m'embarquer immédiatement pour retourner à Odensée, ou me mettre en apprentissage. Je m'arrêtai à cette dernière alternative, car, me disais-je, de toute manière, si je retourne chez nous, je devrai apprendre un métier, et, de plus, chacun se moquera de ma malheureuse équipée.

« Toutes les professions m'étaient indifférentes. Je n'en prenais une que pour gagner de quoi vivre et demeurer à Copenhague. J'achetai un journal pour lire les annonces ; j'y vis qu'un menuisier demandait un apprenti. J'allai le trouver, et le lendemain matin j'entrai à l'atelier. Mais les ouvriers et les autres apprentis tenaient de si vilains discours que moi, qui étais pudique comme une jeune fille, je n'y pus tenir. Ils se moquèrent de moi ; pleurant, je déclarai au maître qu'il m'était impossible de rester chez lui. Il voulut me retenir, mais je m'enfuis.

« Je marchais à travers les rues, ne sachant que faire ni que devenir. Tout à coup je me souvins d'avoir lu, dans une gazette, qu'un Italien du nom de Siboni était directeur du Conservatoire de musique. « Allons le trouver, pensai-je. On « vantait ma voix naguère ; peut-être la trouvera-t-il belle « et me viendra-t-il en aide. Sinon, il n'y a plus d'autre « issue que de m'arranger avec le patron d'une barque et de « retourner à Odensée. »

« A cette idée de retour, j'entrai dans la plus pénible agitation, et c'est en cet état que j'arrivai chez Siboni. Il avait beaucoup de monde à dîner, entre autres le compositeur Weyse et le célèbre poète Baggesen. La gouvernante vint m'ouvrir la porte ; je lui dis ce que je venais demander, et, comme il me fallut attendre longtemps, je lui racontai toute ma vie.

« Enfin la porte s'ouvrit, et toute la société, qu'on avait prévenue, arriva pour m'examiner. On me fit chanter. Siboni m'écouta avec une grande attention. Puis je déclamai quelques vers de Holberg et une élégie que je savais par cœur. Le sentiment de ma situation malheureuse me saisit et me domina tellement, que j'éclatai en pleurs. Tout le monde se mit à m'applaudir : « Je te le prédis, dit Baggesen, tu de- « viendras quelque chose. »

« Siboni me promit de se charger de développer ma voix et de me mettre en état de débuter comme chanteur au Théâtre-Royal. J'étais aux anges, je riais, je pleurais en même temps. La gouvernante, lorsque je me retirai, m'engagea à aller voir le compositeur Weyse, qui paraissait bien disposé pour moi.

« En effet, lui, qui pour s'élever à la réputation était parti de tout en bas, avait compris mon dénûment. Il en avait pitié. Il fit en ma faveur une collecte qui produisit soixante-dix écus.

« J'écrivis alors ma première lettre à ma mère, une lettre de jubilation. Je lui annonçais que j'étais au comble de la fortune. Ma mère, bien heureuse, montra ma lettre à tout le monde. Les uns étaient étonnés et la félicitaient; les autres souriaient et disaient qu'il fallait attendre la fin de tout cela.

« Pour pouvoir comprendre Siboni qui ne savait pas le danois et n'entendait que l'allemand, il était nécessaire que j'apprisse quelque peu cette dernière langue. Une excellente dame, avec qui je m'étais trouvé dans la diligence qui m'amenait d'Odensée, et que je rencontrai par hasard, me recommanda à un professeur de sa connaissance qui m'enseigna gratis un peu d'allemand. Siboni me reçut chez lui, me nourrit, et m'enseigna la musique. Mais, six mois après, voilà ma voix qui mue et qui est perdue pour le chant, parce que, pendant l'hiver, j'avais eu de mauvais souliers et des vêtements trop légers, ce qui m'avait attiré de mauvais rhumes. Il n'y avait plus à espérer que je devinsse un chanteur. Siboni me le déclara sincèrement et me conseilla de retourner à Odensée apprendre un métier.

« Moi, revenir m'exposer aux rires de ma ville natale, après la façon enthousiaste dont j'avais décrit à ma mère mon heureuse fortune! Cette pensée m'anéantissait. Dans ma détresse, il me vint encore une bonne idée. Je me souvins qu'à Copenhague vivait le poète Guldberg, le frère du colonel qui m'avait témoigné tant de bienveillance à Odensée. Je lui écrivis d'abord, puis j'allai chez lui. L'excellent homme m'accueillit les bras ouverts. Ayant vu par ma lettre combien je connaissais peu l'orthographe, il me promit de m'enseigner ma langue ainsi que l'allemand. Il m'abandonna le produit d'un petit volume qu'il venait de publier. Cela fut connu, et la vente procura, je pense, plus de cent écus.

« Pour faire des économies, je quittai l'auberge et cherchai une chambre particulière. Je tombai chez une veuve qui me demanda vingt écus par mois pour la nourriture et pour une mauvaise chambre sans feu. Mais Weyse m'avait dit que je n'avais pas plus de seize écus à dépenser par mois. C'était ce que Guldberg et lui s'étaient arrangés pour me donner. La veuve m'invita à essayer pendant un jour si la maison me convenait. J'y fus. Elle sortit un instant. Je m'assis sur le canapé fort attristé; elle m'avait dit tant de mal de tout le monde que je ne me croyais plus en sûreté que chez elle. Et cependant je n'avais pas les vingt écus. En face de moi, j'aperçus le portrait de son défunt mari. Mouillant mes doigts avec les larmes que le chagrin m'arrachait, je les promenai sur le visage du tableau, afin que l'âme du défunt fût instruite de ma douleur et influençât en ma faveur le cœur de sa femme. Celle-ci rentra, et, voyant sans doute qu'elle ne pouvait absolument pas m'arracher plus de seize écus, elle les accepta, et moi, je remerciai Dieu et le brave défunt.

« Je continuais à m'amuser, comme un enfant, avec des marionnettes. Pour avoir de quoi leur confectionner des costumes, j'allais dans les boutiques solliciter des échantillons d'étoffes et de rubans. Je ne possédais pas un schilling; tout l'argent de mon mois était remis d'avance à la veuve. Cependant, quand je lui faisais des commissions, elle me donnait parfois une petite pièce de monnaie. Je l'employais à m'acheter du papier ou quelque vieille comédie.

J'étais, en somme, fort heureux. Guldberg avait décidé Lindgreen, le premier comique du Théâtre-Royal, à me donner des leçons de déclamation. Celui-ci me fit apprendre des rôles de niais dans Holberg, pour lesquels j'avais, disait-on, un talent naturel. Mais mon ambition était plus haute : je voulais jouer le Corrége de la pièce d'OEhlenschlaeger. Lindgreen me laissa faire. Je récitai le fameux monologue avec tant de sentiment que, me frappant sur l'épaule, il me dit : « De l'âme, vous en avez certes ; mais vous n'êtes pas né pour être comédien. Parlez donc à Guld-
« berg de vous faire apprendre un peu de latin. Vous pour-
« riez de la sorte devenir étudiant. »

« Moi, étudiant ! Jamais l'idée ne m'en était venue. J'aimais bien mieux le théâtre. Pourtant il n'y avait pas de mal à apprendre un peu de latin. En effet, un ami de Guldberg se chargea de me donner quelques leçons par semaine.

« Dahlen, le premier sujet de danse, dont la femme était alors une de nos principales actrices, m'accueillit dans sa maison. Il m'emmenait parfois à son école de danse et pendant des heures me faisait faire des pliés, tendre la jambe, etc. Malgré ma bonne volonté, il me déclara bientôt que je ne m'élèverais jamais au delà du rôle de figurant. En revanche, la connaissance de cet artiste m'avait procuré l'avantage immense, à mes yeux, de pouvoir entrer dans les coulisses. Il me semblait, grâce à ce privilège, que je faisais déjà partie du théâtre.

« Un soir qu'on donnait *les Petits Savoyards*, dans le tableau du marché, tout le personnel, même les machinistes, montèrent sur la scène pour faire nombre. Voyant cela, je mis un peu de fard, et, rempli de joie, je me joignis à toute la troupe. Je portais mes vêtements ordinaires, c'était toujours mon habit de confirmation qui était encore propre, mais bien râpé, et toujours le grand chapeau qui me descendait jusqu'aux yeux. Je savais maintenant que je n'étais pas de la dernière élégance ; j'avais quelques précautions à prendre : j'étais obligé, par exemple, de ne pas trop redresser mon corps long et maigre, afin que mon gilet devenu trop court ne produisît pas une solution de continuité dans ma toilette. Tout cela ne me rendait que plus gauche.

« Je sentais bien qu'on pourrait se moquer de moi : le bonheur de me montrer pour la première fois devant la rampe me fit tout braver. Entraîné, le cœur palpitant, j'arrivai sur la scène. Un des premiers chanteurs d'alors, dont on a oublié le nom aujourd'hui, m'aperçut, vint à moi, me prit par la main, et, m'attirant plus en avant, il me dit d'un air goguenard : « Voulez-vous que je vous présente au public « danois ? » Je prévis qu'on allait rire de moi, je retirai brusquement ma main de la sienne, et quittai la scène, les larmes aux yeux.

« Bientôt après, Dahlen monta un ballet où il me donna un petit bout de rôle : j'y figurais un démon. La future grande actrice, femme du poète Heiberg, qui était alors une toute petite fille, paraissait aussi dans le ballet : nos deux noms étaient imprimés sur les affiches et sur les programmes. Mon nom imprimé ! quel événement dans ma vie ! J'y voyais un gage d'immortalité. Je ne cessais de considérer ce bienheureux programme; je l'emportai chez moi, et, déjà couché, j'y lisais et relisais mon nom imprimé. C'était de l'extase.

« C'était la deuxième année que je passais à Copenhague. La somme qui avait été recueillie pour moi était dépensée; mais j'avais honte d'avouer ma misère. Je demeurais chez une autre veuve ; je ne prenais chez elle, en fait de nourriture, que le café du matin. Vinrent alors des jours bien sombres. La brave femme s'imaginait que je dînais dehors, chez des gens charitables ; mais souvent je n'avais qu'un petit pain que je mangeais sur un banc du palais royal. Rarement je me hasardais dans une gargotte ; si je m'y hasardais, je me glissais timidement vers la table la plus écartée.

« En réalité, j'étais alors très abandonné; mais je ne sentais pas tout le poids de mon isolement. Tout homme qui me parlait amicalement, je le regardais aussitôt comme un ami sincère; je n'avais aucun fiel contre la société. Dieu était avec moi dans ma chambrette, et bien des fois, après avoir fait ma prière du soir, je lui demandai, comme un enfant, si bientôt cela n'irait pas mieux.

« J'avais entendu dire que ce qu'on faisait le jour de la nouvelle année, on le faisait pendant l'année entière. Mon suprême désir était d'obtenir un rôle dans une pièce. Vint le jour de l'an. J'allai rôder le matin devant le théâtre; il n'y avait personne dans tout le bâtiment, excepté le vieux portier, à moitié aveugle, qui était assis devant sa loge. Je me glisse sans être aperçu de lui, et, le cœur tout palpitant, j'arrive à travers les coulisses sur la scène; le rideau était levé par hasard. Je tombe à genoux et je veux déclamer une des belles tirades que je savais par cœur; mais dans mon émotion j'avais perdu toute mémoire. Alors je récitai tout un *Pater*, et je m'en fus, persuadé qu'ayant parlé le jour de l'an du haut de la scène, j'arriverais dans le courant de l'année à obtenir un rôle.

« Pendant les deux années que je venais de passer à Copenhague, je n'avais jamais été à la campagne, au milieu de la nature, sauf une fois au grand parc, où l'aspect de la foule m'avait absorbé. La troisième année, j'arrivai par une matinée de printemps au milieu de la verdure, dans le parc de Frédéricsberg. Je me trouvai sous les grands hêtres ; le soleil perçait à travers leur jeune feuillage ; l'air était frais et embaumé ; les oiseaux gazouillaient mélodieusement. Je me sentis tout transporté, j'entourai de mes bras un de ces gros arbres et je l'embrassai. « Est-il fou ? » entendis-je crier à côté de moi. C'était un des laquais du château. Je me sauvai tout éperdu et rentrai en ville.

« Dans l'intervalle ma voix était revenue ; elle avait beaucoup gagné. Le directeur de l'école de chant m'entendit et m'engagea à entrer à son école ; il me dit qu'en chantant dans les chœurs, j'apprendrai à me mouvoir avec plus de liberté sur les planches. Je crus voir là une nouvelle voie pour entrer au théâtre et je suivis le conseil.

« Je fus, en effet, admis dans les chœurs d'opéra, et j'y figurai tantôt comme berger, tantôt comme guerrier. J'avais, en retour, obtenu la permission d'entrer au parterre ; le théâtre m'absorbait au grand détriment de mon latin. Je manquai plusieurs des leçons qu'on voulait bien me donner. Guldberg l'apprit et, pour la première fois de ma vie, je reçus une terrible semonce. J'en fus accablé ; je crois qu'un criminel n'est pas plus atterré en entendant sa sentence de mort. Cela devait se marquer sur mes traits, car Gulberg me dit : « Ne joue donc pas la comédie ! » Mais ma consternation était bien sincère. Cependant c'en était fait de mes leçons de latin.

« Je sentis ce jour-là mieux que je ne l'avais fait encore ma dépendance de la bonté d'autrui ; par moments, j'avais des pensées sombres sur mon avenir ; les choses les plus nécessaires me manquaient. En d'autres instants, je redevenais insouciant comme un écolier.

« La veuve de notre célèbre homme d'Etat, Christian Colbjoernsen, et sa fille furent les deux premières dames de la haute société qui me marquèrent de l'intérêt. Elles résidaient l'été, dans une maison de campagne où demeuraient aussi le poète Rahbek et sa femme, si vive d'esprit, si bienveillante. Elle s'entretenait assez souvent avec moi. Un jour, je lui lus une nouvelle tragédie que je venais d'écrire. Dès les premières scènes elle s'écria : « Voilà des passages
« tout entiers qui sont copiés dans OEhlenschlaeger et Inge-
« mann. — Certainement, répondis-je dans mon innocence,
« mais ils sont si beaux ! » et je continuai ma lecture.

« Un jour que je la quittai pour monter chez Mme Colbjoernsen, elle me présenta une poignée de roses en disant :
« Prenez cela pour ces dames ; cela leur fera plaisir de les
« recevoir de la main d'un poète. »

« Ces paroles étaient dites en plaisantant, mais c'était la première fois qu'on accolait le nom de poète au mien. J'en fus pénétré jusqu'au fond de l'âme, et les larmes me vinrent aux yeux. Ce fut positivement de ce jour que je me sentis attiré vers la poésie, que ma vocation d'écrivain s'éveilla ; auparavant écrire n'avait été pour moi qu'un jeu, une distraction pour me reposer de mon théâtre de marionnettes.

« Dans cette même maison de campagne habitait le futur professeur Tiele, alors jeune étudiant. Il était une des rares personnes qui me disaient la vérité; les autres se moquaient de moi, se réjouissaient des drôleries que je laissais échapper dans ma naïveté. On m'avait surnommé le *Petit déclamateur*; j'étais un simple objet de curiosité; moi, tout ingénument, je prenais les sourires que provoquait ma singularité pour des approbations.

« Un homme, qui est devenu plus tard un de mes bons amis, m'a raconté qu'il me vit alors pour la première fois dans le salon d'un riche négociant; j'étais invité comme *phénomène*; on me pria, pour s'amuser, de réciter une de mes pièces de poésie. Je le fis, à ce qu'il paraît, avec tant de sentiment, que les railleries se changèrent en applaudissements sincères.

« Tous les jours j'entendais dire que je ferais bien de m'instruire; mais on ne faisait rien pour me mettre à même d'étudier. J'avais bien assez de peine à vivre. J'imaginai alors d'écrire une tragédie et de la présenter au Théâtre-Royal; l'argent que je pensais en retirer, je le consacrerais à faire mes études. J'avais déjà écrit, il y avait quelque temps, une tragédie, *la Chapelle de la forêt*, dont j'avais pris le sujet dans un conte allemand. Guldberg m'avait déclaré qu'elle n'avait rien de bon, sinon qu'elle m'avait servi d'exercice d'orthographe.

« Cette fois, j'inventai mon sujet moi-même; en quinze jours ma pièce fut terminée; elle s'appelait *les Brigands de Vissenberg*. La grammaire y était fort maltraitée; je finis par mettre dans le secret, que j'avais gardé à l'égard de tous, la jeune dame qui, lors de ma confirmation, m'avait seule témoigné de l'amitié. C'est à elle que je devais d'avoir été introduit dans la famille Colbjoernsen et de là dans les autres salons. Elle fit copier et orthographier ma pièce, et la fit remettre au théâtre. Au bout de six semaines, on me la renvoya, avec prière de ne plus importuner le monde de rapsodies où se trahissait un manque complet d'instruction élémentaire. Quelques jours après, je reçus une lettre de la direction du théâtre qui me renvoyait de l'école de danse et de celle de chant, par le motif que la fréquentation de ces écoles ne me mènerait à rien ; on me recommandait de tâcher de décider mes protecteurs à me faire donner de l'instruction. Hors de là, je n'avais rien à espérer.

« Je me trouvais de nouveau repoussé de tous, seul et sans ressource. « Il me *faut* écrire une nouvelle pièce, me « dis-je, et il *faut* qu'on la reçoive, ou je suis perdu. » J'écrivis donc une nouvelle tragédie, que j'appelais *Alfsol*. J'en étais enchanté. Je la lus à un prédicateur à la mode, le prévôt Gutfeldt, qui l'envoya à la direction du Théâtre-Royal avec un mot de recommandation.

« En attendant la réponse, je passais sans cesse de l'espoir à l'angoisse. Que devenir en effet si on me refusait encore ? J'étais déjà dans une grande misère ; je n'en parlais point par une fausse honte ; sans cela mes protecteurs ne m'auraient certainement pas laissé souffrir. Au milieu de mes peines, j'avais éprouvé un grand bonheur ; je venais de lire pour la première fois Walter Scott ; un nouveau monde s'était révélé pour mon esprit.

« Muni d'une lettre de M. Gutfeldt, j'allais voir le directeur du théâtre, M. Collin, en qui je devais trouver comme un second père. Il ne me dit que quelques paroles assez sévères sur ma pièce. Je me retirai, en le regardant comme un ennemi. Et pendant ce temps, cet excellent homme faisait d'actives démarches pour me tirer une bonne fois de la peine. Quelques jours après, on me rendit ma pièce, déclarée injouable; mais, me dit-on, M. Collin y avait rencontré tant de paillettes d'or, qu'il avait pensé qu'avec de l'instruction je deviendrais capable d'écrire des pièces digne de la scène danoise. Il avait obtenu pour moi, du roi Frédéric VI, une pension pendant plusieurs années, et l'autorisation de fréquenter gratuitement l'École latine de Slagelsée.

« A cette nouvelle, je restai muet d'étonnement; jamais je n'avais cru que je suivrais cette carrière des lettres, dont je ne me rendais, du reste, pas nettement compte. Collin devait être comme mon tuteur; je suis fier de lui avoir inspiré l'affection qu'il ne cessa de me témoigner, sans qu'une parole, sans qu'un regard rendît ses bienfaits lourds à celui qui les recevait. Et je n'en puis dire autant de tous ceux que j'ai eu à remercier de mon changement de fortune.

« Par un beau jour d'automne, je partis pour Slagelsée. Je me trouvais, dans la diligence, avec un jeune étudiant qui venait d'être reçu à l'université et qui allait revoir ses parents. Il m'assura qu'il serait l'être le plus malheureux de la terre s'il lui fallait rentrer à l'École latine. Cela ne me découragea pas, et j'écrivis à ma mère une lettre pleine d'une joie exubérante. Il ne manquait qu'une chose à mon bonheur, c'est que mon père et ma grand'mère fussent encore de ce monde, pour apprendre que j'étais élève de l'École latine !

« Lorsque j'arrivai à Slagelsée, tard dans la soirée, je demandai à la femme de l'aubergiste chez qui j'étais descendu ce qu'il y avait de curieux dans la ville : « Nous « avons, me répondit-elle, une nouvelle pompe à feu, sys- « tème anglais, et la belle bibliothèque du pasteur Bastholm. » Et en effet, c'est tout ce qu'il y avait à voir dans cette petite ville, où chacun était occupé de ce qui se passait dans toutes les autres maisons. Une des plus grandes distractions qu'on y connût était d'entendre tous les jours le postillon sonner du cor en entrant dans la ville.

« Je fus logé chez une brave veuve. A l'école on me plaça dans l'avant-dernière classe, parmi les petits garçons qui venaient d'apprendre à lire; en effet, je ne savais rien du tout.

« J'étais là comme un oiseau sauvage qu'on aurait enfermé dans une cage.

« J'avais la meilleure intention de m'instruire ; mais je me trouvais ballotté dans tous les sens sur la vaste mer de la science; la grammaire, la géographie, les mathématiques me faisaient l'effet d'énormes vagues où mon intelligence devait s'engloutir. Je désespérais de faire des progrès.

« Le recteur, qui avait l'esprit caustique, aimait à se moquer de moi et des autres. Je le regardais comme un oracle infaillible, et lorsqu'un jour il m'eut traité d'imbécile, je l'écrivis au plus tôt à M. Collin, en ajoutant que je ne méritais certainement pas qu'on prît la peine de me faire étudier.

« M. Collin m'exhorta à persévérer. J'obtins en effet, peu de temps après, quelques bons points ; lorsque vint l'examen, je conquis même les éloges du recteur.

« Aux vacances, j'allai à Copenhague ; Guldberg me procura les moyens de me rendre à Odensée, où je n'avais pas été depuis que j'en étais parti à l'aventure.

« Je traversai le Belt et je partis à pied pour ma ville natale. Lorsque j'en aperçus le vieux clocher, mon cœur palpita, je compris la bonté de Dieu envers moi, et les larmes me vinrent aux yeux.

« Ma mère était au septième ciel ; quand je traversais les rues, les gens ouvraient les fenêtres pour me voir. Un des notables m'invita à entrer chez lui et me conduisit sur une terrasse qu'il avait construite en haut de sa maison. Dans la rue quelques braves vieilles qui m'avaient connu tout petit à l'Hôpital me montrèrent du doigt aux passants. Je me croyais au comble du bonheur et de la gloire.

« Dès que je fus de retour à Slagelsée, l'auréole s'évanouit entièrement. Je travaillais de toutes mes forces, et j'avançais toujours ; mais plus j'arrivais dans des classes élevées, plus je sentais que mes efforts n'étaient pas suffisants. Souvent le soir, quand le sommeil me prenait, je me lavais la tête à l'eau froide, ou bien je me promenais dans le petit jardin de la maison, jusqu'à ce que je fusse assez réveillé pour pouvoir reprendre mes livres.

« Le recteur continuait à m'accabler de brocards et de sobriquets. Je me sentais paralysé par la crainte dès que je le voyais ; par suite, je répondais tout de travers à ses questions, et mes transes redoublaient.

« Dans un de ces moments d'angoisses, j'écrivis à celui des professeurs qui me montrait le plus de bonté. Je lui déclarai que je me considérais comme sans moyens et que le roi jetait son argent dans la rue en me faisant étudier. Je le priai de me donner un bon conseil. L'excellent homme me consola avec les paroles les plus douces ; il me dit que le recteur me voulait du bien, mais qu'il ne pouvait pas changer son caractère à cause de moi ; que je devais persévérer. Il ajouta qu'il était malheureux qu'on ne pût pas suivre à mon égard une méthode particulière, mais que dans une école cela ne se pouvait faire.

« Je me sentis réconforté et je finis par faire de sensibles progrès.

» Mon grand bonheur était d'assister, comme les autres élèves des hautes classes, aux représentations d'un petit théâtre d'amateurs qui existait dans la ville, et où le plus beau décor représentait la place de Slagelsée ; les spectateurs étaient enchantés de voir ainsi leurs propres maisons sur la scène.

« Mon principal but de promenade était la *Croix de Saint-André*, qui est sur une hauteur voisine et à laquelle se rattache une légende du moyen âge.

« Ce saint André était prêtre à Slagelsée ; il alla à la croisade avec d'autres pèlerins danois. Le jour où ses compagnons quittèrent Jérusalem, il resta plongé en prière devant le saint sépulcre ; le navire qui l'avait amené partit sans lui. Lorsqu'il arriva au port pour s'embarquer, un homme avec un âne vint à lui et lui offrit de le conduire dans son pays. Saint André monta sur la bête ; il s'endormit aussitôt ; lorsqu'il se réveilla, il se trouva seul sur une hauteur ; il entendit sonner les cloches de Slagelsée. Il était de retour bien avant le navire ; un ange du Seigneur l'avait transporté par les airs.

« Une croix de bois fut élevée sur la hauteur en commémoration du miracle. J'allais donc souvent m'asseoir en cet endroit ; la légende me plaisait et la vue était magnifique, j'apercevais la mer et l'île de Fionie. Là, je laissais libre cours à mon imagination qu'à l'école je retenais prisonnière pour qu'elle ne troublât pas mes études.

« Le recteur demanda son changement ; il fut envoyé à Elseneur. Il me dit que, si je voulais l'accompagner et demeurer chez lui, il me donnerait des leçons particulières de grec et de latin, et qu'ainsi, dans un an et demi, je pourrais passer l'examen pour entrer à l'Université. A cette occasion il écrivit à Collin une lettre que je vis plus tard et qui était pleine d'éloges sur mon compte. Si j'avais su qu'il appréciait ainsi mes efforts, cela m'aurait donné du courage ; mais ses moqueries continuelles contraignaient mon esprit et l'arrêtaient dans son essor.

« Sur le conseil de Collin, je suivis cependant le recteur à Elseneur. C'est un des plus beaux endroits du Danemark ; on y domine le Sund, ce bleu détroit qui sépare le Danemark de la Suède. Tous les jours on y voit passer des centaines de navires portant les pavillons de tous les pays. Cette nature belle et grandiose produisit sur moi une vive impression ; mais je n'avais guère de loisir pour la contempler. Quand les classes étaient terminées, il me fallait rentrer dans la maison du recteur, étudier mes leçons, et finalement monter à ma petite chambre. Je ne voyais personne du dehors. Cette époque de ma vie est celle qui m'a laissé les plus pénibles souvenirs. Je n'avais plus la moindre confiance en moi-même. Le recteur continuait à me harceler de cruelles plaisanteries. Je ne me plaignis jamais de lui ; je savais que dans ce cas on dirait à Copenhague que mon caractère fantasque ne savait pas s'adapter au monde réel. Mes lettres à Collin étaient remplies du plus complet désespoir ; mon protecteur en était navré ; mais il ne savait comment y remédier, croyant que c'était le résultat d'une mélancolie native.

« Je renaissais à la vie quand j'allais passer quelques jours à Copenhague. J'y lus, chez des personnes de connaissance, les vers que j'avais composés depuis mon départ; à Slagelsée j'avais écrit cinq pièces de poésie, dont l'une, *A ma mère* se trouve dans mes *Œuvres*; à Elseneur une seule : *l'Enfant mourant*; c'est parmi mes poésies celle qui est la plus goûtée, la plus répandue.

« Je la récitai donc dans les salons de Copenhague; mais alors elle ne fit pas d'effet ; beaucoup de mes auditeurs ne remarquèrent qu'une chose : c'est que j'avais conservé mon mauvais accent fionien. D'autres me sermonèrent, m'exhortèrent fort à ne pas concevoir une trop haute idée de mon talent; et cela au moment où je ne m'en croyais plus du tout.

« Un des endroits où l'on m'acueillais le plus amicalement, c'était chez l'amiral Wulff; il demeurait alors au château d'Amalienbourg ; ses enfants m'aimaient beaucoup; lorsque je venais dans la capitale, j'habitais une chambre du château qui avait vue sur la place. Le premier soir que j'y entrai, je me rappelai les paroles d'Aladdin quand, de son riche palais, il regarde la place et dit : « C'est là que je « demeurais lorsque j'étais un pauvre enfant. »

« Chez l'amiral, je vis les hommes les plus distingués de l'époque; celui que je vénérais le plus, c'était le poëte Oehlenschlaeger. Quel ne fut pas mon ravissement lorsqu'un soir il vint me chercher derrière les rideaux, où je me cachais à cause de mes habits si pauvres ! Il me prit amicalement la main. Je fus sur le point de m'agenouiller devant lui.

« Mais il fallait m'en retourner chez mon recteur; il avait

appris que j'avais lu à Copenhague une de mes poésies. Il me considéra de son œil le plus perçant et m'ordonna de lui apporter mes vers, ajoutant que, s'il y trouvait une étincelle de poésie, il me pardonnerait de passer mon temps à rimer. D'une main tremblante je lui présentai mon *Enfant mourant;* il le lut, déclara que ce n'était que fausse sentimentalité et radotage.

« Il se mit à me traiter encore plus durement ; j'étais à bout de forces. Heureusement un des professeurs de l'école alla à Copenhague expliquer à Collin ce qu'il en était. Mon protecteur me rappela au plus tôt.

« J'allai dire adieu au recteur et le remercier des progrès qu'il m'avait fait faire ; mais, plus violent que jamais, il me maudit, m'annonça que jamais je n'entrerais à l'université, que mes poésies, si on les imprimait, moisiraient dans les magasins des libraires, et que je finirais dans une maison de fous. Je me retirai tout bouleversé.

« Quelques années après, lorsque mes écrits commencèrent à être goûtés du public, je le rencontrai à Copenhague ; il vint à moi, me tendit la main et me pria de lui pardonner de s'être trompé sur mon compte et de ne pas m'avoir mieux traité.

« Je revins dans la capitale m'installer dans une petite mansarde ; on me donna un répétiteur, surtout pour le latin et le grec. Quant aux mathématiques, qui étaient, chose bizarre, devenues mon fort, je les continuai tout seul.

« J'allai dîner tous les jours chez l'une ou l'autre des diverses familles qui me voulaient du bien. C'est là une coutume touchante de nos pays du Nord, qui permet à bien des jeunes gens pauvres de faire leurs études. On les reçoit comme

d

les enfants de la maison et le bienfait accordé au nom de la science n'a rien d'humiliant pour eux. Cet usage remonte au moyen âge, où il était pratiqué dans toutes les villes universitaires.

« Je me trouvais alors affranchi de la dure discipline de l'école; mon répétiteur était un jeune homme et avait un caractère original dans le genre du mien.

« Je faisais beaucoup de progrès; mais en revanche je contractai un vilain défaut : c'était de me railler de mes propres sentiments, de ne plus admettre en ce monde que la froide raison. Je subissais l'influence du recteur qui s'était attaché à ridiculiser ma nature, si portée à l'émotion. Je me mis à parodier les vers que j'avais écrits naguère en pleurant. Toutes mes poésies de cette époque ont une tournure humoristique et sarcastique.

« Elles plurent à Heiberg, un de nos meilleurs auteurs, le même qui a transplanté en Danemark le vaudeville français; il publia deux pièces de moi dans un recueil périodique, *la Poste volante*, mais sous le voile de l'anonyme.

« Le soir même où parut le recueil, je me trouvais dans une maison où l'on m'aimait assez, mais où l'on traitait mon talent de poète comme s'il n'eût point existé. Le facteur apporte *la Poste volante*. Le premier qui l'ouvre s'écrie : « Voilà deux excellentes pièces; elles doivent être d'Hei-« berg; aucun autre ne peut écrire avec autant d'esprit et « d'humeur. » Et il lit mes vers, aux applaudissements de tous. Alors la fille de la maison, que j'avais mise dans le secret, leur dit que l'auteur c'était moi. Ils ne dirent pas un mot et furent de mauvaise humeur toute la soirée; et moi je me sentis encore plus malheureux qu'eux.

« Mon répétiteur demeurait assez loin de la ville ; quand j'allais chez lui, mon esprit était tout à ma leçon ; au retour, une foule d'idées poétiques venaient m'assaillir ; mais je n'en mettais presque aucune sur le papier.

« Au mois de septembre 1828, je passai l'examen pour entrer à l'université. Après l'examen, quand j'eus été reçu, les idées poétiques revinrent comme un essaim d'abeilles tourbillonner dans ma tête. J'écrivis, sous cette inspiration, *une Promenade à Amack*, œuvre fantastique, reflet exact de mes dispositions d'alors, lorsque tout en pleurant je me moquais des sentiments qui débordaient de mon cœur.

« Je ne trouvai pas d'éditeur pour cet essai ; je le publiai à mes frais ; en quelques jours toute l'édition fut épuisée. On s'arrachait mon petit volume ; j'étais aux anges, et, par surcroît de bonheur, on joua peu de temps après une petite comédie de ma façon. Elle ne valait rien ; mes camarades de l'université la trouvèrent excellente : ils étaient fiers de moi. Tous les salons me furent ouverts. Cela ne m'empêcha pas de travailler, et en septembre 1829 je passai, à la satisfaction de mes professeurs, mon examen de philologie et de philosophie.

« Cette même année, je publiai mon premier recueil de poésies ; il fut bien reçu du public. Je voyais devant moi une vie tout ensoleillée de succès et de bonheur. »

Telle fut la jeunesse d'Andersen ; nous avons reproduit ici l'intéressante esquisse qu'il en a tracée lui-même, parce qu'elle jette une vive clarté sur ses contes. Nous ne le suivrons pas plus loin dans sa carrière. A partir de cette époque, il n'eut plus à s'inquiéter de l'avenir. Sa vie se passa à voyager et à composer. Après le succès de ses premières poésies, il obtint du roi un stipende de voyage (*reise stipendium*), et il visita, en 1833 et 1834, l'Allemagne, la Suisse, la France, l'Italie.

C'est en 1835, quelques mois après la publication de l'*Improvisateur*, qu'il fit paraître ses premiers contes. Ils furent d'abord assez peu goûtés, comme il le constate lui-même : « Ce n'est qu'après l'apparition de mon troisième recueil que l'intérêt public s'éveilla pour ces petits récits. Ce troisième recueil plut universellement, et depuis lors c'était à qui me solliciterait d'écrire de nouveaux contes. On me boudait quand j'avais laissé passer le mois de décembre sans qu'on pût placer sous l'arbre de Noël un de mes opuscules, dont grands et petits se montraient également charmés. »

Le goût du public danois pour les contes d'Andersen s'est propagé partout; partout ils sont les bienvenus aux fêtes de Noël et du Nouvel an. Nous espérons que le nouveau choix que nous en offrons aux lecteurs français « grands et petits » ne fera pas une exception à cette bonne fortune.

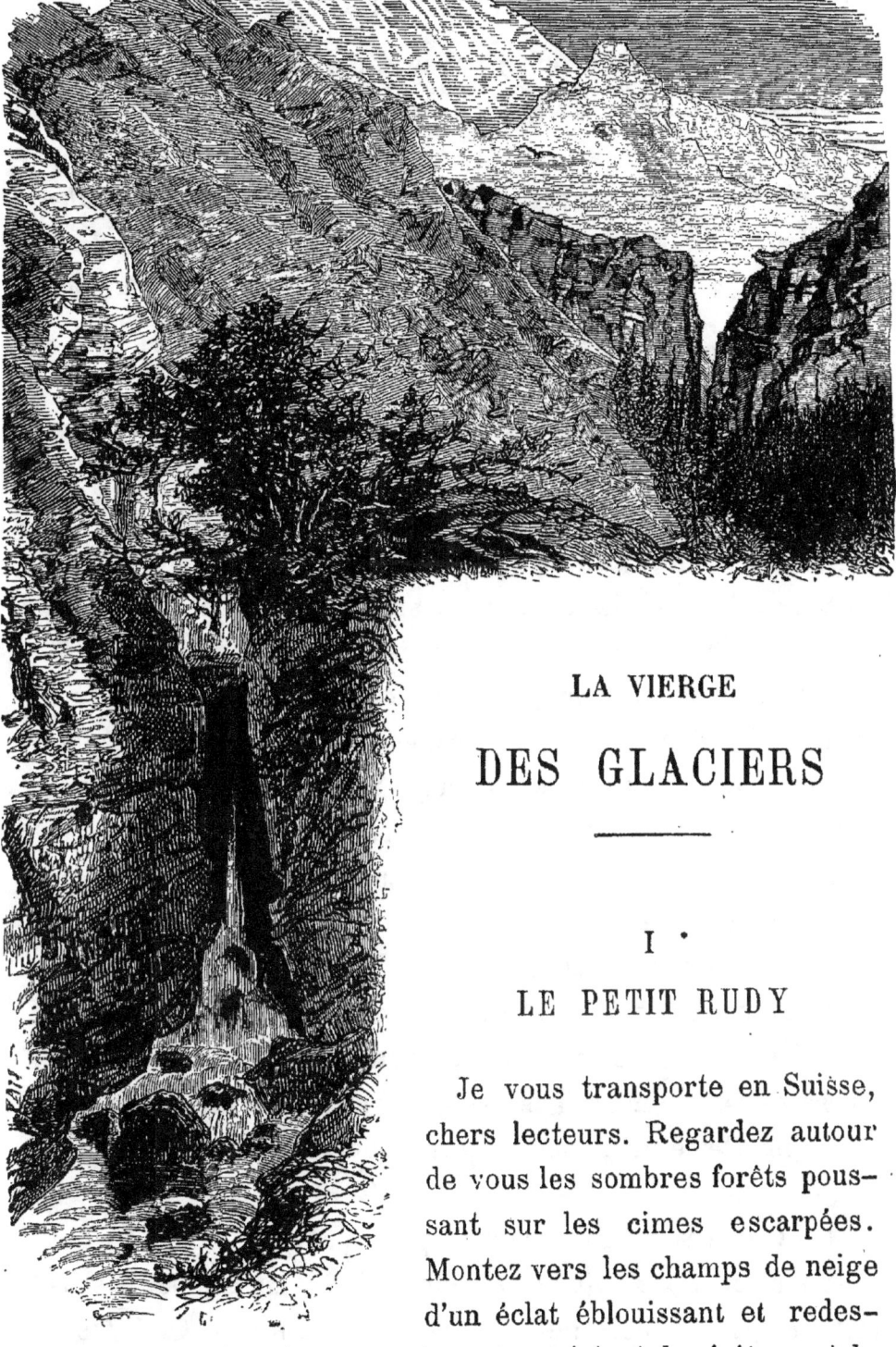

LA VIERGE
DES GLACIERS

I

LE PETIT RUDY

Je vous transporte en Suisse, chers lecteurs. Regardez autour de vous les sombres forêts poussant sur les cimes escarpées. Montez vers les champs de neige d'un éclat éblouissant et redescendez vers les plaines verdoyantes, où tant de rivières et de torrents mugissants coulent avec rapidité comme s'ils craignaient de ne pas arriver assez tôt pour disparaître dans la mer.

Le soleil darde ses rayons brûlants dans les profondes vallées. Il fond les masses de neige, qui regèlent la nuit et forment des blocs de glace, des avalanches, des glaciers superposés l'un à l'autre.

Il y a deux de ces glaciers qui remplissent les vastes crevrsses des rochers sous le Schreckhorn et le Wetterhorn près de la petite ville de Grindelwald. Ils sont curieusement disposés, et l'été une foule de touristes de tous les pays s'y arrêtent. Ils arrivent de la vallée ; ils montent pendant des heures et quand ils sont au sommet, ils voient la plaine comme du haut d'un ballon lancé dans les airs.

Sur les cimes les nuages s'amoncellent souvent et étendent un immense rideau de vapeurs, tandis que la vallée est éclairée des rayons du soleil qui font resplendir la verdure comme si c'était un transparent. En bas, les eaux grondent et roulent avec fracas. Sur les hauteurs, elles murmurent et bruissent doucement, et glissent le long des rochers et s'y déroulent en rubans argentés.

Des deux côtés de la route qui monte aux glaciers sont des chalets entourés chacun d'un petit champ de pommes de terre servant à nourrir les enfants qui foisonnent dans ces maisonnettes et dont les petites bouches dévorent tant et plus.

On voit ces enfants se précipiter par bandes au-devant des touristes, les entourer et leur offrir les gentils petits chalets sculptés en bois que façonnent leurs parents. Qu'il fasse beau, qu'il pleuve à torrents, cette marmaille d'enfants est toujours échelonnée sur la route, présentant aux voyageurs sa petite marchandise.

Il y a quelque vingt ans, les voyageurs voyaient accourir avec les autres enfants, mais se tenant toujours un peu à l'écart, un petit garçon qui venait aussi pour vendre. Il avait un air d'un sérieux charmant, et il tenait sa boîte de bois si fermement de ses deux mains qu'on aurait cru qu'il ne voudrait jamais la lâcher. Les autres importunaient le monde; lui ne disait rien. Mais la gravité du marmouset plaisait tant qu'on l'appelait de préférence aux plus empressés et qu'il vendait beaucoup plus que ses camarades, sans savoir comment cela se faisait.

C'était son grand-père qui sculptait les jolis casse-noisettes, les grotesques bonshommes, les ours, les cuillers et fourchettes, les boîtes ornées de feuillages délicats et de chamois légers. Le vieillard demeurait plus haut dans la montagne. Il avait plein une armoire de ces gentils jouets qui fascinent d'ordinaire les enfants. Mais le petit garçon, qui s'appelait Rudy, n'y faisait pas grande attention. Ce qu'il regardait avec plaisir et convoitise, ce qu'il aurait désiré ardemment posséder, c'était le vieux fusil accroché contre une poutre. Son grand-père le lui avait promis, mais pour l'époque où il serait devenu grand et assez fort pour s'en servir.

Tout petit qu'il était, il lui fallait aussi garder les chèvres. Si c'est être un bon gardeur de chèvres que de savoir escalader avec elles les rochers, Rudy était un bon gardeur ; il grimpait même plus haut qu'elles. Il aimait à aller décrocher les nids d'oiseaux à la cime des arbres. Il était courageux, téméraire même. On ne le voyait jamais sourire que lorsqu'il était près d'une cascade mugissante ou quand il entendait le roulement sourd d'une avalanche.

Il ne jouait jamais avec les autres enfants. Il ne se trouvait dans leur compagnie que lorsque le grand-père l'envoyait vendre ses ouvrages en bois sculpté. Rudy n'aimait guère cette besogne. Il préférait beaucoup gravir tout seul les montagnes escarpées ou bien rester assis auprès de son grand-père, à l'écouter raconter les histoires des temps lointains et les traditions du pays de Meiringen, où le vieillard était né, pays envahi anciennement par un peuple venu de l'extrême Nord et de la race des Suédois.

Rudy apprenait ainsi bien des choses. Il se forma, en prêtant une oreille attentive aux récits du vieux sculpteur, un petit savoir que n'avaient point les enfants de son âge. Mais son esprit s'éveilla encore par la fréquentation des animaux qui habitaient le chalet. C'étaient Ajola, le grand chien qui avait appartenu à son père, et un chat que Rudy affectionnait vivement. C'est ce dernier qui lui avait appris à grimper.

« Viens avec moi sur le toit ! » avait dit un jour le matou, et Rudy l'avait fort bien entendu. Lorsqu'on est enfant et

qu'on sait à peine parler encore, on comprend à merveille le langage des poules et des canards, des chiens et des chats. Ils nous parlent aussi distinctement que père et mère. On entend même alors hennir la canne du grand-papa, dont on a fait son cheval, et on lui voit une tête, des jambes et une queue. Mais une fois qu'on grandit, cette faculté se perd. Cependant il y a des enfants qui la gardent plus longtemps que d'autres; on dit de ceux-là qu'ils restent de grands dadais. Mais on dit tant de choses !

« Viens avec moi sur le toit ! » avait donc dit le chat. « Ce sont de vaines imaginations de croire qu'il y a du danger. Quand on n'a point peur, on ne tombe pas. Allons, pose une patte ainsi, l'autre comme cela. Tiens-toi ferme avec tes pattes de devant. Regarde bien de tous tes yeux et sois souple de tout ton corps. Quand un abîme se présente, saute par-dessus et ne crains rien. Vois comme je fais. »

Et Rudy saisit parfaitement tout ce discours, et il suivit le chat sur le toit et sur la cime des arbres. Il grimpa ensuite sur la pointe des rochers où les chats ne vont point. C'était les buissons qui lui apprenaient à s'accrocher au plus étroit rebord des rocs escarpés où ils étaient eux-mêmes suspendus.

Rudy montait souvent sur la montagne avant le lever du soleil, et là il humait un air frais et réconfortant. C'est un nectar que le bon Dieu seul sait préparer, car en voici la recette : Mêlez le parfum de toutes les herbes fraîches de la montagne avec la menthe, le thym, les roses et les autres fleurs de la vallée. N'en prenez que l'arome subtil; laissez les nuages absorber les lourdes vapeurs. Faites pousser le tout par les vents à travers les forêts de pins, alors vous avez un air d'un bouquet exquis, d'une fraîcheur délicieuse.

C'est cet air que Rudy allait savourer le matin sur les hauteurs; les rayons du soleil venaient caresser ses joues; le vertige, l'affreux démon, le guettait; mais il lui était défendu par ordre supérieur, d'approcher du petit. Les hirondelles des sept nids qui étaient sous le toit de son grand-père le venaient rejoindre là-haut, où il menait les chèvres, et elles chantaient leur mystérieux refrain : *Vi og i, og i og vi*[1]. Elles lui mandaient des compliments de toute la maison et même des deux poules, les seuls animaux que Rudy ne fréquentait pas.

Tout petit qu'il était, il avait déjà pas mal voyagé. Il était né dans le canton du Valais, d'où on l'avait apporté tout jeune dans l'Oberland à travers les Alpes. Plus tard, il avait été à pied jusqu'aux Staubback contempler la magnifique cascade qui, devant la Jungfrau, ce mont tout blanc de neige et de glace, fait flotter dans l'air comme une gaze d'argent longue d'un millier de pieds.

Il avait encore été près des grands glaciers de Grindelwald. Mais c'était là une triste histoire. Sa mère y avait péri, et lui avait perdu toute sa gaîté enfantine. « Lorsque Rudy n'avait que deux ans, racontait parfois son grand-père, il riait presque toujours. Les lettres que m'écrivait sa mère n'étaient

---

1. Onomatopée pour exprimer le cri de l'hirondelle; mais, bien entendu, il faut y mettre l'accent; ces mots ont le sens de : « Vous et nous et nous

pleines que des traits de sa folle gaîté, mais depuis qu'il a été dans la caverne de glace, il est devenu plus grave qu'un vieux. »

Le grand-père n'aimait pas beaucoup à parler de cet événement, mais partout aux environs on le connaissait. Voici ce qui s'était passé :

Le père de Rudy était conducteur de diligence, autant qu'on se rappelait. Son grand chien Ajola le suivait toujours quand il conduisait sa diligence de Genève en Italie, par le Simplon.

Il avait un frère dans la vallée du Rhône, dans le Valais. C'était un hardi chasseur de chamois et il servait de guide aux touristes.

Rudy avait deux ans lorsqu'il perdit son père. Sa mère résolut de retourner dans l'Oberland bernois, son pays natal, auprès de son père, qui vivait à une lieue de Grindelwald. Il sculptait de jolis objets en bois et gagnait ainsi sa vie.

Elle partit donc au mois de juin, son enfant sur ses bras, en compagnie de deux chasseurs de chamois. Ils avaient passé la montée de la Gemmi et déjà ils apercevaient de loin les chalets de leur vallée. Il restait encore à traverser un grand glacier. Le chemin était pénible. Il était tombé fraîchement de la neige ; elle cachait une crevasse qui n'allait pas à des centaines de pieds, comme il y en a, mais qui était plus profonde cependant qu'une hauteur d'homme. La jeune femme glissa, enfonça dans la neige et disparut avec Rudy au fond de la crevasse.

On n'entendit d'abord ni cris ni soupirs. Mais bientôt l'enfant se mit à pleurer. Il fallut plus d'une heure aux chasseurs pour aller quérir des piquets et des cordes au plus proche chalet. Après bien des efforts, ils ramenèrent à la lueur du jour les corps de la mère et de l'enfant, qui paraissaient sans vie. On parvint à ranimer le petit, mais non la mère. Il fut porté à son grand-père, qui l'éleva aussi bien qu'il le put. Celui-ci ne trouva pas son petit-fils gai et joyeux, comme sa mère le lui avait dépeint. L'enfant ne riait presque plus.

C'était l'effet qu'avait produit sur l'enfant l'étrange monde de glace où il avait été précipité. Ce monde est composé d'immenses blocs de glace blanche ou verte, de toutes formes, entassés les uns sur les autres ; les âmes des damnés, selon la croyance  des montagnards suisses, y sont enfermés jusqu'au dernier jugement.

Dans l'intérieur du glacier, il y a des cavernes immenses, des crevasses qui pénètrent jusqu'au cœur des Alpes. C'est un merveilleux palais. Là demeure la Vierge des glaciers, reine de ce sombre domaine. Elle se plaît à détruire, à écraser, à broyer. L'Air est son père. Sa puissance s'étend sur les fleuves qui prennent naissance dans son royaume. Elle s'élance, plus rapide que le chamois, sur la cime des neiges éternelles où l'homme le plus téméraire ne peut arriver qu'après avoir taillé des escaliers dans la glace. D'autres fois, elle descend sur les branches de pins les torrents les plus impétueux, pour sauter ensuite d'un rocher à l'autre ; sa longue chevelure blanche flotte autour d'elle; elle est couverte d'un manteau vert bleuâtre, de la nuance des lacs de l'Helvétie.

« Arrêtez ! laissez, il est à moi ! » s'écria-t-elle, lorsqu'on retira Rudy de la crevasse. Et lorsqu'on l'eut enlevé : « Ils m'ont volé, dit-elle, un charmant enfant ; je l'avais embrassé; j'allais lui donner le baiser mortel. Le voilà de nouveau parmi les hommes. Il garde les chèvres sur la montagne. Il grimpe plus haut, toujours plus haut. Il s'éloigne de tous, mais pas de moi. Il est à moi, je l'aurai. »

Et elle pria le Vertige d'aller lui chercher l'enfant ; c'était l'été et il faisait trop chaud pour elle, la Vierge des glaces, sur les Alpes vertes où croît la menthe.

Le Vertige s'éleva dans les airs pour plonger au fond des lacs, et on en vit sortir un de ses frères, puis deux autres, puis encore trois, enfin toute une foule ; car il a une quantité de frères. Les uns se tiennent sur les escaliers, les autres sur les tours, les clochers, les pics de montagne. Ils nagent dans l'air comme des poissons et attirent leurs victimes pour les précipiter dans l'abime. Le Vertige et la Vierge des glaces guettent tous deux l'homme, et le saisissent dès qu'il approche, de même que la pieuvre happe tout ce qu'elle atteint.

Parmi tous ces frères du Vertige, la Vierge des glaciers choisit le plus fort, le plus habile, et lui ordonna de lui rapporter Rudy : « Celui-là, dit-il, je ne puis l'attraper. Souvent déjà je lui ai tendu mes pièges les plus perfides ! Mais le chat, ce misérable, lui a appris tous ses tours. Puis, cet enfant des hommes semble protégé par un pouvoir qui m'écarte. Même lorsqu'il est accroché aux branches au-dessus de l'abime, et que je lui chatouille la plante des pieds ou que je lui souffle au visage mon haleine qui étourdit, il reste ferme et se rit de moi.

« Nous l'aurons tout de même, dit la Vierge. Si ce n'est pas toi, ce sera moi ; oui, moi, moi !

— Non, non, » entendit-on, comme si c'était l'écho des cloches de la chapelle. Mais c'était un chant véritable. C'était le chœur des doux, aimables et bons Esprits de la nature.

« Non, non, » entendit-on de nouveau. C'étaient les filles des rayons du soleil. Tous les soirs elles se rangent en cercle sur les cimes des monts, étendant leurs ailes, qui rougissent de plus en plus à mesure que le soleil descend sur l'horizon, et qui entourent les Alpes d'une auréole de flammes. Quand le soleil est couché, elles entrent dans la neige des pics et des rochers, et sommeillent jusqu'à ce que l'astre reparaisse. Elles affectionnent surtout les fleurs, les papillons et les hommes ; mais leur favori, c'était le petit Rudy.

« Vous ne le prendrez pas, chantaient-elles, vous ne l'aurez pas. — J'en ai pris de plus grands et de plus forts, » dit la Vierge des glaces.

Les filles du soleil entonnèrent un chant où elles contaient comment le vent, avec ses tourbillons, avait arraché au voyageur son manteau et l'avait emporté à travers les airs, mais il n'avait enlevé que l'enveloppe et non l'homme : « Vous avez pu le saisir, vous autres enfants de la force brutale ; vous n'avez pu le tenir. Il est plus fort même que nous. Il est au-dessus des puissances de la nature. Il y a en lui de l'esprit divin. Il surpasse même le soleil, notre père : il connait les paroles magiques qui contraignent les vents et les eaux à lui obéir et à le servir. »

Voilà ce que chantaient en cœur les doux Esprits. Et tous les matins, les rayons du soleil luisaient, à travers l'unique petite fenêtre de la maison du grand-père, jusque sur l'enfant qui dormait ; et les filles du soleil le caressaient, l'entouraient de leurs plus chauds embrassements pour enlever enfin toute trace du baiser glacial que lui avait donné la Reine des glaciers, lorsqu'il y avait reposé dans le sein de sa mère morte, et qu'il en avait été sauvé comme par miracle.

II

LE VOYAGE VERS LA NOUVELLE PATRIE

Et maintenant Rudy avait huit ans. Le frère de son père, qui demeurait au delà des monts, dans la vallée du Rhône, demanda à voir l'enfant pour lui apprendre à faire son chemin dans le monde. Le grand-père reconnut que ce serait avantageux pour Rudy, et il donna son consentement.

Rudy allait donc partir. Il y en avait d'autres que le grand-père, qui étaient là pour lui dire adieu. Il y avait d'abord Ajola, le vieux chien.

« Ton père, dit-il, était conducteur, et moi j'étais le chien de la diligence. Nous avons gravi les montagnes, nous les avons descendues des milliers de fois. Aussi je connais hommes et chiens au delà des monts. Je ne cause plus beaucoup ; mais comme nous n'allons plus nous voir de longtemps, je m'en vais parler un peu plus que d'habitude.

« Je te demanderai donc pourquoi il m'a fallu si souvent galoper à côté de la voiture, n'ayant à ronger que mes ennuis ? Je ne puis le comprendre ; toi non plus, je pense. C'est qu'en effet je l'ai maintenant découvert : les choses dans ce monde ne sont raisonnablement disposées ni pour les chiens ni pour les hommes.

« Nous ne sommes pas tous créés et mis au monde pour être dorlotés sur les genoux et boire de bon lait. Moi, je n'y ai pas été habitué. Mais j'ai vu parfois dans la diligence de mauvais petits chiens qui occupaient la place d'un voyageur. Leur maîtresse leur donnait du lait à boire et leur présentait du biscuit. Ils n'en voulaient même pas, tant ils étaient gâtés ! Ils y léchaient un peu, et la dame alors mangeait le biscuit elle-même.

« Moi, je courais dans la boue, à côté de la diligence, et j'avais la plus grande faim canine. Je n'avais à mettre sous la dent que mes réflexions. C'était là un état de choses absurde. Mais ce n'est pas tout. J'avais beau bâiller, beau aboyer pour marquer combien j'étais fatigué, on ne me donnait jamais place dans la diligence, jamais on ne me prenait sur les genoux.

« Je te dis tout cela pour que tu apprennes à connaître le monde dans lequel tu vas entrer. »

Tel fut le discours du brave Ajola. Rudy lui jeta les bras autour du cou et lui baisa le museau. Puis il voulut prendre le chat. Mais celui-ci s'en fâcha : « Tu deviens trop fort pour moi, dit-il, et je ne veux pourtant pas employer mes griffes contre un vieil ami comme toi. Tu vas grimper par-dessus les monts. Rappelle-toi les leçons que je t'ai données. Quand tu es dans les airs, ne t'imagine pas que tu es en danger de tomber, et alors tu te tiendras bien. »

Et le chat s'enfuit pour ne pas laisser voir à l'éclat de ses yeux combien il était ému du départ de son compagnon de jeux.

Les deux poules couraient à travers la chambre. L'une n'avait plus de queue. Un touriste qui se croyait chasseur l'avait prise pour un oiseau de proie ; il avait tiré sur elle et lui avait abattu la queue. « Rudy s'en va au delà des

Alpes, » dit-elle. « Moi, je n'aime pas à faire des adieux, » dit l'autre ; et elles s'en allèrent toutes deux en trottinant.

En revanche, les chèvres que Rudy avait si longtemps gardées lui firent de tendres adieux : ce furent des *mé-é-é* et des *mé-é-é* sur les tons les plus plaintifs.

Il y avait au village deux guides alertes qui devaient justement franchir la Gemmi et se rendre de l'autre côté des monts. Rudy s'en fut avec eux à pied. C'était une marche rude pour un si petit garçon, mais il était fort et son courage le défendait contre la fatigue.

Les alouettes l'accompagnèrent un bout de chemin, chantant toujours : *Vi og i, og i og vi.*

Le chemin traversait le torrent rapide la Lutschine, qui sort des noirs rochers du glacier de Grindelwald. Ils le passèrent sur des troncs d'arbres qui vacillaient sous leurs pas et arrivèrent sur le glacier, au milieu des blocs de glace. Rudy était joyeux; ses yeux reluisaient de plaisir lorsqu'il enfonçait de toutes ses forces dans la glace ses souliers garnis de crampons de fer.

S'étant hissé à l'aide de ses mains par-dessus des blocs qui lui barraient le passage, il arriva à un étang dont il fallait faire le tour, en prenant bien garde de ne pas tomber dans les crevasses. Au bord de l'une d'elle se trouvait une grosse pierre suspendue au bord de l'abîme. En passant, Rudy la toucha, elle glissa et roula en bas. Sa chute à travers les profondes excavations fut suivie d'un bruit formidable dont l'écho retentit au loin.

En ce moment Rudy se rappela ce qu'on lui avait raconté : qu'il était tombé avec sa mère dans une de ces horribles crevasses où règne un froid mortel. Mais il était si intrépide que cette idée, au lieu de le faire frissonner d'épouvante, disparut aussitôt de son esprit. Il suivait d'un pas leste les deux hommes qui, de temps en temps, voulaient lui donner la main pour l'aider à monter le rude sentier ; mais il avançait bien tout seul et était, sur la glace, aussi solide qu'un chamois.

Ils arrivèrent ensuite sur des roches nues, sans herbe ni mousses, redescendirent un peu vers un petit bois de sapins rabougris, pour atteindre enfin les neiges éternelles. Jamais l'enfant n'avait monté à une pareille hauteur. Il avait devant lui une vaste mer de neige aux vagues immobiles. De

temps en temps le vent y faisait voltiger des tourbillons de flocons, comme au bord de l'Océan il enlève l'écume blanche des flots. Tout autour on apercevait la Jungfrau, le Moine, l'Eiger, ces pics neigeux dont les nuages ne touchent pas les cimes.

Les glaciers succédaient aux glaciers. C'étaient les palais

d'été de la Vierge qui n'aspire qu'à prendre et ensevelir les humains. Cependant au soleil il faisait chaud. La neige, resplendissant sous les rayons, éblouissait les regards ; elle faisait étinceler des milliers de diamants aux reflets blancs et bleus. Elle était couverte de débris d'insectes innombrables, papillons, abeilles, qui s'étaient hasardés sur ces hauteurs ou que le vent y avait portés et que le froid avait fait périr.

Au-dessus de Wetterhorn apparut un nuage comme un amas de laine fine et noire. Il grossit avec rapidité et descendit pesamment. C'était le précurseur du terrible Fœhn, l'ouragan, qui renverse tout sur son passage. Rudy n'y prenait garde : il était perdu dans la contemplation de ce spectacle grandiose qui se grava pour toujours dans son esprit. Mais ses deux compagnons avaient vu le danger ; ils se hâtèrent de gagner une vieille construction en pierre, élevée pour servir d'abri au voyageur égaré. Ils y trouvèrent des charbons, des branches de pin. On alluma le feu, et les deux guides préparèrent une boisson forte et épicée, remède excellent contre la fatigue. Rudy en eut sa part. Les deux hommes s'assirent autour du feu, et tout en fumant se mirent à parler des êtres mystérieux qui peuplent les régions alpestres : les énormes serpents qui habitent le fond des lacs, les bandes de revenants qui emportent à travers les airs le voyageur endormi ; le berger sauvage qui mène paître ses noires brebis jusque sur les plus hauts sommets. Ces noires brebis, nul ne les a jamais vues, mais que de fois l'on a entendu leurs clochettes et leur funeste bêlement !

Rudy écoutait ces effrayants récits avec un vif plaisir, et sans éprouver la moindre frayeur. Il ignorait ce que c'était que la crainte. Il ne tressaillit même pas lorsqu'il entendit un affreux mugissement qu'il crut poussé par le noir troupeau dont les guides venaient de parler. Le bruit approchait de plus en plus, toujours plus formidable. Les deux hommes cessèrent leurs discours et dirent à Rudy de ne pas s'endormir, pour être prêt à tout.

C'était le Fœhn, la puissante tempête, qui du haut des monts s'élance sur les vallées, brisant les arbres les plus forts aussi facilement que de minces baguettes et transportant les chalets d'un bord de la rivière sur l'autre bord, comme on déplace une pièce d'un échiquier.

Le vacarme dura une heure, puis diminua peu à peu. Les montagnards dirent à Rudy que c'était fini et qu'il pouvait maintenant s'endormir, ce qu'il fit aussitôt de bon cœur, fatigué comme il était.

Le lendemain matin, on se remit en marche. On passa sur de nouveaux monts, de nouveaux glaciers, de nouveaux champs de neige. Ils arrivèrent dans le canton du Valais, de l'autre côté des Alpes. Ils revirent la verdure des bois et bientôt rencontrèrent des êtres humains. Mais quels hommes était-ce là? Des espèces de monstres, petits, au visage gras, au teint jaunâtre. Un affreux goître couvrait leur cou. C'étaient de pauvres crétins qui traînent leur vie errante et misérable, regardant les passants d'un regard hébété. Les femmes surtout sont épouvantables à voir. Les habitants de la nouvelle patrie de Rudy étaient-ils donc tous ainsi faits?

III

L'ONCLE

Grâce à Dieu, Rudy ne trouva dans la maison de son oncle que des gens faits comme ceux qu'il était accoutumé de voir. Il n'y logeait qu'un seul crétin, un pauvre idiot, une de ces misérables créatures abandonnées qui, dans le Valais, sont recueillis durant deux ou trois mois par une famille, puis vont passer le même espace de temps chez d'autres braves gens, et ainsi de suite. Ce pauvre être s'appelait Saperli.

L'oncle était encore un chasseur vigoureux. Il s'entendait aussi au métier de tonnelier. Sa femme, une petite personne vive avec ce qu'on appelle une figure d'oiseau, avait des yeux perçants comme ceux d'un aigle et un long cou tout couvert de duvet.

Tout était nouveau pour Rudy : les costumes, les coutumes, le langage même. Mais, quant au parler, son oreille d'enfant saura bientôt le saisir et se le rendre familier. La demeure de l'oncle avait un air opulent, comparée à celle du grand-père. Les chambres étaient bien plus grandes. Des cornes de chamois, des carabines bien reluisantes décoraient les murailles. Au-dessus de la porte se voyait l'image de la Madone, devant laquelle brûlait une lampe entourée d'une touffe de roses des Alpes.

L'oncle n'était pas seulement un des plus adroits chasseurs de chamois du pays; il était encore le meilleur guide de toute la contrée.

Rudy devait être bientôt l'enfant chéri de la maison. On l'aima au moins autant que le vieux chien de chasse sourd et aveugle qui ne rendait plus de services, mais qui en avait tant rendus qu'on le regardait comme faisant partie de la famille et qu'on en prenait le plus grand soin. Rudy le caressait, le flattait de la main. Mais le vieux chien était mal disposé à faire de nouvelles connaissances.

Rudy ne tarda pas à prendre racine, pour ainsi dire, dans la maison et dans le cœur de tous. « Nous ne sommes pas si mal ici dans le Valais, disait l'oncle. Nous avons toujours des chamois ; la race n'en disparaît pas comme celle des bouquetins. Oui, tout va bien mieux aujourd'hui que dans les temps anciens. On a beau nous conter qu'ils étaient glorieux ; notre époque est meilleure. Autrefois nos vallées étaient comme séparées du monde entier, mais un grand coup a été frappé contre les murailles qui nous isolaient, et un courant d'air frais est venu tout ranimer chez nous. »

Et lorsqu'il était en humeur de causer, l'oncle parlait de ses années d'enfance, du temps où tout dans le Valais sentait le renfermé ; le pays était à moitié peuplé de pauvres crétins et d'autres infirmes. « Mais, continuait-il, survinrent tout à coup les soldats français. C'étaient là les médecins qu'il nous fallait. Ils tuèrent les hommes et aussi la maladie. C'est qu'ils savaient crânement se battre. C'étaient de rudes gaillards. Du reste, les femmes de France les valent bien. » Et à ces mots il regardait sa femme, qui était Française, et il riait à avaler ses oreilles.

« Quand ils eurent fini de se battre contre les hommes, continuait-il, ils attaquèrent les rochers. Ce sont eux qui ont construit la route du Simplon à travers les monts les plus abruptes, et aujourd'hui je n'ai qu'à dire à un enfant de trois ans : Va en Italie, suis le grand chemin ; — cet enfant arrivera sans peine en Italie, pourvu qu'il ne quitte pas la route. »

Et sur ces mots l'oncle entonnait une chanson française et poussait un hurrah pour Napoléon l'empereur...

C'est alors que Rudy entendit pour la première fois parler de la France et de Lyon, la grande ville aux bords du Rhône ; l'oncle y avait été.

« Il me semble, disait-il à Rudy, que dans peu d'années tu pourras devenir un agile chasseur : tu as vraiment d'excellentes dispositions.

Il lui apprit à tenir une carabine, à viser, à tirer. Il l'emmena chasser avec lui dans les montagnes et lui fit boire du sang chaud de chamois qui aguerrit contre le vertige. Il lui enseigna à reconnaître le temps où se précipitent les avalanches, à midi ou le soir, selon la direction des rayons du soleil. Il lui montra à imiter les chamois, à sauter comme eux de façon à retomber ferme sur ses jambes sans plus bouger. Il lui apprit encore comment, si l'on tombe dans une crevasse de rocher, on peut s'en tirer : il faut s'accrocher avec les coudes, faire jouer les muscles du jarret, s'aider même de ceux de la nuque pour se retenir aux moindres aspérités.

Rudy saisissait tout cela bien vite. Il sut aussi les stratagèmes dont on se sert pour duper les chamois, tout rusés qu'ils sont et quelque soin qu'ils prennent de se garder par des avant-postes et des sentinelles. Il vit le chasseur mettre sa veste et son chapeau sur un bâton, s'esquiver et se glisser d'un autre côté, que le pauvre chamois, attentif à la défroque, néglige de surveiller.

Un jour que Rudy accompagnait son oncle, celui-ci usa de ce stratagème. Le sentier était étroit, ou, pour mieux dire, il existait à peine ; ce n'était qu'un mince rebord surplombant un précipice. La neige était à moitié fondue. Les pierres se détachaient sous les pieds et roulaient dans l'abîme. Aussi le chasseur se coucha-t-il tout son long par terre et s'avança-t-il en rampant, ce qui n'empêchait pas de temps en temps une pierre de se dérober sous lui, de tomber et de faire mille bonds de roc en roc avant d'atteindre le fond du noir précipice.

Rudy était à une centaine de pas de son oncle, sur le dernier rocher solide. Voilà qu'un puissant vautour arrive droit sur le chasseur glissant comme un ver : l'oiseau voulait d'un coup d'aile faire tomber l'homme pour dévorer le cadavre.

L'oncle ne le voyait pas, il n'avait d'yeux que pour le chamois, une femelle avec son petit, qu'il apercevait de l'autre côté de la crevasse.

Rudy vit l'oiseau de proie et devina son intention. Il leva sa carabine et allait tirer. En ce moment le chamois sursauta pour fuir, l'oncle fit feu, la bête tomba frappée à mort, pendant que le petit se sauvait, bondissant à travers les rocs et s'élançant par-dessus les précipices aussi sûrement que s'il avait eu plusieurs années.

Le vautour, effrayé par la détonation de la carabine, s'envola. Le chasseur ne sut que par Rudy le danger qu'il venait de courir.

Il alla ramasser le chamois. Ils reprirent alors de bonne humeur le chemin de la maison. L'oncle, tout joyeux, entonna un chant de ses jeunes années. Tout à coup un bruit singulier se fit entendre non loin d'eux. Ils levèrent les yeux. Là-haut, sur le pic ardu, la masse de neige se soulevait, s'agitait comme une toile tendue que le vent fait onduler. La surface de glace craquait comme des dalles de marbre qui se brisent. Puis tout se rompit, se disloqua, et la masse, telle qu'un torrent d'écume blanche, se précipita, grondant comme un tonnerre sourd. C'était une terrible avalanche ; elle ne venait pas sur eux, mais bien près, par trop près.

« Tiens-toi ferme, » cria l'oncle de toutes ses forces, Rudy s'accrocha au tronc d'un arbre ; le chasseur grimpa aux branches et s'y enlaça. L'avalanche passa à la distance de plusieurs toises. Mais le coup de vent, l'ouragan qu'elle produisit brisa tout autour arbres et buissons comme si c'étaient des joncs séchés, et les dispersa. Rudy se trouva étendu par terre. L'arbre qu'il tenait avait été comme scié par la base. La couronne en avait été lancée au loin. Là, parmi les branches, gisait l'oncle, la tête fracassée. Sa main était encore chaude. Son visage était méconnaissable. Rudy, à cet affreux spectacle, resta immobile, pâle, tremblant : pour la première fois il ressentait la peur.

Le soir, bien tard, il arriva à la maison, apportant la terrible nouvelle. Sa tante ne dit pas un mot, ne versa pas une larme. Ce n'est que lorsqu'on rapporta le corps que sa douleur fit explosion.

Le pauvre crétin alla se tapir dans son lit. Le lendemain on ne le vit pas de la journée. Le soir il vint trouver Rudy et lui dit : « Écris une lettre pour moi. Saperli ne sait pas écrire, mais il ira bien mettre une lettre à la poste. — Une lettre pour toi, dit Rudy, et adressée à qui ? — A Notre-Seigneur Jésus-Christ. — Qu'est-ce que tu dis? » Le pauvre idiot, jetant sur Rudy le regard le plus touchant, joignit les mains et murmura, avec autant de gravité que de piété : « Jésus-Christ, Saperli veut vous écrire pour vous prier que

ce soit Saperli qui soit là mort et pas le maître de la maison. »

Rudy lui serra la main et lui expliqua, non sans peine, que la lettre n'arriverait pas au ciel et ne ferait pas rendre la vie au défunt.

« Maintenant, lui dit sa tante après les obsèques, c'est toi qui es le soutien de la maison. » Et en effet c'est ce que fut Rudy.

IV

BABETTE

Quel est le meilleur tireur du canton du Valais? Les chamois le savaient bien et ils se disaient l'un à l'autre : « Prends bien garde quand tu aperçois Rudy. » Quel est le plus beau chasseur du pays? « Oh! c'est Rudy! » disaient les jeunes filles; mais elles n'ajoutaient pas : « Gardez-vous de lui. » Et les mères les plus sérieuses ne l'auraient pas dit non plus, tant il était poli envers elles, tant il les saluait avec grâce, tant il était gai, alerte et complaisant. Les joues brunies par le soleil, les dents d'une blancheur éclatante, les yeux noirs brillant comme des escarboucles, c'était un superbe garçon de vingt ans.

L'eau glacée ne le mordait pas lorsqu'il nageait dans les torrents ou les lacs des Alpes. Il s'y tournait et retournait comme un poisson. Nul ne grimpait avec autant d'agilité. Il était capable de monter comme les escargots le long des rochers taillés à pic; ses muscles avaient la solidité et la souplesse de l'acier. Et comme il savait sauter ! En vérité, il faisait honneur à ses maîtres : le chat et le chamois.

Rudy passait pour le meilleur guide de toute la contrée.

Il aurait pu gagner toute une fortune en exerçant cette profession. Pour le métier de tonnelier que son oncle lui avait appris, il n'avait aucun goût. Son plaisir et sa joie étaient de chasser le chamois, ce qui rapportait aussi de l'argent. Rudy était donc un bon parti. Les jeunes filles avec qui il dansait au bal rêvaient de lui la nuit. Le jour il occupait les pensées de plus d'une.

« Il m'a embrassée en dansant, » dit Annette, la fille du maître d'école à sa plus chère amie. Mais elle n'aurait pas dû confier cela, même à cette amie intime. On ne garde pas facilement de pareils secrets : ce sont comme des grains de sable dans une bourse trouée, ils s'échappent de toutes parts, et bientôt, quelque rangé, quelque brave garçon que fût Rudy, on disait de lui qu'il embrassait ses danseuses. Tout ces baisers se réduisaient à un seul qu'il avait, en effet, donné à Annette, et cependant ce n'était pas la préférée de son cœur,

Dans le bas du pays, près de Bex, au milieu d'un bouquet de grands noyers, au bord de l'eau rapide, demeurait un riche meunier. Son habitation était une grande et belle construction à trois étages, avec des tourelles recouvertes de plomb qui luisaient soit au soleil, soit au clair de lune ; la plus grande était surmontée d'une girouette : une pomme traversée par une flèche, en souvenir de Guillaume Tell.

Le moulin avait très bon aspect et même un cachet d'opulence. Les artistes prenaient plaisir à le dessiner. Mais la fille du meunier, personne n'aurait su, dans un dessin, exprimer sa grâce et sa beauté. C'était l'opinion de Rudy. Il avait pourtant dans son cœur l'image de la jeune fille burinée et gravée. Un regard de la gentille Babette avait subitement embrasé son âme comme un brandon allumé en un instant un incendie. Chose merveilleuse, la jolie fille du meunier ne se doutait de rien. Elle et Rudy n'avaient jamais échangé une parole.

Le père était riche, et la jeune fille paraissait bien haut placée par sa fortune pour qu'on pût approcher d'elle. « Mais, se disait Rudy, personne n'est, après tout, juché si haut dans les airs qu'il ne soit possible de l'atteindre : il s'agit seulement de savoir grimper; et l'ascension a beau être roide, on ne tombe jamais, pouvu qu'on ne croie pas tomber. » On voit qu'il se souvenait des leçons du chat de son grand-père.

Un jour Rudy eût affaire à Bex. C'était tout un voyage ; le chemin de fer était à cette époque loin d'être terminé. Rudy se mit à suivre la longue vallée où serpente le Rhône, qui est là un dangereux torrent, toujours prêt à sortir de son lit et à dévaster les champs et les habitations. Après Sion, la vallée fait un coude et se rétrécit de plus en plus : près de Saint-Maurice, il n'y a plus d'espace que pour le fleuve et la route. Un peu plus loin s'élève une vieille tour ; c'est comme une sentinelle qui garde la frontière du Valais qui finit là. On traverse un pont et on entre dans le canton de Vaud. La première ville qu'on y rencontre, c'est Bex. La vallée s'élargit de nouveau, fertile et superbe : c'est comme un verger continu de noyers et de châtaigners ; çà et là, des bouquets de cyprès et de grenadiers. Le climat est chaud et délicieux. On se croirait en Italie.

Rudy arriva à Bex et fit ses affaires. Puis il se promena aux alentours du moulin ; il aurait voulu questionner un des garçons du moulin ; il n'en aperçut aucun. Il ne découvrit pas la moindre trace de Babette ; on eût dit un fait exprès.

Le soir vint ; l'air était parfumé de senteurs du thym et

des tilleuls en fleurs. Sur le front des montagnes verdoyantes s'étendait, comme un voile de gaze vaporeuse, la clarté de la lune qui semblait chargée des effluves du printemps. Partout régnait le silence, mais ce n'était pas celui du sommeil ni de la mort. On aurait cru que la nature se réveillait et retenait sa respiration pour bien poser devant un peintre

divin qui aurait voulu tracer son image sur le fond bleu du ciel. Çà et là, au milieu des champs, s'élevaient de grands poteaux, soutenant les fils du télégraphe qui traversaient la tranquille vallée. Contre un de ces poteaux on eût vu un objet immobile qu'on aurait pris aisément pour un tronc d'arbre desséché. C'était Rudy : aussi silencieux que toute la nature, il ne dormait pas et encore moins était-il mort.

De même que l'annonce des grands événements, la nouvelle de la chute des empires traversaient le fil télégraphique sans y exciter aucun mouvement ni aucun son, ainsi d'énergiques pensées traversaient le cerveau de Rudy, sans que rien dans son extérieur pût les laisser deviner. Ce à quoi il songeait pouvait seul faire le bonheur de sa vie et allait devenir la préoccupation de chacun de ses instants.

Ses yeux étaient fixés sur un seul point, sur une lumière qui scintillait à travers le feuillage. Elle se trouvait dans la chambre de la maison du meunier où habitait Babette. On eût supposé, en voyant l'immobilité et l'attention de Rudy, qu'il guettait un chamois ; mais en ce moment il était plutôt le gibier que le chasseur : il ressemblait à un chamois qui, pendant plusieurs minutes, reste sur la pointe d'un rocher, sans plus bouger que s'il était sculpté dans le roc, jusqu'à ce que tout à coup, au bruit d'une pierre qui tombe, il bondisse et disparaisse. C'est ce que fit précisément Rudy. Une idée venait de rouler dans son esprit. Il se secoua brusquement. « Il ne faut jamais reculer, se dit-il, il ne faut jamais désespérer. Va, entre hardiment au moulin. Bonsoir, meunier ; bonsoir, mademoiselle Babette ; n'est-ce pas bien terrible à dire ? On ne fait pas de chute quand on a la conviction de ne point choir. Il faut bien cependant que Babette me voie, si je dois être son mari. »

Plein d'un vif courage, il se mit en marche. Il savait distinctement ce qu'il voulait : il voulait Babette.

Il longea le fleuve dont les eaux jaunes roulaient avec fracas ; il suivit le sentier bordé de saules dont les branches plongeaient dans la rivière, et arriva à la maison du meunier.

Mais c'était comme dans la vieille chanson : « Tout le monde était sorti, il n'était resté que le chat. »

Le chat se trouvait en effet sur les marches de l'escalier, devant la porte ; il fit un gros dos en disant : *Miaou*. Mais Rudy ne comprenait plus le langage des bêtes. Il frappa ; personne ne l'entendit, personne ne vint ouvrir. Le chat reprit son *miaou, miaou*. Dans le temps, Rudy aurait saisi tout de suite que cela signifiait : « il n'y a personne à la maison. » Maintenant il lui fallut aller au moulin pour savoir ce qu'il en était. Là, il apprit que le meunier était parti en voyage bien loin, pour Interlaken ; Babette était avec lui. Ils étaient allés voir les fêtes du tir qui devaient commencer le lendemain et durer huit jours. Les tireurs de tous les cantons allemands y seraient réunis.

Pauvre Rudy, tu n'avais pas choisi le bon moment pour venir à Bex ; tu n'avais plus qu'à t'en retourner.

C'est ce qu'il fit sagement. Il marcha toute la nuit et regagna sa demeure. Mais, voyez-vous cela ? il n'était pas affligé. Le lendemain matin il avait repris toute sa bonne humeur, ou plutôt elle ne l'avait jamais quitté.

« Ainsi, se disait-il, Babette est à Interlaken, à plusieurs journées de marche d'ici ; oui, si l'on suit la grand'route ; mais si l'on prend les sentiers à travers la montagne, on y arrive bien plus vite. C'est justement le chemin qu'il faut à un chasseur de chamois. Je l'ai déjà parcouru une fois lorsque je suis venu ici tout petit en quittant mon grand'père. Ah ! il y a la fête du tir à Interlaken. Eh bien, j'y serai le preux, et je le serai aussi dans le cœur de Babette une fois que nous aurons fait connaissance. »

Il prit son sac de voyage avec ses habits du dimanche, sa carabine et sa carnassière. Il gravit la montagne et se dirigea par le plus court, qui n'était déjà pas mal long.

La fête ne commençait qu'au matin de ce jour et devait durer toute une semaine. Le meunier, lui avait-on dit, demeurerait ces huit jours chez des parents qu'il avait à Interlaken. Donc il n'y avait point de temps perdu.

Rudy passa la Gemmi pour aller à Grindelwald. Il avançait alerte et joyeux ; l'air frais et vif des Alpes lui donnait des forces. Il voyait derrière lui la vallée s'abaisser de plus en plus, l'horizon s'étendre : là surgissait un pic neigeux ; un autre se montrait ici ; enfin il eut devant lui toute la chaîne des sommets des Alpes revêtus d'une éclatante blancheur. Il connaissait toutes les cimes. Il se dirigea vers le Schrec-

khorn, qui lève dans le ciel son doigt gigantesque poudré de neige.

Il dépassa les points culminants de la route et s'approcha des pâturages de la vallée où s'était passée son enfance. L'air était léger ; ses pensées aussi étaient légères. Montagnes et vallées resplendissaient de verdure et de fleurs. Le cœur de Rudy ressentait tous les enivrements de la jeunesse ; les voix intérieures lui criaient : « On ne vieillit jamais. Jouis gaiement de la vie. Sois libre comme l'oiseau dans l'air. Vole où t'appelle le plaisir. »

Il revit ses chères hirondelles qui chantaient toujours : « *Vi og i, og i og vi.* » Tout était animation et joie.

Là-bas s'étendait la prairie comme un tapis de velours vert. Ça et là des chalets d'un ton foncé. On entendait le bourdonnement bruyant des eaux de la Lutschine. Rudy revit les glaciers, leurs blocs de glace couleur d'émeraude, leurs crevasses béantes. Les cloches de la chapelle tintaient comme si elles sonnaient en l'honneur de son retour. Son cœur battait : il se rouvrait à tous les chers souvenirs de son enfance. Un instant la pensée de Babette disparut de son esprit. Il marchait sur le même chemin où, petit garçon, il avait offert aux touristes les petits chalets que découpait son grand-père. Pauvre grand-père! Sa maisonnette se voyait là-haut parmi les sapins : des étrangers l'habitaient.

Des enfants accoururent au-devant de lui pour lui vendre leurs bibelots. L'un d'eux lui présenta une rose des Alpes. Il la prit comme étant de bon augure ; déjà il pensait de nouveau à Babette.

Il redescendit rapidement, traversa le pont au confluent des deux Lutschine. Il avait quitté la région des sapins. Partout des arbres fruitiers ; la route était bordée de noyers au frais ombrage. Il aperçut enfin des drapeaux flottant au vent : la croix blanche sur fond rouge, les couleurs des Suisses comme des Danois. Interlaken était devant lui.

C'était, à ce qu'il lui parut, une ville superbe comme pas une au monde. Elle s'était parée pour la fête. Ce n'était pas un assemblage de maisons noires, lourdes, massives et solennelles. C'étaient de gais chalets disposés capricieusement. Une double rangée des plus beaux formaient une rue ; ils étaient nouvellement bâtis : la dernière fois que Rudy était venu à Interkalen, ils n'existaient pas encore.

Chacune de ces jolies maisons avait un balcon qui faisait le tour des quatre côtés. Le bois en était sculpté, tailladé, découpé gracieusement. Il en était de même du pourtour des fenêtres et du rebord du toit qui s'avançait sur le jardinet tout fleuri qui séparait le chalet de la rue. Derrière, s'étendaient de vastes prés verts où paissaient des troupeaux de vaches dont les clochettes résonnaient au loin. La vallée était serrée de tous côtés entre de hautes montagnes, sauf le milieu qui était ouvert et qui laissait voir à l'horizon, la Yungfrau, la reine des Alpes, dans toute sa splendeur.

Quelle foule de messieurs et de dames de tous pays ! Quelles belles toilettes ! Et ce peuple de Suisses et de Suissesses des différents cantons, aux costumes aussi pittoresques que variés, quel brillant coup d'œil il offrait ! Les maisons étaient pavoisées du haut en bas, décorées d'emblèmes et de joyeuses sentences. Quelle animation régnait partout ! Partout de la musique, des chants, des orgues de Barbarie, des bandes de musiciens ambulants. Ajoutez les cris de joie, les hourrahs des gens qui s'appelaient dans la foule. Au milieu de tout ce bruit, on entendait le tir régulier des carabines. C'était là, pour les oreilles de Rudy, la plus agréable de toutes les musiques. Elle lui fit oublier Babette, et c'était cependant pour elle qu'il était venu.

Les tireurs se pressaient vers les cibles, chacun une couronne de feuilles de chêne autour de son chapeau, et leur numéro d'ordre au milieu. Rudy se mêla aussitôt à leurs groupes. Il était le plus habile, le plus heureux ; il ne manquait pas une fois le point noir. « Quel est donc ce tout jeune chasseur étranger ? disait-on, autour de lui. Il parle français; on dirait qu'il est du Velay. — Il parle aussi très bien notre

allemand, disaient d'autres. On prétend qu'il a habité près d'ici dans son enfance, à Grindelwald. »

Que de vie il y avait dans ce garçon ! ses yeux étincelaient ; son coup d'œil était aussi sûr que son bras était ferme. Le bonheur donne du courage, et du courage Rudy en avait déjà une large provision. Bientôt il fut entouré de tout un cercle d'admirateurs. On le louait, on le vantait tout haut. En vérité, Babette avait presque entièrement disparu de ses pensées.

Tout à coup une main lourde lui frappa sur l'épaule, et d'une voix rude un homme lui dit en français : « Vous êtes du canton du Valais, n'est-ce pas ? »

Rudy se retourna et vit un gros homme au visage réjoui : c'était le riche meunier de Bex. Il cachait par l'épaisseur de son corps la gentille Babette, qui parvint à sortir de cette ombre et à s'avancer vers le jeune homme, qu'elle regarda de ses beaux yeux noirs et vifs. Le riche paysan était enchanté qu'un chasseur de son pays fût le meilleur tireur et eût remporté les plus beaux prix. Il en triomphait comme si une partie de l'honneur en rejaillissait sur lui.

Décidément Rudy était un enfant chéri de la fortune. Ceux pour qui il était venu à Interlaken, et qu'arrivé il avait presque oubliés, venaient d'eux-mêmes le trouver. La conversation s'engagea et devint toute cordiale. Comme il se l'était promis, Rudy était le preux de la fête. A Bex, le meunier était l'homme le plus considéré pour son argent et pour son beau moulin. Aussi se donnèrent-ils la main, ce qu'ils n'avaient point fait jusqu'ici. La jolie Babette également tendit de bon cœur sa main à Rudy ; celui-ci serra cette main et regarda la jeune fille de telle sorte qu'elle devint toute rouge et toute confuse.

Le meunier raconta quel grand voyage ils venaient de faire ; il parla des grandes villes qu'ils avaient vues. Ils avaient été en diligence, en chemin de fer, en bateau à vapeur.

« Moi, j'ai pris un chemin plus court, dit Rudy. J'ai passé

par-dessus les monts. Il n'en est pas de si élevé qu'on ne puisse gravir quand on le veut.

— Mais on peut aussi s'y casser le cou, dit le meunier ; et vous avez bien la mine d'un homme à qui cela doit arriver, tant vous paraissez téméraire.

— On ne tombe pas quand on ne pense pas tomber, » repartit Rudy.

Les parents du meunier chez qui il était descendu étaient originaires du même canton que leur hôte ; ils prièrent Rudy d'entrer dans leur maison, de s'asseoir à leur table. Cette invitation sonna agréablement aux oreilles de Rudy ; la fortune le favorisait, comme elle fait toujours ceux qui se fient sur eux-mêmes et se disent : « Le bon Dieu nous donne bien des noix, mais il ne les ouvre pas pour nous. » Et Rudy était assis là comme s'il avait été de la famille. On but à sa santé pour célébrer ses prouesses ; Babette aussi choqua son verre contre le sien. Rudy se sentait parfaitement heureux. Vers le soir, tout le monde alla se promener dans l'avenue, sous les grands noyers, devant les brillants hôtels. Telle était la foule et la presse que Rudy put offrir son bras à Babette qui le prit. Sa joie était au comble et éclatait malgré lui. Pour pouvoir la manifester sans gêne, il dit qu'il était de si bonne humeur parce qu'il avait rencontré plusieurs de ses meilleurs camarades. Il avait l'air si naïvement, si complètement satisfait, que Babette crut devoir lui serrer la main pour l'en féliciter.

Ils marchaient comme un couple d'anciennes connaissances. Elle était gaie et amusante, la délicieuse enfant. Elle ravissait Rudy quand elle lui faisait observer l'exagération et le ridicule des toilettes des grandes dames étrangères, et imitait leur démarche maniérée. « Pourtant, continua-t-elle, il ne faut pas trop rire d'elles, il en est qui sont d'excellentes personnes, bien aimables et bien généreuses. » Elle raconta que sa marraine était une très grande dame anglaise, qui s'était trouvée à Bex, il y avait dix-huit ans, quand Babette était venue au monde. C'est d'elle que Babette tenait la belle broche en or qu'elle portait en ce moment. Deux fois la marraine lui avait écrit, et elle devait la voir cette année à Interlaken, avec ses filles, de vieilles filles, disait Babette. Elles n'avaient guère que trente ans, les filles de la marraine, mais Babette en avait dix-huit.

Et la jolie petite bouche ne s'arrêtait pas un instant, et tout ce qu'elle babillait paraissait à Rudy choses de la plus haute importance.

Son tour vint enfin d'exprimer ce qu'il avait à dire : Qu de fois il avait été à Bex ! comme il connaissait bien le moulin ; combien de fois il avait vu Babette qui, naturellement, ne l'avait jamais remarqué ; comment il était venu tout dernièrement chez eux avec une quantités de pensées qu'il devait taire. Il avait trouvé le meunier et sa fille partis bien loin, pas assez loin cependant pour qu'il n'ait su les rejoindre en grimpant par-dessus les Alpes.

Et il lui dit tout cela, et bien d'autres choses. Il lui peignit son ravissement d'avoir été placé à côté d'elle, car c'était pour elle seule qu'il était venu à Interlaken, et nullement pour la fête.

Babette était devenue toute silencieuse. Les confidences dépassaient peut-être ce qu'elle pouvait comprendre. Le soleil se coucha pendant qu'ils causaient ainsi, et disparut derrière les hautes montagnes. La Yungfrau resplendissait au milieu d'un ciel de pourpre; autour d'elle s'étageaient des cimes verdoyantes. La foule s'était arrêtée pour admirer ce magnifique spectacle. « Nulle part on ne voit pareille merveille, » dit Babette, regardant cet admirable tableau. « Nulle part, » répondit Rudy, les yeux fixés sur la jeune fille. « Demain il me faut partir, » ajouta-t-il ensuite en soupirant. « Viens nous voir à Bex, murmura Babette; cela fera plaisir à mon père. »

V

LE RETOUR

Que de choses Rudy avait à porter, lorsqu'il reprit le lendemain le chemin par-dessus les monts ! Il avait reçu en prix trois gobelets d'argent, deux excellentes carabines, et enfin tout un service d'argenterie. Mais ces richesses n'étaient rien à ses yeux, comparées aux dernières paroles de Babette. Il y pensait sans cesse. On eût dit qu'elles lui donnaient des ailes pour franchir les hauteurs escarpées.

Le temps était rude, le froid humide, le ciel gris. Les nuages étaient bas, ils étendaient comme un voile de deuil sur les cimes des monts, et cachaient les pics neigeux. Pas un bruit gai, pas de chants d'oiseaux, pas de tintements de clochettes. On entendait les coups réguliers de la hache des bûcherons et le fracas que faisaient les sapins en roulant en bas de la montagne, puis le grondement sourd et monotone de la Lutschine et le sifflement plaintif du vent.

Tout à coup une jeune fille se montra à côté du chasseur. Il ne l'avait pas vue arriver ; elle gravissait aussi la montagne. Ses yeux avaient un singulier pouvoir : on était forcé d'y plonger le regard : ils étaient clairs comme du cristal, profonds, sans fond, pour mieux dire, étranges. « As-tu un amoureux ? » lui demanda Rudy, qui avait la tête toute remplie de Babette et ne songeait qu'à l'amour.

« Je n'en ai point, » répondit-elle en riant, mais comme quelqu'un qui ne dit pas vrai. « Ne faisons pas ce détour, ajouta-t-elle ; allons à gauche, c'est plus court.

— Oui, pour que nous tombions dans la crevasse, dit-il ; tu ne connais pas mieux le chemin et tu veux guider les autres ?

— Je connais parfaitement la route qu'il faut prendre, répliqua-t-elle. Moi, je suis maîtresse de mes pensées, tandis que les tiennes sont toutes encore à ce qui se passe en bas dans la vallée. Mais ici, il convient de songer à la Vierge des glaces. Les hommes prétendent qu'elle leur est funeste.

— Je ne la crains pas, repartit Rudy. Déjà une fois elle a dû me lâcher, quand j'étais enfant. Maintenant que je suis homme, je saurai bien lui échapper. »

L'obscurité s'accrut, la pluie tomba, puis vinrent des rafales de neige qui, par moments, aveuglaient le chasseur.

« Donne-moi la main, dit la jeune fille, je t'aiderai à monter.

— Toi, m'aider ! fit Rudy ; Dieu merci, je n'ai pas encore besoin de l'aide d'une femme pour escalader les rochers. »

S'écartant de sa compagne, il marcha plus vite. Une tempête de neige l'assaillit, le vent soufflait avec rage. Derrière lui, Rudy entendit la jeune fille rire et chanter des airs étranges. C'était, pensait-il, quelque enchantement de la Vierge des glaces : il se trouvait justement près de l'endroit où sa pauvre mère était tombée avec lui dans le domaine de cette Vierge cruelle.

La neige diminua enfin. Regardant en arrière, il ne vit plus trace de personne ; mais il percevait encore des rires et des chants qui ne paraissaient pas venir d'une voix humaine. Lorsqu'il fut parvenu au sommet, et qu'il arriva au sentier qui descend vers la vallée du Rhône, il aperçut du côté du mont Blanc deux belles étoiles qui étincelaient dans le bleu du ciel. Il pensa aux beaux yeux de Babette et à son bonheur, et ces idées réconfortantes chassèrent la fatigue et le froid qu'il venait d'éprouver.

VI

LA VISITE AU MOULIN

« Quels objets superbes tu rapportes là? exclama la vieille tante ; ce sont des choses comme on en voit chez les seigneurs ! »

Ses yeux d'aigle brillaient en regardant les pièces d'argenterie. L'émotion faisait osciller bizarrement sa tête branlante.

« La fortune te protège, Rudy, ajouta-t-elle. Il faut que je t'embrasse, mon doux enfant. »

Rudy se laissa embrasser, sans paraître y prendre grand plaisir.

« Mais comme tu es beau, mon garçon ! » dit encore la vieille femme.

— Ne me fourre donc pas de ces idées-là dans la tête, » répondit Rudy en riant, mais cette fois on voyait qu'il était content.

« Je te le répète, dit la tante, la fortune te sourit.

— Oui, en cela je te crois. » Il pensait à Babette.

Il était impatient de descendre dans la vallée.

« Ils doivent être de retour, se dit-il à quelque temps de

là. Voici déjà deux jours écoulés depuis le terme où ils pensaient être rentrés chez eux. Je n'y puis tenir : il faut que j'aille à Bex. »

Il s'y rendit et y trouva en effet le meunier et sa fille. Il fut très bien accueilli. On lui fit des compliments de la part des parents d'Interlaken. Babette ne causa presque pas, contre son habitude, mais ses yeux parlaient et cela suffisait

à Rudy. Ordinairement, le meunier prenait volontiers la parole. Il était habitué à ce qu'on rît de ses calembours. N'était-il pas le riche meunier ? Mais cette fois il préféra écouter les histoires de chasse de Rudy. Celui-ci raconta les peines, les dangers qui attendent les chasseurs de chamois sur les pics des Alpes, lorsqu'il leur faut se glisser sur le parapet de neige que la gelée a figé contre le roc, ou traverser un précipice sur le sapin chancelant que la tempête a lancé entre deux rochers.

Rudy s'animait en faisant ce récit. Sa physionomie avait une expression d'intrépidité ; ses yeux lançaient des flammes lorsqu'il parlait de la vie du chasseur, des ruses des chamois, de leurs bonds périlleux, ou des avalanches terribles, de l'ouragan de Foehn qui entraîne tout sur son passage. Rudy remarqua fort bien qu'il s'insinuait de plus en plus dans l'esprit du meunier par toutes ces descriptions. Le meunier prenait surtout plaisir à entendre parler des aigles et des vautours.

« Pas loin d'ici, dans le Valais, continua Rudy, il y a un nid d'aigle bâti très adroitement sous un rocher qui est en saillie. Il s'y trouve en ce moment un jeune ; mais impossible de s'en rendre maître. Un Anglais m'a offert ces jours-ci toute une poignée d'or pour que je lui attrape le jeune aigle vivant ; mais à tout il y a des bornes : ce serait folie que de l'essayer. »

Pendant ce temps, le vin coulait comme coulaient les paroles du chasseur. Minuit sonna lorsqu'il quitta la maison, et cependant il trouvait que c'était partir bientôt. Il regarda en arrière tant qu'il aperçut de la lumière à travers le feuillage.

Peu de temps après, le chat du salon arriva sur le toit par la lucarne, et il rencontra le chat de la cuisine qui longeait la gouttière. « Sais-tu la nouvelle? dit le premier : on s'est fiancé en silence. Le père ne sait rien. Rudy et Babette se sont donné la patte sous la table. Lui, il m'a marché trois fois sur les pattes de devant. Mais je n'ai pas miaulé, cela aurait attiré l'attention.

— Moi, je ne me serais pas tant gêné, dit le second.

— Ce qui est permis à la cuisine, reprit le premier, n'est

pas convenable au salon. Il faut savoir son monde. Mais je voudrais bien connaître ce que dira le meunier, quand il apprendra la chose. »

C'est justement ce que Rudy voudrait bien aussi connaître. Quant à rester longtemps dans l'attente, il n'y fallait pas songer. Aussi, lorsque peu de jours après, le lourd omnibus de Sion à Bex roulait sur le pont du Rhône, on pouvait y voir assis le beau Rudy, plein de bon courage, comme toujours, et se réjouissant par avance du consentement que le meunier lui allait accorder ce soir même.

Mais lorsque vint le soir et que l'omnibus reprit la route de Sion, Rudy s'y trouvait de nouveau, et le chat du salon courait comme un dératé après son compagnon pour lui conter des nouvelles.

« Ecoute donc, lui cria-t-il. Le meunier sait tout. Cela a fini drôlement. Rudy est venu tantôt. Lui et Babette ont longtemps chuchoté dans le corridor, devant la chambre du père. De temps en temps je me frottais à leurs jambes, mais ils pensaient à bien autre chose qu'à me caresser. » Je vais, dit Rudy, tout de suite trouver ton père ; c'est ainsi que doit agir un honnête homme. — Veux-tu que j'y aille avec toi ? dit Babette. Ma présence te donnera du courage. — Je ne manque pas de courage, reprit Rudy ; cependant viens toujours, il faudra que devant toi le père soit aimable, qu'il donne ou non son consentement. » Sur ce, ils entrent. Rudy en ce moment me marche très fort sur la queue. Entre nous, je le trouve assez gauche de sa personne, ce paysan. Je me mets à miauler, mais ni lui ni Babette n'avaient d'oreilles pour m'entendre. Ils ouvrent donc la porte, ils entrent tous deux, moi en avant. Je saute sur un fauteuil, ne voulant plus m'exposer à recevoir quelque mauvais coup et ne sachant comment Rudy allait se démener. Mais ce fut le meunier qui fit une furieuse vie ! Comme il frappa du pied sur le plancher : « Détale d'ici, retourne à tes montagnes, à tes chamois ! » lui cria-t-il. Il a raison : que Rudy chasse ce gibier, à la bonne heure, mais notre petite Babette, point.

— Enfin, qu'est-ce qu'ils dirent ? demanda le chat de la cuisine.

— Ce qu'ils dirent ? Ce qu'on a coutume de dire quand on recherche la main d'une jeune fille : « Je l'aime, elle m'aime ; « quand il y a du lait pour un, il y en a aussi pour deux ; » et cætera. « Ma fille est trop haut placée pour toi, répon- « dit notre maître. Comment penses-tu atteindre au bloc « d'or sur lequel elle est assise ? — Il n'est rien de si élevé « qu'on n'y puisse parvenir, quand on le veut bien. — « Il est vraiment enragé ce garçon.... Cependant, dit le « meunier, tu n'as pu l'autre jour arriver jusqu'au jeune ai- « glon, et Babette est encore plus haut. — Je les aurai tous

« les deux. — Eh bien, je te la donne si tu m'apportes le
« jeune aiglon vivant. » Et il rit si fort que les larmes lui sortaient des yeux. « En attendant, Rudy, grand merci pour ta
« visite ; mais si tu reviens demain, il n'y aura personne à la
« maison. Bon voyage, Rudy. » Babette aussi dit adieu à son
Rudy, avec un air lamentable, comme un chaton qui crie
après sa mère. « Une parole est une parole, reprit Rudy,
« un homme ne se dédit point. Ne pleure pas, Babette, j'ap-
« porterai l'aiglon. — J'espère bien que tu te casseras le
« cou, dit le meunier, et que nous serons, de la sorte, débar-
« rassés de toi. » C'est ce que j'appelle chasser quelqu'un à
coups de pied, conclut le chat du salon. Rudy est parti. Babette ne bouge pas de sa chaise et pleure sans cesse. Le meunier chantonne une mauvaise chanson allemande qu'il a apprise pendant son voyage. Moi, je vois tout cela, sans rien
prendre à cœur. À quoi servirait-il, d'ailleurs ?

— Cela t'occuperait du moins, dit le chat de la cuisine,
pendant que tu paresses, étendu sur un bon fauteuil. »

VII

LE NID D'AIGLE

On entendait sur la montagne une voix retentissante chanter un air joyeux ; ce devait être quelqu'un de bonne humeur et plein de courage, c'était Rudy.

Il allait trouver son ami Vesinand : « Il faut que tu m'aides, lui dit-il, ainsi que Ragli, à enlever l'aiglon qui perche là-haut sous la pointe du rocher.

— Ne veux-tu pas aller d'abord arracher les yeux à la lune? repartit son camarade. Ma foi, tu es un plaisant farceur.

— Gai, je le suis ; oui, sans doute, surtout depuis que je songe à me marier. Mais, très sérieusement, il me faut cet aiglon, et voici pourquoi. »

Et il conta à ses amis ce qui s'était passé.

« Tu es un gaillard par trop téméraire, dirent-ils. Ce que tu veux entreprendre est simplement impossible : tu te rompras le cou.

— On ne tombe pas, dit Rudy, à moins qu'on ne craigne de tomber. »

Vers midi, ils se mirent tous trois en marche, avec de

longues perches, des échelles et des cordes; ainsi chargés, ils traversèrent les bois, franchirent les buissons, passèrent par-dessus les blocs de rocher. Ils montèrent, montèrent jusqu'à ce qu'il fût nuit. On entendait le grondement du torrent dans la vallée et le bruit des cascades sur la montagne. Les chasseurs approchaient du roc tout à pic où se trouvait le nid.

La nuit était noire, le ciel nuageux. Ils étaient engagés dans une anfractuosité, entre deux parois de rocher. A peine si d'en haut il leur tombait un filet de lumière.

Enfin, après mille fatigues, ils s'arrêtèrent au bord d'un précipice, au fond duquel mugissait un torrent. Les trois compagnons étaient silencieux. Ils attendaient que le jour vînt à poindre; c'est à ce moment que la mère de l'aiglon quittait le nid pour aller en chasse. Il fallait la tuer avant de songer à s'emparer de son petit. Rudy s'était posté un genou en terre, ramassé sur lui-même, immobile comme s'il eût fait partie du roc contre lequel il s'appuyait. Il tenait sa carabine dirigée vers le creux du rocher où se trouvait le nid ; ses yeux ne cessaient de fixer ce point.

Les chasseurs attendirent longtemps. Enfin un cri strident, un sifflement aigu se fit entendre au-dessus d'eux. Le peu de lumière qu'ils recevaient d'en haut fut obscurci par un objet qui nageait dans l'air. C'était l'aigle noire qui allait chercher la pâture de son petit. Un coup de feu retentit. Les larges ailes de l'oiseau-roi battirent un instant l'air, puis restèrent immobiles toutes étendues. L'animal, blessé à mort, descendait lentement, comme soutenu par un parachute, dans le précipice ; on entendit le craquement des branches des buissons qu'il cassait dans sa chute.

Alors on se mit alertement à l'œuvre. On lia ensemble les trois plus longues échelles, pensant qu'elles atteindraient jusqu'en haut. On les fixa à l'extrémité du rebord, à quelques pas du précipice, là où le pied pouvait encore s'appuyer avec sûreté. Mais elles n'arrivaient pas jusqu'au sommet. Du point où elles parvenaient jusqu'au nid, le roc était lisse comme un mur. Comment faire? Après avoir réfléchi et discuté entre eux, les chasseurs résolurent d'attacher ensemble deux autres échelles et d'aller par en haut les descendre au-dessus du vide pour les réunir ensuite aux trois autres. On les porta sur le pic avec bien des peines, et on les lia l'une à l'autre avec de fortes cordes. Les voilà qui se balancent au-dessus du précipice, dépassant le rocher qui abritait le nid. Rudy y descendit lestement, et en un instant fut sur le dernier échelon. La matinée était glaciale; des bouffées d'épais brouillard sortaient du sombre abîme. Rudy ressemblait à une mouche qui se balance sur un brin de paille agité par le vent, ou à un oiseau qui bâtit son nid au bord d'une haute cheminée ; mais l'oiseau et la mouche peuvent s'envoler, et Rudy ne pouvait que se rompre le cou. Le vent s'élevait : il faisait osciller les échelles. Au fond du précipice, comme pour l'étourdir, résonnait le sinistre fracas des eaux qui ruisselaient des palais souterrains de la Vierge des glaces.

Sans se troubler, Rudy imprima aux deux échelles un mouvement de va et vient. Il imitait l'araignée qui, suspendue au bout d'un long fil, se balance avant de sauter sur son ennemi. A la troisième oscillation, il saisit l'extrémité des trois échelles plantées en bas, et, d'une main robuste et ferme, il les rattacha aux deux autres. Les voilà donc toutes les cinq liées ensemble, dressées droites contre le roc, mais ne paraissant pas plus solides que le jonc qui plie au gré du vent.

Restait maintenant la partie la plus périlleuse de l'entreprise à accomplir : il fallait grimper les échelons, se sentir vaciller au-dessus d'un gouffre de plusieurs milliers de pieds de profondeur. Mais Rudy avait retenu les leçons du chat son premier maître. Le Vertige, qui voltigeait dans l'air derrière lui, eut beau étendre les bras, comme un polype, pour le saisir, Rudy ne sentit même pas sa présence. Il arrive au haut de l'échelle, tout près du nid. Il peut l'apercevoir, y atteindre de la main, mais c'est tout.

Sans hésiter, il tâte les branches des épais buissons qui forment le nid de l'aigle. Il en trouve une résistante et solide ; il la saisit et s'élance d'un bond. Le voilà la moitié du corps engagée dans le creux du rocher.

Une odeur infecte de charogne le prend au nez et à la gorge. Il y a là tout un amas de restes pourris d'agneaux, de chamois, d'oiseaux de toute espèce. Le Vertige lui soufflait au visage cette puanteur pour le troubler. Au fond du gouffre, la Vierge des glaces en personne braquait sur lui ses yeux ardents. On aurait dit l'antique tête de Méduse. « Je te tiens, » dit-elle avec une joie féroce.

Rudy ne la voyait pas. Au fond du nid il aperçut l'aiglon qui était déjà fort et redoutable, quoiqu'il ne sût point encore voler. Rudy, le fixant du regard, d'une main se cramponna de toutes ses forces à la branche, de l'autre jeta sur l'animal un nœud coulant ou lacet qu'il avait apprêté. La corde s'enroula autour des pattes de l'aiglon ; Rudy l'attira et lança corde et bête par-dessus ses épaules, de sorte que le jeune oiseau de proie se trouva séparé de lui d'un bon bout de la corde qu'il s'attacha autour du corps. Puis, ressaisissant la branche de ses deux mains, il fit tant que ses pieds se retrouvèrent sur l'échelle, dont il empoigna le montant d'un mouvement brusque et sûr : « Tiens ferme, ne pense pas que tu vas tomber, et tu ne tomberas point. » C'était ce que le chat lui avait enseigné ; il s'en souvint, ne lâcha pas prise, descendit sans crainte.

Alors retentit un chant de victoire entonné par une voix forte et joyeuse. Rudy était de retour sur le roc solide et tenait captif et bien vivant le bel aiglon.

VIII

LES NOUVELLES

QUE RACONTE LE CHAT DU SALON

« Voilà ce que vous désirez, » dit Rudy en entrant chez le meunier de Bex et posant à terre un grand panier. Il en enleva le couvercle, et on vit au fond du panier étinceler des yeux jaunes cerclés de noir : ils jetaient comme des flammes ; c'était un regard féroce, plein d'une fureur mortelle. Le bec de l'animal était ouvert, prêt à donner un coup terrible. A travers le duvet du cou on voyait les veines toutes gonflées d'un sang agité par la rage.

« L'aiglon ! » s'écria le meunier. Babette poussa un cri, et dans son émoi fit un saut de côté. Elle attacha ses yeux sur Rudy, puis sur l'aiglon, pour les ramener sur Rudy, sans plus pouvoir les détourner.

« Tu es un gaillard qui ne connais pas la peur, reprit le meunier.

— Et vous, vous êtes un homme connu pour n'avoir qu'une parole, répondit Rudy. Chacun a son caractère.

— Mais comment ne t'es-tu point rompu cou, bras et jambes ? repartit le meunier.

— J'ai tenu ferme, répliqua Rudy, et je tiens Babette tout aussi fermement.

— Auparavant, vois à ce qu'on te la laisse prendre, » dit le fermier, mais il riait en même temps, et c'était d'un bon augure. Babette le savait bien.

« Retirons, continua-t-il, l'oiseau de ce panier ; cela fait mal à voir comme il est bouffi de colère. Comment l'as-tu donc pris ? »

Et Rudy dut raconter toute l'affaire en détail ; le meunier le regardait avec des yeux qui s'écarquillaient de plus en plus.

« Avec un courage et un bonheur pareils, dit-il, tu pourrais nourrir trois femmes.

— Merci du compliment, fit Rudy ; merci, j'en prends acte.

— Oh! je te vois venir, mais tu n'as pas encore Babette, » dit le meunier en frappant familièrement sur l'épaule du jeune chasseur.

« Devine un peu ce qui vient de se passer, dit le chat du salon à celui de la cuisine. Rudy a apporté le jeune aiglon et l'a troqué contre Babette. Ils se sont embrassés sous les yeux du père ; c'est comme s'ils étaient fiancés. Le vieux n'a plus tapé du pied ; il a fait patte de velours. Il a été faire son somme après midi et a laissé les jeunes gens se conter fleurette. Ils ont tant de choses à se dire qu'à la Noël, je crois, ils n'auront pas encore fini. »

En effet la Noël arriva, et Rudy et Babette s'entretenaient toujours des heures entières.

Le vent faisait tourbillonner les feuilles mortes et les flocons de neige. La Vierge des glaces était dans son superbe palais, assise sur son trône, en ses plus beaux atours. Le long des rochers on voyait pendre d'énormes glaçons, épais comme des éléphants. Le long des sapins poudrés de neige

se déroulaient des guirlandes de cristaux fantastiques qui brillaient, pareilles à d'immenses rivières de diamants.

La Vierge des glaces s'élança sur les ailes du vent et vint établir son empire jusque dans les vallées les plus abritées. Tout Bex était couvert de neige. En passant, la Vierge aperçut dans la maison du meunier Rudy tenant la main de

Babette. Elle s'arrêta et prêta l'oreille ; elle entendit que leur noce devait se faire l'été. Elle l'entendit, non pas une fois, mais cent fois, car les fiancés ne parlaient que de ce moment-là.

Le soleil reparut : la rose des Alpes revint avec lui. Babette était gaie, riante, ravissante comme le jeune printemps.

« Mon Dieu ! disait le chat du salon, comment ces deux jeunes gens peuvent-ils rester sans cesse assis l'un à côté de l'autre ? Les éternels miaulements de ces amoureux finissent vraiment par m'ennuyer.

IX

LA VIERGE DES GLACES

Le printemps avait fait éclore le feuillage touffu des belles allées de châtaigniers et de noyers qui s'étendent du pont de Saint-Maurice jusqu'aux bords du lac Léman, tout le long du Rhône. Le fleuve est là comme un torrent impétueux ; il bouillonne autant qu'à l'endroit où il sort du vaste glacier, demeure favorite de la Vierge des glaces.

Celle-ci se fait porter par les vents sur un des plus hauts pics des Alpes ; elle s'y assied sur un lit de neige en plein soleil, et lance ses regards perçants dans les vallées ; elle y voit les humains, pareils à une fourmillière, laborieusement occupés au pied d'un mont sourcilleux.

« Les Filles du soleil, dit-elle d'un air de mépris, vous nomment des Intelligences ! Des vermisseaux, voilà ce que vous êtes. Une seule avalanche suffit à vous écraser, vous, vos maisons, vos villages. »

Elle releva sa tête altière. Ses yeux qui lancent la mort embrassèrent le large horizon. Dans la vallée on entendait des rochers sauter, soulevés par l'explosion de la poudre.

Des machines roulaient pesamment. On posait des rails de fer. On perçait un tunnel sous les Alpes.

« Les voilà qui font comme les taupes, dit la Vierge hautaine, ils creusent des tranchées souterraines. Au bruit que font leurs mines, ils sursautent d'effroi, et cependant ce bruit est à peine plus fort que celui d'un coup de fusil. Moi, quand j'emménage mes palais, le fracas qui s'y fait égale le roulement du tonnerre. »

Du fond de la vallée s'élève une fumée blanche qui avance avance : c'est la vapeur d'une locomotive ; on eût dit un immense plumet ornant la tête d'un long serpent. Le train de wagons glisse plus rapide qu'une flèche.

« Ils se croient les maîtres de la terre, reprit la Vierge des glaces. Ils sont fiers d'être des Intelligences. Mais la puissance est aux forces de la nature. »

Elle rit en prononçant ces paroles. L'écho en retentit au loin et ébranle l'air.

« Voilà une avalanche qui roule ! » disent les gens de la vallée.

Les Filles du soleil entonnent une chanson qui célèbre l'esprit de l'homme : Cet esprit dompte la mer, déplace les montagnes, comble les précipices et se rend maitre des forces de la nature.

Pendant qu'elles chantent, un train de chemin de fer parcourt l'espace dans le lointain.

La Vierge des Alpes le regarde d'un air moqueur : « Voilà ces Intelligences ! dit-elle ; elles sont à la merci de la force de la vapeur qui les traine. En tête, le conducteur est debout, fier comme un roi. Les autres sont entassés dans les voitures. La moitié dort tranquillement, tant ils se croient sûrs que le dragon de vapeur ne les mène pas à leur perte. » Elle rit de nouveau. « Voilà encore une avalanche ! » disent les gens de la vallée.

« La cruelle Vierge des glaces a beau faire ; elle ne nous enlèvera pas l'un à l'autre, » disent Rudy et Babette, qui sont au nombre des voyageurs du train.

« Voilà ce couple ! s'écrie la Vierge. J'ai écrasé des troupeaux de chamois, des milliers de sapins, des rocs plus élevés que des clochers ; comment ne viendrai-je pas à bout de ces prétendues Intelligences. Ce couple notamment qui me brave, je l'anéantirai ! »

Elle rit une troisième fois. « Toujours des avalanches ! que se passe-t-il donc là-haut ? » répètent les gens de la vallée regardant les sommets qui s'écroulent.

X

LA MARRAINE

A Montreux, près de Clarens, sur les bords enchantés du lac Léman, demeurait la marraine de Babette, la grande dame anglaise, avec ses filles et un jeune parent. Elle était récemment arrivée d'Angleterre; mais déjà le meunier était allé rendre visite et annoncer le mariage de Babette. Il avait parlé de Rudy, de la fête du tir, de l'aiglon. Bref, il avait raconté toute l'histoire de ces fiançailles qui avait vivement intéressé les auditeurs. Tout le monde s'était épris de Babette, de Rudy, et même du meunier. On les avait tous trois invités à venir passer une journée à Montreux.

Toute cette côte du lac a été chantée par les poètes. Là, au bord de ces eaux d'un bleu limpide, Byron venait s'asseoir sous les noyers et y écrire ses magnifiques vers sur le prisonnier enfermé jadis dans le sombre château de Chillon. Un peu plus loin, sous les hauts ombrages de Clarens, Jean-Jacques Rousseau se promenait, rêvant à Héloïse.

Un peu en arrière, à peu de distance de l'endroit où le Rhône se précipite dans le lac, se trouve un îlot si petit, que de la côte on le prend pour une barque. Ce n'était, il y a cent ans, qu'un rocher. Une belle dame d'alors y fit porter de la terre et planter trois acacias qui aujourd'hui couvrent tout l'îlot de leur feuillage.

Babette trouva ce lieu ravissant. A son goût, c'était le plus beau point de ce magnifique paysage : « Qu'on doit être bien dans ce petit paradis! disait-elle. Elle eût voulu y aborder ; mais le bateau à vapeur ne s'arrêta pas et déposa les voyageurs à Vernex.

Ils s'acheminèrent entre les murs blanchis, brûlés par le soleil, qui bordent les vignobles de Montreux. Devant les chaumières des paysans s'élevaient des touffes de figuiers, de lauriers et de cyprès. La maison de la marraine était située à mi-côte.

Ils y furent reçus avec la plus vive cordialité. La marraine était une grande femme à l'air souriant et gracieux; dans son enfance, elle avait dû ressembler à un ange de Raphaël; maintenant, avec ses cheveux argentés, on aurait dit une figure de sainte. Ses filles étaient de grandes demoiselles élancées, élégantes, habillées à la dernière mode. Leur jeune cousin était vêtu de blanc de la tête aux pieds; il avait des cheveux blons tirant sur le roux, et une longue, longue barbe de la même couleur ; il se montra dès l'abord plein d'attention pour la petite Babette.

Dans le salon, sur une grande table, se trouvaient des gravures, de beaux albums richement reliés, mais on ne pensait pas à les regarder. Les fenêtres qui donnaient sur le balcon étaient ouvertes, et l'on apercevait dans toute son étendue le magnifique lac. La nappe d'eau était si tranquille que les montagnes de la Savoie, avec leurs villages, leurs bois, leurs cimes neigeuses, s'y réfléchissaient comme dans un miroir.

Rudy, qui était toujours si hardi, si gai, se sentait pour la première fois de sa vie hors de son élément. Il marchait sur le parquet ciré comme sur des pois. Que le temps lui paraissait long ! Que ces manières anglaises, élégantes et compassées, l'excédaient !

Il soupira d'aise lorsqu'on sortit pour se promener. Mais nouvel ennui : on marchait si lentement qu'il pouvait faire trois pas en avant, puis deux en arrière, et cependant n'être pas en retard.

Ils allèrent visiter le vieux et sombre château de Chillon, tout entouré des eaux du lac. Ils virent la prison, l'attirail de torture, le billot pour les exécutions, la trappe par où les condamnés étaient lancés, dit-on, sur des piquants de fer, au milieu de l'eau. Byron a rendu ces lieux célèbres dans le monde de la poésie ; mais Rudy s'y sentait presque aussi malheureux que s'il avait été prisonnier. Il s'accouda à une fenêtre et regarda vers le petit îlot solitaire aux trois acacias. C'est là qu'il eût voulu être, loin de toute cette société qui l'importunait, le rustique chasseur, avec le babil et les façons des citadins.

Babette, au contraire, était aux anges, elle s'amusait divinement; elle le dit à Rudy, au retour, ajoutant que le jeune Anglais l'avait déclarée une jeune fille accomplie.

« Lui, c'est un fat accompli » répliqua Rudy brusquement. C'était la première fois qu'il dit une parole qui déplût à Babette. Le jeune gentleman lui avait donné un souvenir, un joli petit volume, *le Prisonnier de Chillon*, de Byron, traduit en français.

« Cela peut être un livre intéressant, reprit Rudy, mais quant au godelureau si bien peigné qui te l'a donné, je ne puis le souffrir.

— Il m'a fait l'effet d'un sac de farine sans farine, » dit le meunier en riant de bon cœur de sa plaisanterie. Rudy en rit encore plus fort et trouva que le meunier avait prodigieusement d'esprit.

XI

LE COUSIN

Lorsque Rudy, à quelques jours de là, vint au moulin, il y trouva le jeune Anglais. On l'avait retenu à diner. Babette avait préparé les truites et les avait entourées de persil, pour qu'elles eussent meilleure apparence. « C'était fort inutile, pensa Rudy... Que fait ici cet étranger, et pourquoi Babette lui fait-elle tant d'honneur ? »

Il était jaloux. Babette prit plaisir à voir sa mauvaise humeur. Elle connaissait ses excellentes qualités, elle n'était pas fâchée de connaître aussi ses faiblesses. Elle se mit à jouer avec le cœur de Rudy, et cependant il était l'idole de son âme ; l'amour de Rudy faisait sur la terre son unique félicité. Pourtant, plus le visage du chasseur s'assombrissait, plus les yeux de Babette devenaient riants. Oui, elle aurait volontiers embrassé l'Anglais à la barbe rousse, si elle avait été sûre que Rudy alors se sauverait plein de rage, parce qu'elle avait vu par là combien il l'aimait !

Ce n'était pas d'une fille sage, ce que faisait ainsi la petite Babette ; mais elle avait dix-neuf ans et ne réfléchissait pas que ces coquetteries étaient réellement déplacées de la part de la fiancée de Rudy.

Le gentleman s'en alla, puis s'en revint le soir errer autour du moulin. Il arriva au ruisseau rapide qui faisait tourner la roue. Voyant devant lui une lumière qui brillait dans la chambre de Babette, il marcha dans cette direction. Il sauta le ruisseau et faillit y tomber; il se rattrapa au bord et se releva tout mouillé et tout sali. Il reprit sa marche, atteignit un vieux tilleul qui était très proche des fenêtres de Babette. Il ne savait pas grimper comme Rudy, mais enfin il parvint à se jucher dans l'arbre. Là, il se mit à chanter une complainte d'amour. Il se croyait une voix mélodieuse

comme celle du rossignol, tandis que son chant n'était guère plus agréable que celui du hibou.

Babette l'entendit et souleva le rideau pour voir ce que c'était. Elle aperçut dans les branches du tilleul un homme tout habillé de blanc ; elle soupçonna bien toutefois que ce n'était pas un garçon meunier, mais son admirateur, le jeune Anglais. Elle tressaillit de peur et aussi de colère, elle souffla sa lumière et ferma solidement ses volets, laissant le jeune fou continuer son ramage.

« Que ce serait terrible, se dit-elle, si Rudy était au moulin ! »

Il n'y était pas, mais c'était bien pis. Lui aussi était resté aux alentours. Il avait entendu les éclats de voix de l'Anglais. Il était accouru, et l'on entendit sous l'arbre des cris de colère.

« Ils vont se battre, se tuer ! » dit Babette. Elle rouvrit sa fenêtre, appela Rudy et le supplia de s'en aller. Il ne voulut pas.

« Je l'exige, dit-elle. — Bien, tu veux que je parte ! c'était donc un rendez-vous que tu avais donné ! Tu dois avoir honte, Babette.

— Ce que tu dis là est indigne, et je te déteste ! s'écria-t-elle. Va-t'en ! va-t'en ! » Et elle se mit à fondre en larmes.

— Je n'ai pas mérité ce traitement, » dit-il irrité, et il partit. Ses joues étaient enflammées et son cœur comme un brasier.

Babette se jeta sur son lit en sanglotant : « Moi qui t'aime tant, Rudy, murmurait-elle, comment peux-tu me croire capable de pareille chose ! »

A cette pensée elle s'emporta et ressentit une violente colère. Ce fut heureux, car sans cela elle eût été dévorée de chagrin.

XII

LES PUISSANCES FUNESTES

Rudy quitta Bex pour retourner chez lui. Il prit le chemin des montagnes, par les champs de neige où règne la Vierge des glaces. Il monte toujours. L'air devient de plus en plus vif et frais, mais cela ne calme pas le chasseur. Il passe près d'une belle touffe de roses des Alpes entourées de gentianes bleues ; de la crosse de son fusil, il brise, broie les pauvres fleurs.

Tout à coup il aperçoit deux chamois ; ses yeux étincellent, ses pensées prennent une nouvelle direction. Il grimpe afin d'approcher des chamois à portée de carabine ; il s'avance avec précaution et sans faire de bruit. Les chamois allaient çà et là sur la neige. Rudy apprête son fusil. Tout à coup le brouillard l'enveloppe, il ne voit plus rien. Il fait quelques pas et se trouve devant une muraille de rochers. La pluie commençait à tomber à verse.

Il était agité d'une fièvre violente, la tête en feu, le corps glacé. Il saisit sa gourde, elle était vide : il avait oublié de la remplir avant de partir du moulin. Lui qui n'a jamais été maade, cette fois il se sent atteint. Harassé de fatigue, il a envie de se jeter à terre et de dormir. Mais l'eau du ciel tombe par torrents.

Il cherche à recueillir ses forces pour retrouver son chemin. Les objets dansent bizarrement devant ses yeux. Il aperçoit soudain contre le rocher un joli chalet qui paraissait nouvellement construit ; il ne se souvenait pas de l'avoir jamais vu. A la porte se tient une jeune fille ; elle ressemble à Annette, la fille du maître d'école, celle qu'il a une fois embrassée en dansant. Mais non, ce n'est pas Annette. Pourtant il l'a vue quelque part, peut-être près de Grindelwald, le soir qu'il revint de la fête des tireurs.

« D'où viens-tu ? lui dit-il. — De nulle part, répond-elle ; je suis ici chez moi, je garde mon troupeau. — Ton troupeau ? Il n'y a pas ici de pâturage, il n'y a que de la neige et des rochers. — Vraiment ! comme tu connais le pays ! dit-elle en riant. Eh bien, là, de ce côté, il existe une belle prairie, où paissent mes chèvres. Pas une ne se perd. Ce qui est à moi reste à moi. — Tu as l'air hardi, reprend Rudy. — Et toi de même, répondit-elle. — As-tu un peu de lait à me donner ? J'ai une soif d'enfer. — J'ai mieux que du lait. Hier des voyageurs ont passé par ici. Ils ont oublié une bouteille d'un vin comme tu n'en as sans doute jamais goûté. Je n'en bois pas ; elle est pour toi. »

En effet, elle prend une bouteille, remplit de vin tout une écuelle et la tend à Rudy.

« Que c'est bon ! dit-il après avoir bu. Jamais, en effet, je n'ai bu de vin si exquis et si si chaleureux. »

Rudy a des flammes dans les yeux ; le sang circule comme du feu dans ses veines ; son chagrin et sa colère se sont évanouis ; sa gaieté lui est toute revenue, exubérante et folle.

« Tu es bien la jolie Annette ! s'écrie-t-il, donne-moi un baiser. — Je le veux bien, mais toi, fais-moi cadeau de cette bague que tu portes au doigt. — Mon anneau de fiançailles ! — Justement, c'est ce que je veux avoir.

Elle remplit de nouveau l'écuelle de vin et la met aux lèvres du chasseur. Il boit. Une vie intense se répand dans son être. Il lui semble que l'univers lui appartient. — « A quoi bon, se dit-il, se forger des soucis ? Jouissons, soyons heureux. Le plaisir est la vraie félicité. »

Il regarda de nouveau la jeune fille, c'était Annette. Un instant après, ce n'était plus Annette ; ce n'était pas non plus le fantôme qui lui avait apparu près de Grindelwald. Elle était fraîche et blanche, comme la neige qui vient de tomber du ciel ; elle était gracieuse comme un bouquet de roses des Alpes, svelte et légère comme une jeune chamois. Il l'entoura de son bras ; il plongea son regard dans les yeux merveilleusement clairs de la vierge. Que devint-il ? Comment exprimer une sensation inexprimable ? Il se sentit descendre, descendre toujours, toujours plus bas dans le profond abîme de glace où règne la mort. D'immenses murailles, qui semblaient faites d'un cristal verdâtre, reflétaient une lumière bleue. Des milliers de gouttes d'eau faisaient en tombant une musique sinistre. La Reine des glaciers était là. Elle donna à Rudy un baiser sur le front ; il fut saisi, des pieds à la tête, d'un froid mortel. Il poussa un cri de douleur, chancela et tomba. Tout devint obscurité et nuit.

Il revint à lui cependant. Il comprit qu'il avait été le jouet des Puissances funestes. La jeune fille avait disparu et le chalet aussi. Il n'y avait autour de lui que de la neige. Rudy était trempé jusqu'aux os ; il tremblait de froid. L'anneau de fiançailles que Babette lui avait donné, il ne l'avait plus.

Il chercha sa route ; un brouillard épais et humide couvrait la montagne ; des rochers roulant avec fracas passaient à côté de lui. Le Vertige le guettait, le croyant recru et sans forces. S'il était tombé, c'en était fait de lui ; mais il devait cette fois échapper encore au péril.

Au moulin, Babette était assise, morne, désolée, toujours en larmes. Il y avait six jours que Rudy n'était venu, lui qui avait tant de torts à se reprocher, lui qui aurait dû implorer son pardon, lui qu'elle aimait par-dessus tout.

XIII

CHEZ LE MEUNIER

« En voilà un affreux brouillamini chez ces humains ; dit le chat du salon au chat de la cuisine. C'est déjà fini entre Rudy et Babette. Elle pleure à chaudes larmes, et lui, probablement, ne pense plus à elle.

— C'est bien mal à lui, dit le chat de la cuisine.

— D'accord, dit l'autre, mais je n'entends pas m'en chagriner un instant. Babette prendra, si elle veut, l'homme aux favoris roux. Il est vrai que lui non plus n'est plus revenu au moulin, depuis le soir où il prétendait grimper comme nous sur les toits. »

Pendant ces longues journées, Rudy réfléchit à ce qu'il lui était arrivé la nuit dans la montagne. La fièvre lui avait donné le délire. Avait-il eu une vision ? Il ne pouvait se rendre compte de ce qu'il avait éprouvé.

Il continuait à condamner Babette. Pourtant il avait fait aussi son examen de conscience. Il se rappelait l'affreux orage, la tourmente furieuse qui avait agité son cœur. Devait-il avouer à sa fiancée les horribles pensées qui s'étaient emparées de lui, et qui auraient pu devenir des actes ? De fait, il avait perdu son anneau. L'avait-il lancé loin de lui dans un accès de colère ? Il y songeait sans cesse, et c'est ce qui ramenait son cœur vers la jeune fille.

Lui pourrait-elle, de son côté, avouer tous ses torts ? Il sentait son cœur se briser, au souvenir des gentilles et douces paroles d'amour qu'elle lui avait dites. Elle lui apparaissait constamment dans sa grâce et sa gaieté folâtre. Ces pensées furent comme des rayons de soleil qui percent un nuage sombre.

« Elle doit pouvoir tout m'avouer, se dit-il ; il faut qu'elle se justifie ! »

Il se rendit au moulin. On en arriva aux explications. Elles commencèrent par un baiser, et voici comment elles se terminèrent : Rudy a été un méchant, un pêcheur ; il a osé douter de la fidélité de Babette. Sa conduite est abominable. Une défiance, une violence pareilles ! C'était assez pour faire à tous deux leur malheur à jamais, oui certes, monsieur Rudy.

Et Babette lui fit un sermon sévère. Elle était délicieuse dans ce rôle, la jolie enfant. En un point cependant elle donna raison à son fiancé : cet Anglais était réellement un fat, un ridicule godelureau. Elle déclara qu'elle allait jeter au feu le livre qu'il lui avait donné, pour n'avoir plus rien qui pût lui rappeler un tel nigaud.

« Tout est raccommodé, dit le chat du salon à son camarade de la cuisine. Rudy est de retour. Ils se sont expliqués. Ils se comprennent, et c'est là, selon eux, le souverain bonheur.

— La nuit, répondit le chat de cuisine, quand je guette les rats, je les entends dire que le souverain bonheur, c'est de manger de la chandelle et d'avoir une provision de viande gâtée. Lesquels croire, les rats ou les amoureux ?

— Ni les uns ni les autres, répliqua le chat du salon; c'est toujours le plus sûr. »

Le souverain bonheur, Rudy et Babette l'attendaient sous peu de temps. Le jour de leurs noces approchait. Elles ne devaient pas se célébrer à l'église de Bex, ni dans la maison du meunier. La marraine avait demandé que le mariage se célébrât à la jolie petite église de Montreux et ensuite chez elle. Le meunier avait appuyé la proposition ; il savait quels beaux présents, quelle dot la généreuse marraine destinait aux jeunes gens, et il estimait que cela valait la peine d'être agréable à cette excellente marraine. Le jeune cousin était reparti pour l'Angleterre.

Le jour était donc fixé. La veille, on devait gagner Villeneuve et prendre le matin, à la première heure, le bateau pour Montreux. Les filles de la marraine pourraient de la sorte aider Babette à revêtir ses beaux atours.

« Tout cela est fort bien, dit le chat du salon ; mais j'espère bien que le lendemain il y aura un festin ici à la maison ; sinon, je ne pousserai pas un seul miaou pour leur souhaiter du bonheur en ménage.

— Je crois bien, dit le chat de la cuisine, nous aurons un fameux régal. Les canards sont plumés, les poulets et pigeons tués. En bas, un veau entier est suspendu à la muraille. Je ne puis tenir mes mâchoires en repos à la vue de toutes ces bonnes choses. C'est demain qu'ils partent. »

Oui, demain. Rudy et Babette restèrent ce soir-là longtemps à deviser de mille choses. C'était leur dernière causerie au moulin. Les Alpes resplendissaient inondées d'une lumière rose. Les cloches du soir tintaient. Les Filles du soleil chantaient en tournoyant dans l'air : « Que Rudy, notre favori, soit heureux comme il le mérite ! »

XIV

LES SPECTRES DE LA NUIT

La nuit était venue ; de gros nuages remplissaient toute la vallée du Rhône. Un coup de vent terrible, dernier souffle du siroco qui, après avoir passé sur l'Italie, vient exhaler les suprêmes efforts de sa rage au pied des Alpes, se déchaîna sur la contrée. Il déchira les nues. Elles se reformèrent, prenant les figures des monstres du monde primitif et des animaux fantastiques des contes de fées.

Les esprits de la nature, les forces élémentaires s'ébattaient librement pendant que les hommes sommeillaient. Au clair de lune qui faisait reluire la neige des montagnes, on voyait défiler l'armée de la Vierge des glaciers. Une troupe de Vertiges se jouaient dans les tourbillons du Rhône. Sur un immense sapin arraché par l'ouragan et qui flottait dans le fleuve était assise la Vierge elle-même. Elle sortait de ses palais de glace, amenant par flots pressés des eaux d'un froid mortel.

Et partout dans l'air, sur l'onde, on entendait retentir ces paroles : « Nous voici, gens de la noce. »

Pendant ce temps, Babette rêvait des rêves bizarres. Elle

se voyait mariée avec Rudy depuis plusieurs années. Il était allé chasser le chamois. Elle était à la maison. Survint le jeune Anglais à la barbe dorée. Il lui dit des paroles ensorcelées. Elle se sentit forcée de le suivre. Ils s'en allaient ensemble, bien loin, bien loin.

Son cœur fut aussitôt oppressé par un poids qui devenait de plus en plus lourd. Elle avait péché envers Rudy, péché envers Dieu. Tout à coup elle se trouvait délaissée, seule. Ses yeux avaient blanchi par le chagrin. Elle leva les yeux vers le ciel et aperçut Rudy sur la crête d'une montagne. Elle tendit ses bras vers lui, sans oser l'appeler. C'eût été, du reste, inutile, car elle vit tout de suite que ce n'était pas Rudy, mais sa veste de chasse et son chapeau qu'il avait mis sur un bâton pour tromper les chamois.

Alors Babette, pénétrée d'une profonde douleur, se lamenta en disant : « Oh ! si j'étais morte le jour de mes noces, ce jour le plus heureux de ma vie ! Seigneur Dieu, c'eût été la plus grande grâce que vous eussiez pu me faire.

C'eût été le mieux pour moi comme pour Rudy. Personne ne connaît l'avenir. »

Et alors, maudissant Dieu et la vie, elle se jetait dans un précipice.

Babette se réveilla en sursaut. Les fantômes s'évanouirent. Mais elle se rappelait avoir été tourmentée par un songe horrible. Elle se souvenait positivement que le jeune Anglais y avait figuré, lui qu'elle n'avait pas vu depuis plusieurs mois et à qui elle ne pensait jamais. Serait-il revenu à Montreux ? Assisterait-il à son mariage ? Etait-ce un pressentiment ? La jeune fille fronça les sourcils, et fit une moue, qui, à la vérité, était adorable.

Mais bientôt son sourire revint. Elle aperçut les rayons du soleil luisant déjà dans toute sa splendeur. « Un jour encore, dit-elle, un seul jour et nous serons époux ! »

Lorsqu'elle descendit, elle trouva Rudy tout prêt. On partit pour Villeneuve. Qu'ils étaient heureux, les deux fiancés ! Et le meunier aussi, quelle bonne joie s'épanouissait sur son honnête visage ! Il ne cessait de rire ; jamais il n'avait été d'aussi belle humeur. C'était un bon père, malgré ses petites brusqueries.

« Nous voilà seuls et les maîtres de céans, dit le chat du salon à son confrère. Nous pourrions peut-être attraper quelques-unes des bonnes choses préparées pour le festin. »

XV

FIN

Ils arrivèrent à Villeneuve dans l'après-midi, toujours gais et joyeux. Après le repas, le meunier s'assit dans un fauteuil, fuma une pipe, puis fit un somme.

Les fiancés allèrent se promener, bras dessus, bras dessous, sur les bords du lac, aux eaux profondes couleur de saphir et d'émeraude. Ils s'assirent sur un rocher ombragé de saules, et contemplèrent le sombre château de Chillon, dont les tours massives se reflétaient dans le lac. Ils apercevaient aussi l'îlot aux trois acacias, « Que l'on doit y être bien ! dit Babette, qui ressentit de nouveau l'ardent désir qu'elle avait eu déjà d'aller s'asseoir sous ces arbres.

Ce souhait pouvait être accompli à l'instant. Une barque était attachée à un tronc d'arbre par une corde facile à dénouer. Ils cherchèrent le propriétaire pour lui demander la permission de prendre la barque, ils ne trouvèrent personne. Ils s'embarquèrent néanmoins. Rudy savait très bien manier les rames. Il attaqua l'eau bravement. L'élément mobile cède au moindre effort, et rien pourtant ne résiste à sa formidable puissance ; il offre, pour ainsi dire, complaisamment son dos pour vous porter, et sa gueule est toujours béante, prête à vous dévorer; il sourit, il semble la douceur même, et les ravages, les désastres qu'il cause sont les plus terribles.

En quelques minutes les heureux fiancés atteignirent l'îlot et y descendirent. Ils étaient d'une folle gaieté, et se mirent à danser et sauter d'allégresse. Rudy fit faire trois fois à Babette le tour de l'étroit espace, puis ils s'assirent sur un banc sous les acacias.

Ils se regardaient, la main dans la main. Autour d'eux, la nature resplendissait de l'éclat du soleil couchant. Les forêts de sapins sur la montagne prenaient une teinte lilas, couleur de fleur de bruyère. Les rochers reluisaient comme du métal en fusion et paraissaient transparents. Les nuages du ciel ressemblaient à un vaste incendie. Le lac pouvait être comparé à une immense feuille de rose.

Peu à peu l'ombre bleuâtre descendit et atteignit le bas

des montagnes neigeuses de la Savoie ; mais leurs cimes étaient toujours empourprées. On se serait cru aux premiers jours du monde, lorsque les montagnes sortaient du sein de la terre comme une lave rougie.

C'était un spectacle comme Rudy et Babette ne se souvenaient pas d'en avoir jamais vu de si beau. La *Dent du Midi*, couverte de neige, jetait plus d'éclat que la pleine lune lorsqu'elle émerge de l'horizon.

« Que de splendeur, et que de félicité ! » disaient les deux amants. « Sur cette terre, dit Rudy, je n'ai plus rien à désirer. Une heure comme celle-ci vaut toute une vie. J'ai déjà éprouvé bien des bonheurs et souvent j'ai cru que c'était tout, que j'avais épuisé la coupe. Mais le jour s'achevait et il en recommençait un autre qui était encore plus beau. Le Seigneur est vraiment d'une bonté infinie !

— Mon cœur déborde de reconnaissance, dit Babette.

— La terre ne saurait m'offrir rien au delà de ce que j'éprouve ! » reprit Rudy.

Des montagnes de la Savoie, des montagnes de Suisse, les cloches sonnaient la prière du soir. Vers l'ouest on voyait les sommets du Jura briller dans une mer d'or.

« Que Dieu te donne ce qu'il a de meilleur et de plus souhaitable au monde ! dit Babette, les yeux humides de tendresse.

— C'est ce qu'il fera ! dit Rudy. Demain je t'aurai, demain tu seras entièrement à moi, ma délicieuse petite femme !

— La barque ! la barque ! s'écria Babette. »

Le bateau s'était détaché par le mouvement des vagues et s'éloignait de l'îlot.

« Je vais le rattraper, » dit Rudy, et, jetant son habit, ses bottes, il sauta dans l'eau et, habile nageur, il avançait rapidement vers la barque.

Il arriva dans le courant des eaux grises, bleuâtres, froides, que le Rhône apporte des glaciers. Il y jeta un regard, un seul coup d'œil. Il lui sembla qu'il voyait rouler au fond un brillant anneau d'or. Il pensa à son anneau de fiançailles qu'il avait perdu. Mais cet anneau devint de plus en plus grand, de plus en plus large ; il forma en un instant un large cercle lumineux. Au milieu de ce cercle s'ouvrit un vaste glacier. De profonds précipices étaient béants. Des milliers de gouttes d'eau faisaient, en tombant, une musique sinistre, un glas funèbre. Les murs de cristal réfléchissaient des flammes blanches et bleues.

Dans l'espace d'une seconde. Rudy vit un spectacle qu'il faudrait bien des paroles pour décrire.

Là se trouvait une foule de jeunes chasseurs, de jeunes filles, d'hommes et de femmes qui étaient tombés dans les crevasses des glaciers et y avaient péri. Ils paraissaient vivants, avaient les yeux ouverts et souriaient à Rudy.

Plus au fond, on découvrait une ville que le lac avait engloutie dans ses eaux. Le torrent des montagnes agitait les cloches des églises et faisait résonner les orgues. Les habitants étaient agenouillés dans le sanctuaire, où ils s'étaient réfugiés lorsque arriva la catastrophe.

Enfin tout en bas était assise le Vierge des glaces ; elle se leva à la vue de Rudy. Elle embrassa ses pieds et les toucha de ses lèvres ; le chasseur reçut une commotion électrique, puis un froid mortel saisit ses membres et les engourdit.

« A moi ! à moi ! tu es à moi ! » Ce cri de triompe retentit autour de lui. « Je t'ai embrassé lorsque tu étais enfant :

je t'ai donné alors un baiser sur la bouche. Aujourd'hui je

t'en donne un sur le talon. Tu es à moi, totalement à moi ! »

Et Rudy disparut au milieu de l'onde bleue et claire.

Sur la terre, partout le silence se fit. Les tintements des cloches du soir cessèrent. Les nuages perdirent leurs couleurs éclatantes.

« Tu es à moi ! » Ces mots retentissaient au fond des eaux : ils retentissaient également dans le ciel. La voix remplissait l'infini.

N'est-ce pas un bonheur que de passer ainsi de l'amour sur terre aux pures joies du ciel, comme d'un seul bond. Le baisé glacé de la mort avait anéanti une enveloppe périssable ; un être immortel en sortit, prêt à la vie véritable qui l'attendait. La dissonance de la mort se résolvait en une harmonie céleste.

Appelez-vous cela une histoire triste ?

Pauvre Babette ! Oui, pour elle, ce furent des moments de cruelle angoise. La barque s'éloignait de plus en plus. Personne à terre ne savait que les fiancés fussent allés sur la petite île. L'obscurité augmenta. La nuit vint. Seule, désolée, gémissante, Babette se tordait dans le désespoir.

Un éclair brilla au-dessus du Jura. Un autre partit des montagnes de la Savoie. Bientôt on ne les compta plus, tant ils se succédaient rapidement. Les roulements du tonnerre duraient des minutes sans interruption. La foudre, avec ses zigzags éblouissants, éclairait le paysage comme la lumière du jour. On pouvait par instants distinguer chaque arbre et chaque branche. Puis retombait la nuit noire. L'écho des montagnes répétait le fracas de l'orage.

Les pêcheurs tiraient leurs barques à terre. Hommes et animaux cherchaient à la hâte un refuge. Le ciel versa des torrents de pluie. « Où peuvent donc être Rudy et Babette

par ce temps affreux ? » se demandait le meunier anxieux

Babette, après avoir crié au secours, gémi, pleuré, n'avait plus de voix, plus de larmes. Elle gisait par terre, agenouillée, la tête dans ses mains, mais ne pouvant prier. « Il est au fond de l'eau, pensait-elle, tout au fond ; il ne reviendra plus. Le lac est profond comme un glacier. »

Elle se souvint de ce que Rudy lui avait raconté de la mort de sa mère, et comment l'on avait, lui, retiré froid comme un cadavre de la crevasse où il était tombé. « La Vierge des glaces l'a repris, » se dit-elle.

Un éclair, éblouissant comme le soleil rayonnant sur un champ de neige, illumina le lac. Babette se leva en sursaut.

Elle vit au-dessus de l'eau la Vierge debout, ayant dans son aspect une majesté terrible. A ses pieds était le corps de Rudy. « Il est à moi ! » dit-elle, et elle disparut. Tout fut replongé dans l'obscurité.

« Cruelle ! disait Babette. Pourquoi l'as-tu fait périr la veille du jour qui devait éclairer notre bonheur ? — Dieu, reprit-elle, illuminez mon esprit et mon cœur. Faites-moi comprendre le mystère de vos desseins. »

Et Dieu l'entendit. Il se fit une clarté dans son âme. Elle se souvint du rêve de la nuit précédente, et de ce qu'elle avait souhaité dans ce rêve, comme étant le suprême bonheur pour Rudy et pour elle-même.

« Malheur sur moi ! dit elle. Le germe du péché était-il donc dans mon cœur ? Ce que j'ai rêvé, était-ce ma destinée ? Et valait-il mieux, en effet, qu'il mourût ! »

Ses gémissements redoublèrent. Tout à coup son cœur brisé, broyé, tressaillit au souvenir des dernières paroles de Rudy : « La terre ne saurait m'offrir un bonheur plus grand ! »

Plusieurs années se sont écoulées. Le lac sourit. Les

coteaux sont dans toute leur beauté. Les bateaux à vapeur voguent, leurs pavillons flottant au souffle des airs. Les grandes barques, déployant leurs voiles latines, volent sur la nappe d'eau comme des libellules gigantesques. Le chemin de fer dépasse Chillon et remonte la vallée du Rhône. A chaque station descendent les touristes. Ils s'empressent d'ouvrir les *Guides* reliés de rouge et de vert, pour y lire ce qu'il y a de curieux à voir. Et ils trouvent dans leur livre l'histoire des fiancés qui, en 1856, allèrent à la petite île aux trois acacias ; le fiancé périt, et le lendemain matin seulement on entendit de la côte les cris désespérés de la jeune fille.

Mais le livre n'en dit pas plus long. Il ne parle pas de la vie retirée que Babette mène auprès de son père, non au moulin, il a été vendu, parce qu'elle ne voulait pas habiter des lieux qui lui rappelaient tant de bonheur anéanti. Ils habitent un jolie maison, non loin de la gare. Elle reste parfois des heures entières à sa fenêtre, regardant, par-dessus les châtaigniers, les montagnes neigeuses où Rudy chassait. Quand elle voit les cimes des Alpes se colorer des spendides rougeurs du crépuscule, elle songe à leur dernier soir. Souvent, lorsqu'elle est bien triste, bien accablée, il lui semble entendre les Filles du soleil chanter et dire comment l'ouragan enlève au voyageur son manteau, « mais est-ce une raison de s'affliger ? Il ne prend que l'enveloppe, et non l'homme. » Et la lumière se fait dans son âme à la pensée que Dieu dispose toutes choses pour le mieux. Ne le savait-elle pas mieux que personne depuis son rêve ?

IB ET LA PETITE CHRISTINE

I

La belle et claire rivière de Gudenaa, dans le Jutland du nord, longe un bois vaste et qui s'étend au loin dans le pays. Le terrain se relevant en dos d'âne forme comme un rempart à travers la forêt. Sur la lisière à l'ouest, se trouve une habitation de paysans, entourée d'un peu de terre arable, mais bien maigre. A travers le seigle et l'orge qui y poussent péniblement, on aperçoit partout le sable.

Il y a un certain nombre d'années, les braves gens qui

demeuraient là cultivaient leur champ ; ils possédaient trois brebis, un porc et deux bœufs. Ils avaient de quoi vivre, si l'on appelle vivre se contenter du strict nécessaire. Jeppe Jaens, c'était le nom du paysan, vaquait pendant l'été aux travaux de culture. L'hiver, il faisait des sabots. Il avait un apprenti qui, comme lui, savait confectionner ces chaussures de bois de telle façon qu'elles fussent solides en même temps que légères et qu'elles eussent bonne tournure. Ils taillaient aussi des cuillers et d'autres ustensiles, qui se vendaient bien ; et peu à peu, Jeppe Jaens arrivait à une sorte d'aisance.

Son fils unique, le petit Ib, avait alors sept ans ; il aimait à regarder son père travailler ; il essayait de l'imiter, tailladait le bois, et de temps en temps se faisait aux doigts de profondes coupures. Mais un jour il montra d'un air triomphant à ses parents deux jolis sabots tout mignons. Il dit qu'il en ferait cadeau à la petite Christine.

Qui était cette Christine ? C'était la fille du passeur d'eau ; elle était gentille et délicate comme un enfant de seigneurs; si elle avait porté de beaux habits, personne ne se serait douté qu'elle fût née dans une cabane, sur la lande voisine.

Là demeurait son père, qui était veuf. Il gagnait sa vie en charriant sur sa grande barque le bois à brûler qui se coupait dans la forêt et en le conduisant dans le domaine de Silkeborg et jusqu'à la ville de Randers. Il n'avait chez lui personne à qui donner Christine à garder. Aussi l'emmenait-il presque toujours dans sa barque ou dans le bois. Mais quand il lui fallait aller à la ville, il la conduisait chez Jeppe Jaens, de l'autre côté de la bruyère.

Christine avait un an de moins que le petit Ib. Les deux enfants étaient les meilleurs amis, partageaient leur pain, leurs myrtilles, faisaient ensemble des trous dans le sable. Ils trottinaient partout aux environs, jouant, sautant. Un jour même, ils se hasardèrent à entrer tout seuls assez avant dans le bois ; ils y trouvèrent des œufs de bécasse, et ce fut pour eux un événement mémorable.

Ib n'avait encore jamais été ni dans la maison de Christine, ni dans la barque du batelier. Mais un jour, celui-ci l'emmena chez lui à travers la lande, pour lui faire voir le pays et la rivière. Le lendemain matin, les deux enfants furent juchés dans la barque, tout en haut sur les fagots. Ib regardait de tous ses yeux et oubliait presque de manger son pain et ses myrtilles.

Le batelier et son compagnon poussaient la barque avec des perches. Ils suivaient le cours de l'eau et filaient rapidement à travers les lacs que forme la rivière. Ces lacs paraissaient parfois clos entièrement par les bancs de roseaux et par les chênes séculaires qui se penchaient sur l'eau

D'autres fois, on voyait de vieux aunes couchés au point de se trouver horizontalement dans la rivière, et tout entourés d'iris et de nénuphars. Cela faisait comme un îlot charmant. Les enfants ne cessaient d'admirer. Mais, lorsqu'on arriva près du château de Silkeborg, où est placé le grand barrage pour prendre les anguilles, lorsqu'ils virent l'eau se précipiter en écumant et bouillonner avec fracas à travers l'écluse, oh! alors, Ib et Christine déclarèrent que c'était par trop beau.

En ce temps-là, il n'y avait en ce lieu ni ville ni fabriques; on y apercevait seulement quelques bâtiments de ferme habités par une douzaine de paysans. Ce qui animait Silkeborg, c'étaient le bruit de l'eau et les cris des canards sauvages.

Les fagots débarqués, le batelier acheta plein un panier d'anguilles et un cochon de lait fraîchement tué. Le tout fut mis dans un panier à l'arrière de la barque, puis on s'en retourna. On tendit la voile, et comme le temps était favorable, la barque remontait la rivière aussi vite que si deux chevaux l'avaient tirée.

On arriva tout près de l'endroit où habitait le compagnon du batelier. Les deux hommes devaient se rendre à l'habitation. Ils attachèrent solidement la barque au rivage, recommandèrent bien aux enfants de se tenir tranquilles et s'en allèrent.

Pendant quelques minutes, Ib et Christine ne bougèrent pas. Puis ils allèrent prendre le panier pour voir ce qu'il y avait dedans. Ils soulevèrent le couvercle du panier, où il leur fallut, pour ne pas se sentir malheureux, tirer dehors le petit cochon de lait, le tâter, le retourner. Tous deux voulaient le tripoter, et ils firent tant qu'il tomba à l'eau et fut entraîné par le courant. C'était un événement épouvantable.

Ib, dans son effroi, ne fit qu'un bond à terre et se mit à se sauver. Christine sauta après lui en lui criant de l'emmener, et voilà les deux petits effarés qui fuient vers la forêt et disparaissent.

Bientôt ils sont au millieu des broussailles qui leur dérobent la vue de la rivière, cette rivière maudite qui emportait le petit cochon dont ils avaient espéré faire un si fameux régal. Poussés par cette pensée, ils avancent toujours Voilà Christine qui tombe sur une racine. Elle se met à pleurer. Ib lui dit : « Un peu de courage ; notre maison est par là-bas. »

Mais il n'y avait pas du tout de maison par là. Les pauvres petits marchent toujours. Ils font craquer sous leurs pieds les feuilles sèches de l'an dernier et les branches mortes. Ils entendent tout à coup des voix d'homme perçantes et fortes ; ils s'arrêtent pour écouter. Au même moment retentit un vilain cri d'aigle qui les effraye. Ils continuent de fuir. Mais voilà qu'ils aperçoivent les plus belles myrtilles en nombre incalculable. Cette vue dissipe toute leur frayeur. Ils se mettent à les cueillir et à les manger. Ils ont la bouche et jusqu'à la moitié des joues rouges et bleues.

Les cris d'homme recommencent dans le lointain :

« Nous serons joliment punis, dit Christine.

— Sauvons-nous chez papa, reprend Ib ; c'est par ici dans le bois. »

Ils reprennent leur marche, ils arrivent à un chemin et le suivent ; mais il ne conduisait pas à la maison de Jeppe Jaens.

La nuit vint ; il faisait bien sombre et ils avaient grand'-peur. Partout régnait un profond silence. De temps en temps ils entendaient seulement les cris du hibou et de quelques autres oiseaux inconnus. Ils étaient bien fatigués ; pourtant ils avançaient toujours. Enfin ils s'égarèrent au milieu des

Mais voilà qu'ils aperçoivent les plus belles myrtilles en nombre incalculable... ils se mettent à les cueillir... (P. 96.)

broussailles, Christine pleurait. Ib aussi se mit à pleurer.
Après avoir gémi pendant quelque temps, ils s'étendirent sur
les feuilles sèches et s'endormirent.

Le soleil était déjà assez haut lorsqu'ils s'éveillèrent tout
transis. A travers les arbres ils aperçurent une colline dé-

boisée, ils y coururent pour se réchauffer aux rayons du
soleil. Ib pensait que de là-haut il découvrirait la maison de
son père ; mais ils en étaient bien loin, dans une toute autre
partie de la forêt. Ils grimpent tout en haut de la colline et
là ils restent immobiles de surprise : ils aperçoivent en bas
un beau lac d'une eau verte et transparente. Une quantité de
poissons nageaient à la surface, se chauffant au soleil. A côté

d'eux ils voient un noisetier tout chargé de noisettes. Ils s'empressent d'en cueillir et de se régaler des amandes encore toutes jeunes et délicates.

Tout à coup ils s'arrêtent saisis de frayeur. Debout, près d'eux, comme si elle était sortie de dessous terre, se tient une grande vieille femme au visage brun foncé, les cheveux luisants, le blanc des yeux brillant comme l'ont les négresses. Elle a sur le dos un sac, à la main un bâton noueux. C'est une bohémienne. Elle leur parle, mais ils ont de la peine à se remettre et ne comprennent pas d'abord ce qu'elle leur dit. Elle leur montre trois grosses noisettes qu'elle a dans la main. Elle leur répète que ce sont des noisettes magiques qui contiennent les plus magnifiques choses du monde.

Ib ose enfin la regarder en face. Elle parlait avec tant de douceur qu'il reprend courage et demande si elle veut lui donner ces noisettes. Elle lui en fait cadeau et se met à en cueillir d'autres sur le noisetier. Ib et Christine regardaient les trois noisettes avec de grands yeux.

« Dans celle-là, dit Ib, y aurait-il bien une voiture à deux chevaux ?

— Il s'y trouve un carosse doré tiré par deux chevaux d'or, répondit la bohémienne.

— Alors, donne-la-moi, » dit Christine. Et Ib la lui donne. La femme la lui serre dans un nœud de son fichu.

— Et dans celle-ci, reprend Ib, y aurait-il un aussi joli fichu que celui que Christine a autour du cou ?

— Il y en a dix plus beaux, reprend la grande femme, et de plus une quantité de belles robes, de souliers brodés, un chapeau garni d'un voile de dentelle...

— Alors, il me la faut aussi! » s'écria Christine. Ib la lui donne généreusement.

Restait la troisième ; elle était toute noire : « Celle-là, dit la petite Christine, tu dois la garder ; elle est bien belle aussi.

— Mais qu'est-ce qu'il y a dedans ? demanda Ib à la bohémienne.

— Ce qu'il y a de mieux dans les trois, » répond celle-ci.

Il serre précieusement sa noisette. La femme leur promet de les ramener dans le bon chemin qui les conduirait à leur maison. Ils la suivent, mais dans une toute autre direction que celle qu'ils auraient dû prendre. Il ne faut pas supposer, cependant, que la bohémienne voulut voler les enfants à leurs parents. Elle se trompait peut-être elle-même.

Au milieu du sentier survient le garde de la forêt. Il reconnaît Ib et le ramène avec la petite chez Jeppe Jaens. Là on était dans les angoisses à cause d'eux. On leur pardonna, néanmoins, après leur avoir bien expliqué combien sévèrement ils méritaient d'être punis, d'abord pour avoir laissé tomber à l'eau le cochon de lait, ensuite et surtout pour s'être enfuis dans le bois.

On reconduisit Christine chez son père. Ib resta dans la maisonnette sur la lisière de la forêt. La première chose qu'il fit le soir quand il fut seul fut de tirer de sa poche la noisette qui renfermait une chose de plus de valeur qu'un carrosse doré! Il la place avec précaution entre la porte entr'ouverte et le gond, et pousse la porte. La coquille se casse. Il n'y avait plus d'amande; un ver l'avait mangée. On y voyait quelque chose qui ressemblait à du tabac à priser ou à un peu de terre noirâtre.

« C'est ce que j'avais pensé tout de suite, se dit Ib. Comment y aurait-il eu place dans cette petite noisette pour de si belles choses, pour ce qu'il y a de mieux? Christine ne trouvera pas plus que moi ses beaux habits et son carrosse doré traîné par deux chevaux d'or. »

II

L'hiver arriva et ensuite le printemps, et il se passa plusieurs années. Ib devait faire sa première communion et être confirmé ; il fut mis pendant un hiver chez le pasteur du village le plus proche, pour recevoir l'instruction religieuse. Vers cette époque, le batelier vint voir les parents d'Ib et leur apprit que Christine allait entrer en condition. C'était une bonne fortune qui s'offrait : Christine entrait chez les meilleurs gens du monde, les propriétaires de l'auberge d'Herning, située bien loin à l'ouest, à plusieurs lieues de distance de la forêt.

Là, elle aurait à les aider dans les soins du ménage et à servir les pratiques. Elle y resterait pour faire sa première communion. Si alors elle s'était montrée laborieuse et gentille, comme il n'y avait pas à en douter, les bonnes gens avaient l'intention de la garder comme leur propre fille.

On alla chercher Ib pour qu'il pût dire adieu à Christine, car on les appelait les petits fiancés. Au moment du départ, Christine montra à Ib les deux noisettes qu'il lui avait données dans le bois. Elle ajouta qu'elle conservait également avec soin dans sa cassette les jolis petits sabots qu'il avait façonnés étant enfant et dont il lui avait fait cadeau. Là-dessus on se quitta.

Ib fut donc confirmé. Ib revint auprès de sa mère; son père était mort. Il devint un habile sabotier. L'été, il cultivait le champ, épargnant à sa mère la dépense du laboureur.

De loin en loin seulement, on apprenait quelque chose de Christine par un facteur ou par un colporteur. Elle se trouvait très bien chez le riche aubergiste. Lorsqu'elle reçut la confirmation, elle écrivit une belle grande lettre à son père; elle y mit des compliments pour Ib et sa mère. Elle y racontait que sa maîtresse lui avait fait cadeau de six chemises neuves et d'une belle robe qui n'avait presque point été portée. C'étaient là de bien bonnes nouvelles.

Le printemps suivant, on frappa à la porte de la mère d'Ib : ce n'était autre que le batelier et Christine. La jeune fille était venue en visite pour un jour; elle avait profité de l'occasion d'une voiture de l'auberge envoyée à proximité de la maison de son père. Elle était jolie comme une demoiselle de la ville. Elle portait une belle robe qui lui allait très bien, car elle avait été faite à sa mesure : celle-là n'était pas une vieille robe de sa maîtresse.

Christine était donc là magnifiquement parée. Ib avait ses habits de tous les jours. Il ne put prononcer une parole. Cependant il prit la main de la jeune fille et la retint dans la sienne. Il se sentait bien heureux, mais il lui était impossible de mettre sa langue en mouvement. Pour Christine, c'était tout le contraire ; elle ne cessait de jaser et de raconter, et elle embrassa Ib sans le moindre embarras.

« Ne m'as-tu donc pas reconnue tout de suite ? lui dit-elle quand ils furent seuls ; tu es resté muet comme un poisson. » Ib, en effet, demeurait comme bouleversé, tenant toujours la main de Christine. Enfin il recouvra la parole : « C'est, dit-il, que tu es devenue une demoiselle si élégante, tandis que me voilà fagoté comme un pauvre paysan. Mais si tu savais combien j'ai pensé souvent à toi et à nos jeunes années ! »

Et ils allèrent se promener, en se donnant le bras, vers le terrain qui s'élevait derrière la maison. Ils considéraient les alentours, la rivière, la forêt, les collines couvertes de bruyère, Ib pensait plus qu'il ne parlait ; mais lorsqu'ils rentrèrent, il était devenu évident pour lui que Christine devait être sa femme. On les avait toujours appelés les petits fiancés. L'affaire lui paraissait conclue ; ils étaient promis l'un à l'autre bien qu'aucun d'eux ne s'en fût jamais expliqué. Il fallait que Christine retournât le soir même au village, où la voiture devait la prendre le lendemain matin de bonne heure. Son père et Ib la reconduisirent. Il faisait une belle nuit : la lune et les étoiles brillaient au ciel. Lorsqu'ils furent arrivés et que Ib reprit la main de la jeune fille, il ne savait plus comment se séparer d'elle. Il ne quittait pas des yeux son doux visage. Il prononça avec effort, mais du fond du cœur, ces mots : « Si tu n'es pas trop habituée à l'élégance, petite Christine, si tu peux te faire à demeurer dans la maison de ma mère comme ma femme, nous nous marierons un jour... Mais nous pouvons encore attendre.

— C'est cela, répondit-elle en lui serrant la main. Ne nous pressons pas trop. J'ai confiance en toi et je crois bien que je t'aime ; mais je veux m'en assurer. »

Il l'embrassa tendrement et on se quitta. En rentrant, il dit au batelier que lui et Christine étaient tout comme fiancés, et cette fois pour de bon. Le père répondit qu'il n'avait jamais désiré autre chose. Il accompagna Ib chez sa mère et y resta fort tard dans la soirée, et on ne s'entretint que du futur mariage.

Une année se passa. Deux lettres furent échangées entre Ib et Christine. « Fidèle jusqu'à la mort, » c'est ce qu'on y lisait au bas.

Un jour le batelier vint voir Ib et lui apporter des compliments de Christine. Puis il se mit à raconter beaucoup de choses, mais sans beaucoup de suite et avec embarras. Voilà ce qu'enfin Ib but y comprendre :

Christine était devenue encore plus jolie. Tout le monde la choyait et l'aimait. Le fils de l'aubergiste, qui avait une belle place dans un grand établissement à Copenhague, était venu en visite à Herning. Il avait trouvé la jeune fille charmante et il avait su lui plaire. Les parents étaient enchantés que les jeunes gens se convinssent. Mais Christine n'avait pas oublié combien Ib la chérissait. Aussi était-elle prête à repousser son bonheur.

Sur ces mots, le batelier se tut, plus embarrassé qu'au commencement.

Ib avait entendu tout cela sans souffler mot ; mais il était devenu plus blanc que la muraille. Enfin il secoua la tête et balbutia : « Non, Christine ne doit pas repousser son bonheur.

— Eh bien, dit le batelier, écris-lui quelques mots. »

Il s'assit et prit plume et papier. Après avoir bien réfléchi, il écrivit quelques mots qu'il effaça aussitôt. Il en traça d'autres qu'il biffa encore. Alors il déchira la feuille et écrivit sur une autre qu'il déchira de même. Ce n'est que le lendemain qu'il arriva à écrire sans rature la lettre suivante, qu'il remit au batelier et qui parvint à Christine :

« J'ai lu la lettre que tu as écrite à ton père. J'y apprends que tout s'est jusqu'ici arrangé à souhait pour toi et que tu peux même être encore plus heureuse. Interroge ton cœur, Christine, et réfléchis au sort qui t'attend si tu te maries avec moi. Ce que je possède est bien peu de chose. Ne pense pas à moi ni à ce que je pourrais éprouver, mais songe à ton salut éternel. Tu n'es liée envers moi par aucune promesse, et si, dans ton cœur, tu en avais prononcé une en ma faveur, je t'en délie. Que le bonheur répande sur toi, Christine, ses plus riches dons ! Le bon Dieu saura bien procurer des consolations à mon cœur.

« Ton ami à jamais dévoué,

« IB. »

Chistine trouva que c'était d'un bien brave garçon. Au mois de novembre ses bans furent publiés, et elle partit ensuite pour Copenhague avec sa future belle-mère. Le mariage devait avoir lieu dans la capitale que le fiancé, à cause de ses affaires, ne pouvait quitter. En chemin, elle fut rejointe par son père. Elle s'informa de ce que devenait Ib. Le batelier ne l'avait pas revu, mais il avait appris de sa vieille mère qu'il était très taciturne, tout absorbé en lui-même.

Dans ses réflexions, Ib s'était souvenu des trois noisettes que lui avait données la bohémienne. Les deux où devaient se trouver le carrosse aux chevaux dorés et les superbes habillements, il en avait fait cadeau à Christine; et, en effet, elle allait posséder toutes ces choses merveilleuses. Pour lui, la prédiction s'accomplissait aussi : il avait eu en partage de la terre noire. « C'était ce qu'il y avait de mieux, » avait dit la bohémienne.

« Comme elle devinait juste ! pensait Ib : la terre la plus noire, le tombeau le plus sombre, n'est-ce pas ce qui me convient le mieux ? »

Plusieurs années s'écoulèrent, pas beaucoup cependant ; mais elles firent à Ib l'effet d'un siècle. Le vieil aubergiste mourut, puis sa femme. Ils laissèrent à leur fils unique des milliers d'écus. Alors Christine eut un beau carrosse et de magnifiques robes à foison.

Deux ans passèrent encore. Le batelier resta presque sans nouvelles de sa fille. Enfin arriva une longue lettre d'elle. Tout était bien changé. Ni elle ni son mari n'avaient su gérer leur richesse. On eût dit que la bénédiction de Dieu n'y était pas. Ils commençaient à être dans la gêne.

La bruyère refleurit de nouveau pour recommencer à se dessécher. La neige vint s'abattre sur la forêt qui protégeait la maison d'Ib contre la violence du vent. Puis le printemps ramena le soleil. Ib laboura son champ. Sa charrue rencontra tout à coup un obstacle très résistant. Il fouilla la terre et en retira comme un grand et gros copeau noir ; mais à l'endroit où le fer l'avait touché, il brillait au soleil. C'était un bracelet d'or massif qui provenait d'un tombeau de géant. En creusant, il trouva encore d'autres pièces de la parure d'un héros des temps antiques. Il montra le tout au pasteur, qui l'adressa au bailli avec quelques mots de recommandation.

« Ce que tu as trouvé dans la terre, lui dit le bailli, c'est ce qu'il y a de plus rare et de mieux.

— Il entend sans doute que c'est tout ce qu'il y a de mieux pour un homme comme moi, se dit Ib amèrement. C'est égal, puisque ces objets sont considérés comme ce qu'il y a de mieux, la bohémienne avait prédit juste en tout. »

Sur le conseil du bailli, Ib partit pour porter son trésor au musée de Copenhague. Lui qui n'avait passé que rarement la rivière qui coulait tout près de sa maison, il regarda ce voyage comme une traversée au delà de l'Océan.

Il arriva à Copenhague, où il reçut une forte somme, six cents écus. Il se promena ensuite dans la grande ville, qu'il voulait quitter dès le lendemain matin par le bateau qui l'avait amené. Le soir il s'égara dans un dédale de rues et se trouva dans le faubourg de Christianshavn. Il entra dans une ruelle de pauvre apparence. Il n'y vit personne. Pourtant une petite fille sortit d'une des maisons les plus misérables. Il lui demanda par où il devait prendre pour retrouver son chemin. L'enfant le regarda d'un air craintif et se mit à sangloter. Saisi de compassion, il interrogea la petite sur ce qui causait son chagrin. Elle murmura quelques paroles qu'il ne comprit point. Ils firent quelques pas et furent alors sous un réverbère dont la lumière tombait juste sur le visage de l'enfant. Il se sentit tout bouleversé : il voyait devant lui

Christine, absolument comme elle était dans ses jeunes années. Il ne pouvait pas s'y tromper : ces traits étaient trop bien gravés dans sa mémoire.

Il dit à l'enfant de le conduire chez elle, et l'enfant, lui voyant un air si bon, cesse de pleurer et rentre avec lui dans la pauvre maison. Ils montent un vilain escalier étroit et branlant. Tout en haut sous les toits, ils pénètrent dans un galetas. L'air y est lourd et malsain. Il n'y a pas de lumière. On entend quelqu'un respirer péniblement dans un coin et pousser des soupirs de douleur. Ib prend une allumette et, à la lueur qu'il en tire, il aperçoit sur un pauvre grabat une femme, la mère de l'enfant : « Puis-je vous être utile à quelque chose, dit-il. La petite m'a amené ici, mais je suis étranger dans la ville. Ne connaissez-vous pas de voisin ou d'autres personnes que je pourrais appeler à votre aide ? »

En même temps, voyant que la tête de la malade avait glissé de l'oreiller, il la releva et l'y plaça. Il regarda alors le visage de l'infortunée : c'était Christine, autrefois la reine de la bruyère !

Depuis longtemps Ib n'avait pas entendu parler d'elle. On évitait de prononcer son nom devant lui, pour ne pas réveiller de pénibles souvenirs, d'autant plus qu'on ne recevait que de fâcheuses nouvelles. Son mari avait perdu la tête après avoir hérité des richesses laissées par ses parents; il les avait crues inépuisables. Il avait renoncé à sa place et s'était mis à courir les pays étrangers, menant un train de grand seigneur. Revenu à Copenhague, il avait continué ses dépenses. Lorsque l'argent lui manqua, il fit des dettes. Il s'enfonça de plus en plus dans la ruine. Ses amis et compagnons, qui l'avaient bravement aidé à manger son bien, lui tournèrent le dos, en disant qu'il avait par ses folies mérité son malheur. Un matin, on trouva son corps dans le canal.

Depuis longtemps déjà Christine avait la mort dans l'âme. Son plus jeune enfant, venu au monde au milieu de la misère, avait succombé. Il lui restait une fille, la petite Christine, celle qu'Ib venait de rencontrer. La mère et l'enfant vivaient dans ce misérable réduit, abandonnées, souffrant la faim et le froid. La maladie était venue accabler la malheureuse Christine.

Ib l'entendit murmurer : « Je vais donc mourir et laisser

cette pauvre enfant sans rien, sans protecteur. Que deviendra-t-elle ? » Épuisée, elle cessa de parler. Ib alluma un bout de chandelle qu'il découvrit, et la chambre fut un peu éclairée. Il considérait la petite fille et y retrouvait de plus en plus distinctement les traits de Christine à cet âge-là, et aussitôt il sentit que cette petite qu'il venait de voir pour la première fois, il la chérissait tendrement pour l'amour de la mère.

La mourante l'aperçut ; ses yeux s'ouvrirent tout grands. Le reconnut-elle ? Il ne le sut jamais. Peu d'instants après, elle s'éteignit sans avoir proféré une parole.

Nous voilà de nouveau dans le bois près de la rivière de Gudenaa. La bruyère est défleurie. Les tempêtes d'automne poussent avec fracas les feuilles sèches par-dessus la lande jusqu'à la hutte du batelier où des étrangers demeurent. Mais à l'abri d'une élévation de terrain, et protégée par de grands arbres, la maison de Jeppe Jaens est toute recrépie et toute blanche. A l'intérieur flambe un grand feu. Si le soleil est caché par les nuages, le logis est égayé par les yeux brillants d'une jolie enfant. Quand elle remue ses lèvres roses et souriantes, on croirait entendre le chant des oiseaux. La vie et la joie règnent avec elle dans la maison. La petite dort en ce moment sur les genoux d'Ib, qui est pour elle en même temps un père et une mère. Sa mère repose au cimetière de Copenhague; l'enfant se souvient d'elle à peine. Ib a acquis de l'aisance ; son travail n'a pas été stérile, il a fait fructifier l'or qu'il a retiré du sein de la terre, et il a retrouvé la petite Christine !

ELLE SE CONDUIT MAL

Le bourgmestre était à sa fenêtre. Il était en toilette, portait une fine chemise brodée, ornée d'un jabot de dentelle, et sur laquelle brillait une épingle en diamant. Il venait de se raser de frais. Il s'était fait une petite coupure ; il y avait, pour le moment, collé un petit bout de papier arraché à un journal.

« Dis donc, petit ? » cria-t-il.

Ce petit qui passait n'était autre que le fils de la pauvre blanchisseuse. En passant devant la maison du bourgmestre, il avait respectueusement ôté sa casquette ; la visière en était pliée en deux, pour qu'il pût la rouler et la fourrer dans sa poche. L'enfant s'arrêta avec une humble déférence, comme s'il eût été devant le roi. Ses habits étaient pauvres, mais bien propres, soigneusement reprisés. Il portait de bons gros sabots.

« Tu es un brave garçon, dit le bourgmestre ; ta politesse me plaît. Ta mère est sans doute à lessiver au bord de la rivière. Tu lui portes certainement ce qui sort là de ta poche. C'est bien mal, ce que fait ta mère. Combien en as-tu là ?

— Une demi-mesure, » répondit le petit plein d'effroi et d'une voix presque étranglée.

— Et ce matin, elle en a pris juste autant, continua le digne homme.

— Mais non, c'était hier, » répliqua l'enfant.

— Deux demis font un entier. Vraiment, elle se conduit mal. C'est triste, et elle devrait avoir honte. Et toi, tâche de ne pas devenir un ivrogne, mais tu le deviendras, c'est inévitable. Pauvre enfant! enfin, va ton chemin. »

Le petit s'en alla. Dans le saisissement qu'il éprouvait, il garda sa casquette à la main ; le vent jouait dans ses cheveux blonds et en soulevait de longues boucles.

Au coin de la rue, il tourna et prit la ruelle qui conduisait à la rivière. Sa mère était là agenouillée sur un banc et battait de toutes ses forces avec le battoir les gros paquets de linge. Le courant était fort, les écluses du moulin étaient ouvertes. L'eau entraînait les grands draps de lit et menaçait de renverser le banc. La laveuse était obligée de s'étayer de toute la force de ses jambes.

« Peu s'en est fallu, dit-elle à son fils, que je ne fusse emportée par le courant. Il est heureux que tu arrives, car j'ai besoin de me réconforter un peu. Il fait froid dans l'eau et voilà six heures que j'y suis. As-tu quelque chose pour moi ? »

L'enfant tira la bouteille ; la mère la mit à sa bouche et but un coup.

« Que cela fait de bien ! dit-elle. Comme cela réchauffe ! Une gorgée fait autant d'effet qu'une tasse de bouillon, et c'est moins cher. Bois un peu, mon garçon. Tu es bien pâle ; tu gèles sans doute dans tes vêtements si minces, car voici déjà l'automne. Houch ! que cette eau est froide ! pourvu que je ne tombe pas malade ! Mais non, pas de cela ! Donne que je prenne encore une gorgée. Bois aussi, une goutte seulement. Tu ne dois pas t'y habituer, mon pauvre chéri. »

Elle quitta son banc et vint à terre. L'eau dégouttait de sa robe et du paillasson qu'elle avait attaché autour.

« Je travaille et je m'évertue, reprit-elle, au point que le sang jaillit presque de dessous mes ongles, mais je le fais volontiers pour t'élever honnêtement, mon cher garçon. »

En ce moment survint une femme un peu plus âgée, pauvrement vêtue. Elle avait une jambe à moitié paralysée et un œil aveugle ; elle ramenait sur cet œil une grande boucle de cheveux pour cacher cette infirmité, mais on ne la remarquait que mieux. C'était une amie de la blanchisseuse. Les voisins l'appelaient Marthe, la boiteuse à la boucle.

« N'est-ce pas une pitié, dit-elle, de te voir peiner ainsi dans l'eau glacée? Certes, tu as bon besoin de te ranimer un peu, et pourtant les mauvaises langues te reprochent les quelques gouttes que tu bois. »

Elle répéta le beau discours du bourgmestre à l'enfant; elle l'avait entendu en passant, et elle avait sur le cœur qu'il lui eût ainsi parlé de sa mère ; « cet homme sévère, qui fait un crime de quelques gorgées d'eau-de-vie prises pour se soutenir dans un travail pénible, continua-t-elle, donnait ce jour même un grand dîner avec toutes sortes de vins capiteux et de liqueurs fines. Deux ou trois bouteilles par convive. C'est plus qu'il n'en faut assurément pour calmer leur soif. Mais on n'appelle pas cela boire, à ce qu'il paraît ; ce sont des gens convenables ; mais toi, on dit que tu te conduis mal !

— Ah ! il t'a parlé, mon enfant? dit la blanchisseuse, et ses lèvres tremblaient de douloureuse émotion. Tu as une mère qui ne se comporte pas bien... Peut-être a-t-il raison, mais il n'aurait pas dû le dire à l'enfant. Bien des chagrins me sont déjà venus de cette maison-là.

— Vous y avez été en service autrefois, reprit l'autre femme, lorsque vivaient les parents du bourgmestre, il y a bien des années. Depuis on a mangé bien des boisseaux de sel, comme l'on dit, et il est naturel qu'on ait un peu soif. Le fait est, continua Marthe en souriant de sa plaisanterie, que le bourgmestre avait invité beaucoup de monde. Au dernier moment, il eût bien voulu décommander le dîner ; mais il était trop tard, les mets étaient achetés et préparés. Voici ce que j'ai appris par le domestique : il y a quelques instants est arrivée une lettre annonçant que son plus jeune frère est mort à Copenhague :

— Mort ! » s'écria la laveuse, et elle devint elle-même pâle comme un cadavre.

— Oui, mais d'où vient que vous paraissez prendre tant à cœur cette nouvelle. Ah ! en effet, c'est que vous l'avez connu du temps que vous étiez à la maison.

— Comment ! il est mort ! Il avait l'âme si noble ! c'était la bonté et la générosité mêmes. Parmi les gens de sa classe, il n'y en a pas beaucoup comme lui ! »

Les larmes, pendant qu'elle parlait ainsi, coulaient le long des joues de la blanchisseuse.

« Oh ! mon Dieu, tout danse autour de moi ! reprit-elle. Serait-ce parce que j'ai vidé la bouteille ? Sans doute, j'en ai pris plus que je ne puis supporter. Je me sens toute indisposée. »

Elle s'appuya contre une planche.

« Seigneur ! reprit l'autre femme, vous êtes tout à fait malade. Tâchez que cela se passe. Allons... Mais point, je vois que vous êtes sérieusement prise. Le mieux est que je vous ramène chez vous.

Mais cette lessive-là ?

— J'en fais mon affaire. Venez, donnez-moi le bras. Votre

garçon restera et fera attention au linge. Je vais revenir et laver ce qui n'est point fait, il n'y en a pas beaucoup. »

La pauvre blanchisseuse chancelait sur ses jambes. « Je suis demeurée trop longtemps dans l'eau froide, dit-elle. Depuis ce matin, je n'ai eu ni à manger ni à boire. La fièvre m'est entrée dans le corps. Seigneur Jésus, secourez-moi, pour que je puisse retourner à la maison. Mon pauvre enfant! »

Elle pleurait à chaudes larmes. Le petit aussi pleura, lorsqu'il fut seul à garder la lessive au bord de la rivière. Les deux femmes marchaient lentement. La blanchisseuse se traînait en vacillant par la ruelle. Lorsqu'elle arriva devant la maison du bourgmestre, elle tomba, épuisée sur le pavé. Les passants s'arrêtèrent autour d'elle. Marthe la boiteuse courut à la maison de son amie pour y demander de l'aide.

Le bourgmestre et ses invités se montrèrent à la fenêtre. « Ah! c'est la blanchisseuse, dit l'amphitryon, elle aura bu un peu plus que sa soif. Elle se conduit mal. C'est dommage pour son petit garçon, qui est bien gentil et que j'aime bien... Mais la mère est une malheureuse. »

La pauvre femme revint à elle. On la reconduisit dans sa misérable petite chambre. On la mit au lit. Marthe lui prépara un breuvage de bière chaude avec du beurre et du sucre. » C'était là, suivant elle, la médecine par excellence. » Elle retourna ensuite à la rivière, y rinça fort mal le linge ou plutôt ne fit guère que le tirer de l'eau et le mettre dans le panier. Mais son intention était bonne, et c'était la force seulement qui lui manquait.

Vers le soir, elle se trouvait assise à côté de la blanchisseuse dans le pauvre galetas. La cuisinière du bourgmestre lui avait donné pour la malade quelques pommes de terres rôties et un beau morceau de jambon gras. Marthe et le petit s'en régalaient. La malade en aspirait l'odeur, qui la réconfortait, disait-elle.

Marthe coucha l'enfant aux pieds de sa mère, en travers du lit, et le couvrit avec un vieux tapis à bandes bleues et rouges. La blanchisseuse allait un peu mieux. Le fumet de ces bonnes choses lui avait fait du bien, et la bière chaude l'avait fortifiée.

« Tu es une bonne âme, Marthe, dit-elle. Comment te remercier ? Je veux te raconter tout le passé, quand l'enfant sera endormi, et je crois qu'il l'est déjà. Vois de quel air doux et innocent il repose, les yeux fermés ! Il ne sait pas ce que sa mère a souffert, et Dieu veuille qu'il ne le sache jamais !

« Je servais, comme vous le savez, chez le conseiller à la

cour, le père du bourgmestre. Voici qu'un jour le plus jeune des fils, qui étudiait à Copenhague, revint à la maison. J'étais jeune, vive, toute fringuante, mais j'étais honnête : cela je puis le dire à la face de Dieu. Le jeune étudiant était gai, de bonne humeur, gentil, un brave et charmant garçon. Il n'y avait pas une goutte de sang en lui qui ne fût honneur et loyauté. Il était le fils de la maison, et je n'étais que la servante ; mais nous nous aimions, en tout bien, tout honneur, car un simple baiser, ce n'est pas un péché, quand on s'aime autant que nous. Il en parla à sa mère : elle était pour lui comme le bon Dieu sur la terre. Et c'était, en effet, une mère pleine de sagesse et de tendresse.

« Il repartit pour Copenhague et me mit au doigt un anneau d'or. A peine se fût-il éloigné, que ma maîtresse me fit venir devant elle. Elle était sérieuse, mais aussi affectueuse ; ses paroles me semblaient venir du ciel même.

« Elle me fit comprendre toute la distance qu'il y avait entre lui et moi. Aujourd'hui, me dit-elle, il ne voit qu'une chose, c'est que tu es bien jolie. Mais la beauté se passe. Tu n'as pas reçu la même éducation que lui ; vous n'êtes pas égaux sous ce rapport, et c'est un malheur. J'estime et honore les pauvres, ajouta-t-elle ; aux yeux de Dieu, beaucoup d'entre eux occupent un rang plus élevé que les riches. Mais en ce monde il ne faut pas faire fausse route. Prenez garde de vous laisser entraîner tous deux et de préparer votre malheur en croyant assurer votre félicité. Je sais qu'un brave homme, un artisan, a demandé à t'épouser, je parle d'Eric le gantier. Il est veuf, mais sans enfants ; il est à son aise. Réfléchis bien à tout ce que je te dis là. »

« Chaque parole de ma maîtresse me traversait l'âme

comme un couteau affilé. Elle avait raison ; c'est ce qui me désolait en troublant mon cœur.

« Je lui baisai la main, en versant des larmes amères. Mais je pleurai bien plus encore lorsque j'arrivai dans ma chambre où je me laissai tomber sur mon lit. Ce fut une nuit affreuse, celle qui suivit ce jour. Dieu seul sait ce que je souffris et quelle lutte j'eus à soutenir.

« Le dimanche suivant, je me présentai à la table du Seigneur pour qu'il m'éclairât. Ce fut comme un coup du ciel. Au sortir de l'église, Éric se trouva devant moi. Alors il ne resta plus de doute dans mon esprit. Nous nous convenions parfaitement. Notre condition était la même. Il avait une petite fortune. Je m'avançai vers lui, et, prenant sa main, je dis :

« Tes pensées sont-elles encore pour moi ?

— Oui, répondit-il, toujours et pour éternité.

— Veux-tu épouser une jeune fille qui t'estime, mais ne t'aime pas. Cela peut venir un jour.

— Cela viendra, j'en suis sûr, » reprit-il. Et nous nous engageâmes notre foi.

« Je rentrai à la maison. L'anneau d'or que le fils m'avait donné, je le portais sur mon cœur pendant le jour, à cause du monde ; le soir seulement, quand je me couchais, je le mettais au doigt. Je pris l'anneau et le baisai tant que mes lèvres saignèrent. Puis j'allai le rendre à ma maîtresse et lui annonçai que nos bans seraient publiés la semaine prochaine. Elle m'embrassa, me serra sur son cœur. Elle ne dit point *que je me conduisais mal.*

« Peut-être étais-je alors meilleure qu'aujourd'hui, quoique je n'eusse pas été encore éprouvée par le malheur.

« A la Chandeleur eut lieu la noce. La première année, tout alla bien. Nous avions un compagnon et un apprenti. Tu servais alors chez nous, ma bonne Marthe.

— Oh! vous avez été pour moi, dit celle-ci, une bonne et aimable maîtresse. Je n'oublierai jamais le bien que vous m'avez fait en ce temps-là, toi et ton mari.

— Oui, ce furent de belles années, celles où tu étais chez nous. Nous n'avions pas encore d'enfant. Le jeune étudiant et moi nous ne nous revîmes plus. Si pourtant : je l'aperçus une fois, mais lui ne me vit point. Il était revenu ici pour l'enterrement de sa mère. Il était debout près de la tombe, pâle comme un mort, et plongé dans une grande douleur. Mais c'est sa mère qu'il pleurait.

« Plus tard, quand son père mourut, il voyageait bien loin à l'étranger. Il ne revint plus ici. Il ne s'est pas marié, je le sais. Il s'est fait, je pense, avocat. Moi, il m'avait oubliée. M'eût-t-il rencontrée, il ne m'aurait certes pas reconnue : je suis devenue si affreuse! mais c'est aussi très bien fait et pour le mieux. »

Elle parla ensuite de ses jours d'épreuve et raconta comment l'infortune l'avait assaillie avec une sorte de rage :

« Nous possédions, dit-elle, cinq cents écus. Il y avait là, dans la Grande-Rue, une vieille maison à vendre pour deux cents écus. Nous l'achetâmes afin d'en faire bâtir une neuve. Le maçon et le menuisier avaient fait le devis pour mille et vingt écus. Éric avait du crédit. Il emprunta la somme à Copenhague. Le navire qui l'apportait sombra, et l'argent alla au fond de la mer.

« C'est à cette époque que je mis au monde mon cher et doux enfant qui dort là si gentiment. Mon mari fût frappé d'une grave et longue maladie. Pendant neuf mois, il me fallut l'habiller et le déshabiller, tant il avait peu de forces. Nos affaires allaient de mal en pis. Nous nous endettâmes. Ce que nous avions mis de côté, nos meubles, tout y passa. Éric mourut. J'avais lutté, travaillé, peiné pour l'enfant. Je conti-

nuai : je pris n'importe quel ouvrage, lavai les escaliers, lessivai du linge fin et du gros. Mais le malheur m'a poursuivie jusqu'à ce jour. C'est la volonté de Dieu ; il finira bien par m'appeler aussi auprès de lui, et je suis sûre qu'il n'abandonnera pas mon garçon. »

Et elle s'endormit.

Le matin elle se sentit mieux. Elle crut que ses forces étaient revenues ; elle retourna à son travail. Elle était à peine entrée dans l'eau froide, qu'un frisson la prit, puis une faiblesse. Convulsivement elle tendit la main pour se retenir, mais elle ne saisit que l'air. Elle poussa un cri et tomba. Elle tomba la tête sur le rivage, les pieds dans l'eau ; ses sabots remplis de paille furent entraînés par le courant. C'est ainsi que Marthe la trouva, lorsqu'elle vint lui apporter du café.

Dans l'intervalle, le bourgmestre avait envoyé chez elle un message pour la mander à la hâte ; il avait une communication importante à lui faire. Il était trop tard. Marthe était allée chercher le barbier pour la saigner. Il était trop tard : la pauvre blanchisseuse était morte.

Elle s'est tuée à force de boire, » dit le bourgmestre. »

Voici ce qu'il avait à lui dire. Dans la lettre qui lui annonçait la mort de son frère, se trouvait un extrait du testament de celui-ci. Six cents écus étaient légués à la veuve du gantier qui avait autrefois servi chez leurs parents : cet argent devait être donné à elle ou à son enfant, en sommes plus ou moins fortes, selon leurs besoins.

« Oui, je me souviens, pensa le bourgmestre, il y eut autrefois certaines histoires entre elle et mon frère. C'est bien qu'elle soit partie de ce monde ; l'enfant aura le tout. Je le placerai chez de braves gens et il pourra devenir un habile et honnête artisan. »

Et en effet le bon Dieu voulut que ces paroles fussent accomplies.

Le bourgmestre fit venir le petit. Il promit de se charger de lui, et ajouta qu'il ne devait pas se désoler. C'était sans doute sa mère qu'il avait perdue, mais elle se conduisait par trop mal.

On la porta au cimetière des pauvres. Marthe jeta du sable sur la tombe et y planta un rosier. L'enfant était à côté d'elle : « Ma bonne chère mère ! disait-il en sanglotant, est-ce donc vrai, elle se conduisait mal ?

— C'était la vertu même, dit la vieille servante en regardant le ciel pour le prendre à témoin. Je le sais depuis de longues années et encore mieux depuis la nuit dernière. Je te le jure : c'était une âme toute pleine de droiture et d'honneur, et là-haut le bon Dieu le proclame aussi. Laisse donc le monde dire qu'elle se conduisait mal, et vénère toujours sa mémoire. »

UN CRÈVE-CŒUR

I

Cette histoire se compose de deux parties. La première aurait pu sans inconvénient être passée sous silence. Cependant la voici : elle fait connaître un peu les personnages.

Nous étions à la campagne, dans un château. Les maîtres étaient absents pour quelques jours. Une dame se présenta, veuve d'un tanneur habitant la petite ville voisine. Elle était escortée d'un petit chien, d'un carlin. Elle venait emprunter une somme sur hypothèque ; elle apportait des actes notariés, des paperasses. Nous lui conseillâmes de les mettre dans une enveloppe à l'adresse du propriétaire du château : M. le commissaire général des guerres, chevalier de X...

Elle écouta avec attention, prit la plume, s'arrêta et nous

pria de répéter cette adresse, mais lentement. Nous le fîmes et elle écrivit : M. le commis... Arrivée là, elle s'interrompit de nouveau, ne sachant pas s'il fallait deux ss. Elle soupira et dit : « Hélas ! je ne suis qu'une femme ! Comment puis-je écrire tous ces mots-là ? »

Le carlin, lui, s'était couché sur le parquet ; il grommelait et ne semblait satisfait qu'à demi. En effet, il n'avait fait le voyage que pour sa santé et son agrément, et on ne lui offrait pas le moindre tapis pour se reposer.

Avec son museau camard et sa bosse de graisse, il était fort laid à voir ; il continuait à gronder sourdement.

« Ne faites pas attention à lui, dit la dame, il ne mord pas, d'abord il n'a plus de dents, et puis c'est une brave bête ; nous l'avons depuis si longtemps qu'il fait partie de la famille. Ce sont mes petits-enfants qui lui gâtent le caractère. Avec leurs poupées, ils font représenter une pièce où l'on se marie, et ils veulent que ce pauvre chien figure le bailli. Cela fatigue le pauvre vieux, et le rend de mauvaise humeur. »

Elle finit par écrire l'adresse et s'en fut, le carlin sous son bras.

Voilà cette première partie de l'histoire, qu'on aurait pu laisser de coté.

II

Le carlin mourut. Ici commence la seconde partie.

Nous étions venus à la ville et logions dans un hôtel, en face de la maison de la dame. Nos fenêtres donnaient sur la cour de cette maison, qui était divisée en deux parties par une cloison de planches. D'un côté étaient des peaux et d'autres matériaux propres à une tannerie. De l'autre il y avait un jardinet où s'ébattait une troupe d'enfants ; c'étaient les petits-fils et les petites-filles de la dame.

Ils venaient d'enterrer le pauvre Carlin ; ils lui avaient élevé un superbe mausolée, digne de sa belle race. Ils avaient formé autour une enceinte en débris de vaisselle. Au milieu une bouteille fêlée dressait son goulot vers le ciel.

Après avoir célébré gravement une cérémonie funèbre, les enfants dansèrent en rond autour de la tombe. L'un d'eux, un garçon de sept ans, un esprit pratique, proposa de faire une exposition de ce magnifique monument et de le laisser voir aux enfants du voisinage. Le prix d'entrée serait un bouton de culotte. Tous les petits garçons en auraient bien un, et beaucoup en donnneraient volontiers un second pour une petite fille, et l'on ferait ainsi une copieuse récolte de boutons de culotte.

Le projet fut adopté à l'unanimité, et on alla l'annoncer à la marmaille d'alentour.

Et les enfants accoururent de toute la rue et des ruelles environnantes. Chacun donna le bouton demandé. Il y eut, cet après-midi-là, bien des gamins qui rentrèrent chez eux, leur pantalon n'étant plus tenu que par une seule bretelle ; mais aussi ils avaient pu admirer le tombeau du carlin.

Devant l'entrée de la cour, tout contre la porte se tenait

une petite fille couverte de haillons. Elle était bien gentille, elle avait de beaux cheveux bouclés, et ses yeux étaient du bleu le plus doux. Elle ne disait pas un mot, elle ne pleurait pas non plus ; mais, chaque fois que la porte s'ouvrait, elle jetait un long, long regard dans la cour. Elle ne possédait pas de bouton, et elle savait bien qu'on ne lui en donnerait pas. Et elle resta toute triste, jusqu'à ce que tous eussent vu le monument et s'en fussent allés.

Alors elle s'assit par terre, mit ses mains mignonnes devant ses yeux et éclata en sanglots. Elle seule n'avait pu voir la tombe du carlin. Et c'était un crève-cœur aussi grand que tout autre qu'on puisse éprouver à un autre âge.

Nous avions tout vu du haut de nos fenêtres ; et, vraiment, quand on regarde ainsi de haut les crève-cœur des autres et même les siens propres, on ne peut s'empêcher de sourire.

UN COUPLE D'AMOUREUX

Une toupie et une balle se trouvaient l'une à côté de l'autre dans une boîte à jouets.

« Pourquoi, dit la toupie, ne pas nous fiancer, puisque nous devons passer notre vie ensemble ? »

Mais la balle, qui était recouverte d'un beau maroquin et qui n'était pas moins fière qu'une demoiselle de haute volée, ne prit pas la peine de répondre.

Le jour suivant, le petit garçon, à qui les jouets appartenaient, s'avisa de peindre la toupie en rouge et en jaune, et il l'orna d'une pointe de laiton toute neuve. Quand la toupie tournait, c'était un éclat de couleurs magnifique.

« Regardez-moi donc, dit-elle à la balle. Que dites-vous de moi maintenant ? N'allons-nous pas nous fiancer ? Nous sommes faites l'une pour l'autre : vous sautez, moi je danse. Qui pourrait être plus heureux que nous ?

— Oui-da, vous croyez ? répondit la balle. Vous ne savez donc pas que mon père et ma mère étaient de superbes pantoufles en maroquin, et que mon corps est de liège espagnol?

— Très-bien, répliqua la toupie, mais moi-même remarquez que je suis toute en acajou. L'auteur de mes jours n'est autre que le bourgmestre de la ville en personne ; dans ses heures de loisir, il s'amuse à tourner toute sorte de jolies choses, et je suis son chef-d'œuvre.

— Est-ce bien vrai ce que vous dites là? reprit la balle un peu radoucie.

— Que je ne reçoive plus jamais de coups de fouet, si je mens ! répondit la toupie.

— Vous savez habilement vous faire valoir. Mais, voyez-vous, la chose est impossible. Je suis à peu près promise à une hirondelle. Chaque fois que je vole à travers les airs, elle met la tête hors de son nid et me fait une déclaration de tendresse. Intérieurement, j'ai depuis longtemps consenti à me donner à elle, et nous sommes à moitié fiancés. Ainsi je ne puis vous écouter ; mais j'attache un grand prix à vos sentiments, et, je vous le promets, jamais je ne vous oublierai.

— C'est quelque chose sans doute, soupira la toupie affligée, mais cela ne suffit pas à me consoler. »

Ce furent les dernières paroles qu'elles échangèrent. Le lendemain, le petit garçon prit la balle et la fit sauter en l'air. Elle volait comme un oiseau. La toupie la perdit un moment de vue.

La balle revint de nouveau pour être relancée. Chaque fois qu'elle touchait à terre, elle faisait un bond surprenant, soit qu'elle voulut sauter jusqu'au nid de l'hirondelle, soit que ce fût tout simplement l'effet du liège espagnol.

A la neuvième fois, elle resta en route, on ne la revit plus.

Le petit garçon chercha, chercha encore. Il n'en put découvrir aucune trace : elle avait disparu.

« Je sais bien où elle est, dit la toupie en soupirant; elle est dans le nid de l'hirondelle, et elles se sont mariées. »

Et plus elle y pensait, plus elle éprouvait de regrets. Jamais elle n'avait eu pour la balle autant d'amour que depuis qu'elle ne pouvait la revoir. Qu'elle fût devenue l'épouse d'une autre, voilà ce qui causait son plus grand chagrin.

La toupie continua cependant à danser et à faire ron-ron. Mais elle songeait toujours à la balle, qui, dans son imagination, paraissait de plus en plus ravissante. Et cela devint ce qu'on appelle une ancienne passion.

La toupie n'était plus jeune. Un beau jour on la dora sur toutes les coutures pour quelque nouveau bambin. Jamais elle n'avait été aussi brillante. C'était un plaisir de la voir tourner et circuler et reluire comme un soleil. Quel joyeux ron-ron elle faisait entendre ! Ah ! si la balle avait pu la voir maintenant !

Tout à coup elle rencontra une pierre et bondit au loin. Ni vu, ni connu ; elle était évanouie, éclipsée. On la chercha partout, même dans la cave où elle aurait pu glisser par le soupirail. On ne trouva rien.

Où était-elle? Dans la caisse aux ordures, parmi la poussière, les épluchures, les trognons de choux, et autres résidus malpropres.

« Me voilà bien! dit-elle, et que va devenir ma belle dorure? hélas ! voyons, qu'est-ce que toute cette racaille qui m'environne? »

Elle regarda autour d'elle et aperçut un mauvais trognon de salade et une petite chose ronde qu'on aurait pu prendre pour une vieille pomme : c'était une balle qui avait passé bien des années dans la gouttière et était encore toute trempée d'eau de pluie.

« Dieu soit loué, dit celle-ci en apercevant la toupie dorée, voici enfin quelqu'un de ma sorte avec qui il sera possible de causer. Telle que vous me voyez, je suis en liège d'Espagne, toute couverte de maroquin, et c'est une belle demoiselle qui m'a cousue. Oui, vraiment, bien qu'on ne s'en douterait plus guère. J'étais sur le point d'épouser  une hirondelle, quand je fus lancée dans une gouttière où je suis restée cinq ans. Hélas ! comme la pluie m'a gonflée ! que me voilà devenue laide ! Je vous certifie que c'était un cruel supplice pour une jeune demoiselle de bonne maison comme moi. »

La toupie ne dit mot. Elle pensait à son ancien amour, et devinait bien que c'était là l'objet pour lequel elle s'était enflammée en son jeune temps.

La domestique survint. Elle allait retourner la caisse et jeter les ordures. « Tiens ! dit-elle, voilà la toupie dorée. » Elle la prit et la reporta aux enfants. Et la toupie recouvra son ancienne gloire. Quant à la balle, elle fut jetée dans la rue. La toupie ne parla plus jamais de son ancienne passion. Quand elle avait vu la balle gonflée par l'eau de pluie, ridée et affreuse, elle avait évité de la reconnaître.

UNE HISTOIRE
DANS LES DUNES

I

Cette histoire s'est passée dans les sables du Jutland ; mais ce n'est pas là, dans le nord, qu'elle commence, c'est au contraire bien loin de là, tout au sud, en Espagne. Transporte-toi en pensée dans cette Espagne inondée de soleil. Que l'air y est chaud et que le pays est superbe ! Partout se déploie une riche végétation : le léger feuillage et les fleurs rouges du grenadier tranchent sur le fond sombre des massifs de lauriers. Un vent frais, qui vous ranime, souffle des montagnes et passe sur les bosquets d'orangers et sur les palais mauresques aux coupoles dorées. A travers les rues s'avance une procession d'enfants, avec des torches à la main, les bannières flottant au vent. Le ciel d'un azur limpide resplendit. Plus loin on entend des chansons, le bruit des castagnettes : filles et garçons dansent et bondissent sous les acacias en fleur. Un mendiant, adossé à un marbre antique, les regarde tout en dégustant un melon d'eau, heureux à sa guise, jouissant de la vie, et paraissant à demi plongé dans le rêve.

La vie ressemble à un doux songe sur cette terre enchantée. On n'a qu'à s'y abandonner. Ainsi faisaient deux jeunes époux qui avaient tous les biens de ce monde : santé et gaieté, richesse et honneurs.

« Qui jamais fut plus heureux que nous le sommes! » disaient-ils du fond de leur cœur. Cependant un plus haut degré de félicité s'ouvrait encore à leur imagination : ils pouvaient avoir un enfant, un fils semblable à eux de corps et d'âme. Avec quels transports de joie ne serait-il pas reçu cet enfant privilégié ! que de soins et que d'amour il trouverait ! que d'opulence et que de joie l'environnerait !

Les mois se passaient pour eux comme s'ils n'étaient qu'un jour de fête.

« L'existence est, elle seule, un don de la grâce divine, disait un jour la jeune femme, un don merveilleux et inappréciable ; et ce n'est pourtant pas assez de l'existence, l'homme veut encore que son bonheur aille augmentant sans cesse, ici-bas et là-haut.

— L'orgueil humain ne se contente jamais, répondit

l'époux. C'est pur orgueil que de croire qu'on vivra éternellement ; c'est ce que promettait le Serpent, et il est l'auteur du mensonge.

— Tu ne doutes pourtant pas de la vie future ! » reprit la jeune femme, et il lui semblait que pour la première fois une ombre passait à travers ses pensées épanouies au soleil de la joie.

— La Foi l'annonce, répondit le jeune homme, l'Église l'affirme. Mais c'est justement la plénitude de mon bonheur qui m'oblige à reconnaître qu'une telle espérance est de la présomption. Il est téméraire de réclamer au delà de cette vie une félicité sans fin. N'avons-nous pas assez reçu sur cette terre, et ne devons-nous pas nous tenir pour satisfaits ?

— Oui, nous, reprit l'épouse. Mais il est des milliers d'êtres humains pour qui l'existence n'est qu'une dure épreuve, qui sont voués à la pauvreté, à la maladie, aux infortunes. S'il n'y avait rien au delà du tombeau, les biens de ce monde seraient trop inégalement répartis, et Dieu ne serait pas ce qu'il est : la justice.

— Nous jugeons peut-être des choses à un point de vue trop personnel, répliqua le mari. Ce mendiant que tu vois là-bas a des plaisirs qu'il estime autant que ceux dont jouit un roi sur son trône. Et puis, en vertu de ton raisonnement, la bête de somme que l'on bat, qui souffre de la faim, qui se traine péniblement vers la mort, n'aurait-elle pas droit de réclamer aussi des compensations au delà de cette terre ? Qu'elle soit placée si bas dans la création, ne pourrait-on pas dire également que c'est une injustice ?

— Le Christ a dit : « Dans la maison de mon père il y a

beaucoup de demeures. » Le ciel, c'est l'infini, comme l'amour divin est l'infini. L'animal est, comme l'homme, une création de Dieu, et, je le crois fermement, aucune vie ne sera perdue; chaque créature jouira de tout le bonheur qu'elle est susceptible de recevoir.

— Quant à moi, dit le jeune homme, ce monde-ci me suffit. »

En parlant ainsi, il regardait tendrement sa femme si jolie et si aimante. Il la conduisit sur la terrasse de la maison. La fumée de sa cigarette s'élevait en spirales dans l'air frais, parfumé de l'odeur des fleurs d'orangers et des œillets. On entendait dans la rue résonner les guitares et les castagnettes. Les étoiles étincelaient sur l'azur du ciel. Deux yeux plus brillants que les étoiles, deux yeux pleins de tendresse, contemplaient le fortuné jeune homme.

« Une minute pareille, dit-il, vaut bien la peine qu'on naisse, qu'on en jouisse, et qu'on disparaisse pour toujours. » Et il souriait ; la jeune femme leva le doigt avec un air de doux reproche. Mais l'ombre qui avait obscurci son bonheur avait passé : ils étaient par trop heureux.

Tout semblait s'arranger exprès pour leur procurer toujours plus d'honneurs, de plaisirs, de richesse. Le jeune homme fut envoyé par son roi en qualité d'ambassadeur auprès du czar de Russie. Sa naissance, son savoir, le rendaient digne de ces fonctions. Il se disposa à remplir sa mission avec éclat ; sa grande fortune, augmentée de celle que sa femme, fille d'un des principaux armateurs de la péninsule, lui avait apportée, devait lui permettre de représenter noblement son pays à Saint-Pétersbourg.

Un des plus beaux navires de l'armateur était justement

en partance pour Stockholm. Il le destina à conduire son gendre et sa fille en Russie. Il fit tout apprêter à bord comme pour y recevoir un roi : partout les plus riches tapis, l'or et la soie, et toutes les recherches du plus grand luxe.

Dans une ancienne ballade, un prince d'Angleterre s'embarque sur un vaisseau où les cordages sont de soie, où l'ancre est d'or, et tout à l'avenant. C'est à ce navire que pouvait faire songer celui où s'embarquèrent les Espagnols.

Au départ, on se dit comme dans cette même ballade :

> **Que Dieu nous laisse en joie**
> **Nous revoir un jour tous !**

La traversée ne devait pas être longue, le vent était propice. Mais sur la haute mer il cessa de souffler. L'océan était immobile et les flots endormis. Le temps restait superbe. Sur le beau navire ce n'étaient que fêtes et réjouissances.

Enfin la brise reprit et les poussa dans la bonne direction. Le navire s'avança entre l'Écosse et le Jutland. Le vent devenait de plus en plus fort, et, toujours comme dans la ballade,

> La tempête souffla, les nuages
> Versèrent toute leur eau ;
> Et le navire ne trouvant plus d'abri,
> Ils jetèrent leur ancre d'or ; mais
> L'ouragan les emporta vers le Danemark.

II

Il y a longtemps, longtemps de cela. Le roi Christian VII était alors sur le trône de Danemark, et c'était encore un jeune homme. Que d'événements se sont accomplis depuis cette époque ! Quel changement s'est opéré rien que sur le sol du Jutland : des marais et des lacs ont été convertis en prés verdoyants, des landes de bruyères sont devenues des terres fécondes. A l'abri des huttes, on a même planté des pommiers, des rosiers. Il faut chercher un peu pour les voir, car ils se courbent sous les coups terribles des vents d'ouest.

Mais, à la pointe du Jutland, tout est resté comme alors. La lande s'étend pendant des lieues, avec ses tombeaux des Géants, ses chemins où l'on enfonce dans le sable jusqu'aux genoux. A l'ouest, où les rivières s'écoulent dans les baies de la mer, se voient des marécages, des tourbières entourées de dunes très élevées, aux sommets inégaux et dentelés, qui forment comme une chaîne de petites Alpes. Plus loin se dressent des falaises escarpées, rongées par les flots en fureur. C'est vers ce rivage que s'avançait le navire portant les deux jeunes époux si heureux.

On était à la fin de septembre. C'était un dimanche. Le soleil brillait, l'air était pur. On entendait de tous côtés sonner les cloches des églises qui bordent la baie de Nissoum. Ces églises sont bâties en pierres de taille, pour que la mer ne les enlève pas, lorsqu'elle pénètre dans les terres. Mais

elles n'ont pas de clocher. La cloche pend à côté du temple, entre deux poutres.

Le service divin fini, les fidèles sortirent de l'église, la plupart se dirigeant vers le cimetière. Comme aujourd'hui l'on n'y voyait ni arbre ni arbrisseau, pas une fleur, pas une couronne sur les tombes; rien que des monticules de sable, couverts de grandes herbes qui, fouettées sans cesse par le vent, coupent comme des lances. En guise de monuments, par-ci par-là, quelque bloc de bois rejeté par la mer et taillé en forme de cercueil. L'ouragan, la brume humide, ont bientôt détérioré même ce bois massif.

Un de ces blocs déjà tout moisi, fort ensablé, prêt de disparaître, avait été placé sur la tombe d'un enfant. Une femme s'avança de ce côté, et, sans chercher, vint droit à la tombe, qu'elle contempla en silence, les yeux pleins de larmes. Un instant après, son mari survint, ils ne parlèrent point. Il lui prit la main et l'emmena doucement vers les dunes. Longtemps ils marchèrent ainsi en silence.

« Comme le pasteur a bien prêché aujourd'hui ! dit enfin le mari ; vraiment, si l'on n'avait pas le bon Dieu, on serait bien abandonné.

— Oui, dit la femme. Mais le Seigneur accorde la joie, puis il envoie le chagrin, il en a le droit. Demain, notre petit garçon aurait eu cinq ans, si nous avions pu le conserver.

— Pourquoi toujours penser à ta douleur ? répliqua l'homme. L'enfant n'est-il pas bien là où nous prions Dieu de nous laisser un jour parvenir ? »

Ils se turent de nouveau et marchèrent vers leur maisonnette cachée dans les dunes. Tout à coup d'une de ces collines où l'herbe ne retient pas le sable avec ses racines s'éleva comme un nuage d'épaisse fumée. C'était le sable qu'un coup de vent subit emportait dans les airs. Un second coup de vent emporta les poissons qui séchaient sur des cordes auprès de la maison et les lança contre les volets. Puis tout redevint tranquille ; le soleil luisait comme auparavant.

Mais le signal avait été compris. Le mari et la femme se

hâtèrent de rentrer chez eux ; ils revêtirent leurs habits de tous les jours et coururent vers la plage. Ils y trouvèrent déjà les voisins. On s'entr'aida pour traîner les barques plus avant dans le sable. Le vent soufflait de nouveau, plus fort qu'auparavant, aigre et froid. Quand ils regagnèrent leur demeure, il leur lança au visage des tourbillons de sable et de petites pierres. Déjà les vagues grossissaient : le vent coupait leur crête d'écume et la répandait sur la mer, qui en était toute blanche.

Le soir vint amenant la tempête. Ce fut un crescendo de sifflements, de hurlements plaintifs ; on aurait dit des cris de milliers de démons sortis de l'enfer. Ce bruit terrible dominait le grondement des flots ; les vagues déferlaient presque aussi hautes que les dunes. Quelquefois les coups de vent frappaient la maisonnette de telle sorte qu'ils la faisaient trembler jusqu'en ses fondements.

Pendant les premières heures, ce fut une obscurité noire, complète. Vers minuit, l'air s'éclaircit, et la lune apparut. La tempête continuait cependant de remüer les profondeurs de l'Océan.

Les braves gens s'étaient couchés. Impossible de fermer l'œil au milieu d'un ouragan pareil. On frappe à leur volet et on leur dit : « Un grand navire est échoué contre le premier écueil. » Ils sautent à bas du lit, s'habillent à la hâte et courent à la mer.

Il faisait assez clair pour que l'on pût voir dans la nuit, si les tourbillons de sable n'avaient obligé de fermer les yeux. Ce n'est qu'en rampant contre terre à travers les dunes, en profitant des instants de répit, entre deux coups de vent, que les pêcheurs parvinrent à la plage. Là on voyait voltiger dans les airs l'écume des flots comme des plumes de cygne. Les vagues roulaient vers la côte, pareilles à d'immenses cataractes bouillonnantes. Il fallait l'œil exercé des marins pour distinguer le bâtiment; c'était un superbe trois-mâts. Tout à coup la mer le souleva, le poussant vers la terre, à bien peu de distance de la bonne voie. Il rencontra un second rocher et ne bougea plus. Impossible de lui porter secours. D'énormes vagues le couvraient presque tout entier.

On apercevait les efforts désespérés de l'équipage; on croyait entendre les cris d'angoisse des naufragés. Arriva une vague qui, tombant avec autant de fracas qu'un gigantesque quartier de roche, arracha l'arrière du navire. La proue se souleva en l'air. On entrevit alors deux personnes, se tenant dans les bras l'une de l'autre, sauter dans la mer; une minute après, le flot jeta sur la plage un seul corps : c'était une femme.

Les marins danois la croyaient morte. Quelques-unes des femmes, la soulevant, crurent reconnaître en elle des signes de vie et la transportèrent dans la maisonnette du pêcheur.

Qu'elle paraissait belle, quels riches vêtements! Ce devait être une bien grande dame.

On la plaça dans le pauvre lit du pêcheur : la chaleur la ranima; mais elle était en proie à la fièvre la plus violente. Elle ne savait ce qui venait de se passer et ne distinguait pas où elle se trouvait. C'était un bonheur pour elle, car ce qu'elle chérissait le plus était au fond de l'Océan. C'était toujours comme dans l'ancienne ballade :

> Le navire était réduit en petits morceaux :
> C'était horrible à voir.

Des bribes de bois arrivaient sur la plage, mais pas un seul des autres êtres vivants.

Après quelques instants, la dame poussa un cri de douleur et ouvrit ses beaux grands yeux. Elle dit quelques mots, personne ne comprit son langage. Elle donna le jour à un enfant. Cet enfant aurait dû reposer dans un berceau doré, entre des rideaux de soie, au fond d'un palais magnifique. Tous les biens de la terre lui étaient destinés ; sa naissance devait être saluée par les cris de joie de toute une ville; et Dieu le faisait venir au monde dans ce pauvre réduit. Il ne reçut même pas un baiser de sa mère ; on le plaça contre son sein, contre son cœur ; le cœur ne battait plus. La naufragée était morte.

III

L'enfant, dont la Richesse, la Félicité devaient être les nourrices, se trouvait jeté sur cette rude terre, parmi ces dunes désolées, pour partager le sort des pauvres.

Depuis longtemps, l'usage barbare de piller les naufragés n'existait plus sur les côtes du Jutland. Le malheureux enfant aurait partout trouvé des soins ; mais nulle part on ne l'aurait autant choyé que chez la pauvre pêcheuse, qui la veille pleurait sur la tombe de son fils qui aurait eu cinq ans ce jour même. Ce fut elle qui l'adopta.

Personne ne sut qui était la dame étrangère. Aucun des débris rejetés par la mer n'apprit le nom ni la provenance du navire.

En Espagne, dans le somptueux palais, jamais lettre ni nouvelle ne fit connaître le sort de la fille de la maison ni de son époux. Ils n'étaient pas parvenus à destination, il y avait eu de violentes tempêtes, voilà ce qu'on apprit. Enfin, après des mois d'incertitude, arriva du Nord le douloureux avis : le navire s'est perdu corps et biens.

Dans les dunes, près de Huusby, la hutte du pêcheur abrite le rejeton inconnu de la riche famille espagnole.

Georges, en danois Joergen, fut le nom qui lui fut donné.

« Comme il a la peau brune, disaient les gens du village, c'est certainement un enfant de Juif. — Ou plutôt un Italien ou un Espagnol, » répartit le pasteur. Quant à la femme du pêcheur qui l'avait recueilli, elle ne se préoccupait pas de savoir à quelle race il pouvait appartenir; elle l'aimait de tout son cœur.

L'enfant prospéra et grandit; son sang noble resta chaud sous le ciel froid du Jutland; et, malgré la pauvre nourriture, il devint robuste. Il parlait le dialecte danois du pays. Le pepin de la Grenade d'Espagne s'était transformé en un grain de l'avoine qui pousse sur les côtes de la mer du Nord. Voilà ce qui peut arriver à des êtres humains.

Par toutes les attaches de la vie, il prit racine sur le sol où il était né. Il connut la faim, le froid, les peines et les misères des pauvres gens; mais il jouit aussi de leurs joies.

Pour ses jeux et ses amusements, il avait la côte semée de jouets à l'infini : des galets rouges comme le corail, jaunes comme l'ambre, blancs comme des boules de neige, arrondis et polis comme des œufs d'oiseau. Il y trouvait des squelettes de poisson, les longs fils blancs des herbes marines séchées par le vent, mille choses qui attirent le regard et excitent la réflexion. L'enfant avait l'esprit éveillé ; il était merveilleusement doué.

Comme il retenait facilement les histoires des anciens temps et les vieilles chansons, et comme il savait les réciter! Avec des galets et des coquillages il composait de petits navires et d'autres jolis objets qu'il donnait à sa mère adoptive pour orner la maison. Il taillait dans le bois d'un bâton des figures originales. Tout morceau de musique qu'il entendait, il le répétait d'une voix sourde et vibrante. Il y avait en lui les cordes les plus nombreuses et les plus riches, qui peut-être auraient retenti au loin à travers le monde, s'il n'avait été confiné dans cette hutte, au bord de la mer du Nord.

Un jour, un autre navire vint à sombrer dans ces parages. Une caisse remplie des plus rares oignons de tulipe fut poussée vers la plage. Les braves gens, ne sachant ce que c'était, firent cuire quelques-uns de ces oignons ; ils les trouvèrent détestables. Le reste demeura sur le sable et pourrit ; ils n'arrivèrent pas à éclore et à s'épanouir dans l'éclat de leurs magnifiques couleurs. En serait-il de même de Georges ? Etait-il destiné à s'étioler loin du climat où il aurait pu atteindre à tout son développement ?

En attendant, il était plein de gaieté et de bonne volonté. Il ne s'apercevait pas de la monotonie de la vie dans ce recoin oublié de l'univers. Tant qu'il pouvait, il aidait de son travail ses parents adoptifs. Voulait-il se reposer, il n'avait pour se distraire, qu'à regarder la mer, toujours changeante, passant du calme plat à l'ouragan. De temps en temps survenaient des naufrages dont on parlait pendant plusieurs mois. Puis, Georges était pieux : aller à l'église était pour lui une fête. Quelquefois on avait des visiteurs. Le plus agréable de tous était le frère de sa mère adoptive, le pêcheur d'anguilles, qui demeurait à Fjaltring. Il arrivait deux fois l'année sur sa voiture peinte en rouge, avec des fleurs bleues et blanches. Elle était fermée comme une caisse et toute remplie d'anguilles. Deux bœufs roux la traînaient, et on laissait Georges les conduire au bout du chemin.

Le pêcheur d'anguilles était un joyeux compère. Il apportait toujours un petit tonnelet d'eau-de-vie. Les grandes personnes en recevaient plein un petit verre ou une soucoupe. On en donnait à Georges plein un dé à coudre. « Cela fait digérer la grasse anguille, » disait le pêcheur, et ensuite il racontait une histoire, toujours la même, et quand elle paraissait plaire aux auditeurs, il la leur répétait aussitôt. Ce conte devint pour Georges comme un autre évangile. Il en faisait parfois l'application aux événements de sa vie. C'est pourquoi il vous faut aussi l'entendre :

« Les anguilles se promenaient dans la baie ; elles vinrent demander à leur mère la permission de s'avancer un peu plus haut dans la rivière. « Soit, dit-elle, mais n'allez pas trop loin ; le vilain pêcheur pourrait bien survenir et vous enlever toutes. »

« Elles allèrent, en effet, trop loin, et de huit qu'elles étaient, il n'en revint que trois. « Mère, dirent-elles en se lamentant, nous n'avons pourtant été qu'un peu devant notre porte, mais le pêcheur de malheur est arrivé et a piqué à mort nos cinq sœurs. — Elles reviendront bien, dit la mère. — Comment le pourront-elles ? Il leur a enlevé la peau ; il les a coupées en deux pour les cuire. — Elles reviendront, vous dis-je. — Il les a mangées, mère, — Elles reviendront tout de même. — Mais il a bu de l'eau-de-vie par-dessus. — Hélas ! alors, dit la mère nous ne les reverrons plus ; l'eau-de-vie est le tombeau de l'anguille. »

« C'est pourquoi, concluait le pêcheur, il faut toujours boire un petit coup après l'anguille. »

Georges aurait bien désiré, comme les jeunes anguilles, sortir un peu de la baie, aller n'importe où, et, de préférence, monter sur un navire et parcourir les mers. Mais sa mère adoptive et le pêcheur lui disaient : « Reste donc auprès de nous ; si tu savais comme les hommes sont méchants ! »

Ne pourrait-il pas au moins dépasser un peu les dunes, s'avancer dans les landes, voir un bout de pays. Enfin ses désirs se réalisèrent. Il eut quatre jours de joie continue, les plus beaux de son enfance. Un riche parent de son père adoptif était mort, et dans les pays du Nord la coutume subsiste, comme aux temps du paganisme, de terminer les enterrements par de grands festins.

La famille se rendit avec Georges à la demeure du défunt, située à plusieurs lieues dans les terres, vers l'Est. A la sortie des dunes, on traversa la bruyère, puis des marécages, pour arriver aux prés verdoyants où coule le Skjaerumaa, la rivière aux anguilles que les hommes cruels prennent et coupent en deux. Mais, du reste, les hommes n'en agissent souvent pas moins cruellement entre eux. Il y avait là, au bord du fleuve, les ruines du château que fit élever, il y a plus de cinq cents ans, le chevalier Bugge. Il fut assassiné par des brigands ; et lui-même, qu'on appelait pourtant le bon seigneur, ne voulut-il pas faire tuer l'architecte qui lui avait construit le château et la haute tour aux épaisses murailles ? Lorsque tout fut fini et que l'architecte s'en fut allé, après avoir été payé, le chevalier dit à son écuyer : « Cours après lui et crie-lui : Maître,

la tour vacille ! S'il se retourne, c'est qu'il n'est pas sûr de son affaire ; alors assomme-le et rapporte-moi l'argent qu'il a mal gagné. S'il continue son chemin, laisse-le aller en paix. » L'écuyer fit ce que lui commandait son maître. L'architecte ne se retourna pas et répondit en continuant de marcher : « Ce n'est pas vrai, la tour ne bouge pas plus qu'un roc ; mais un jour viendra de l'Ouest quelqu'un portant un manteau bleu, qui pourra bien la renverser. » Et, en effet, au bout de cent ans, la mer envahit les terres et la tour tomba.

Le château fut reconstruit un peu plus haut. C'est le

Noerre-Vosborg. Les voyageurs passèrent à côté, et Georges qui en avait entendu raconter les merveilles pendant les veillées, regardait de tous ses yeux le beau palais avec son double fossé, ses donjons, son parc. Il y avait là des arbres comme il n'en avait jamais vu, de hauts tilleuls en

fleur qui embaumaient l'air, et dans un coin un bouquet de sureaux également fleuris. Georges s'imaginait que c'était de la neige qu'il apercevait là au milieu des feuilles. Jamais il n'oublia ce spectacle qui parut magique à son âme enfantine.

Il fallut pourtant s'arracher à cette perspective enchanteresse. Le chemin devint plus facile. Ils rencontrèrent d'autres invités à l'enterrement : ceux-ci étaient en voiture ; Georges et ses parents montèrent derrière et se juchèrent sur une caisse. Georges était heureux autant qu'un roi peut l'être dans son carrosse à six chevaux.

On s'avança à travers la lande; les bœufs qui traînaient la voiture s'arrêtaient de temps à autre, quand ils apercevaient un peu d'herbe perdue au milieu de la bruyère. On laissait tranquillement les bonnes bêtes se repaître. Le soleil était rayonnant; et dans le lointain on voyait comme des nuages d'une fumée transparente, où la lumière du soleil se reflétait d'une façon étrange. « C'est Loki qui garde ses moutons », dit-on à Georges, qui se croyait transporté dans le monde féerique des vieux dieux scandinaves.

Quelle tranquillité régnait ici! De tous côtés, aussi loin que portait la vue, la lande s'étendait comme un beau tapis, formé de bruyères aux fleurs roses, de genévriers d'un vert sombre et de pousses de chênes. Georges aurait voulu courir, s'ébattre à son aise. Mais il y avait tant de couleuvres venimeuses cachées partout! On lui parla aussi des loups qui avaient autrefois infesté la contrée. Le vieillard qui conduisait les bœufs raconta que du temps de son père les chevaux avaient fort à souffrir de ces bêtes féroces qui n'étaient pas encore exterminées. Un jour il avait trouvé un cheval qui tenait sous ses pieds de devant un énorme loup qu'il venait de tuer; mais dans le combat il avait eu toute la peau des jambes lacérée et mise en lambeaux.

On traversa, trop vite au gré de Georges, la lande, puis des sables profonds. Enfin on est arrivé. La maison est pleine d'invités. Il y en a aussi dehors. C'est tout un campement de voitures. Les chevaux, les bœufs de trait forment un véritable troupeau. Ils s'en vont tout empressés quêter l'herbe parmi la bruyère. Derrière la ferme s'élèvent des dunes de sable semblables à celles de la plage. Elles s'étendent au loin. Comment se sont-elles formées si avant dans l'intérieur des terres ? Ont-elles été apportées par le vent ? Elles ont aussi leur histoire.

Le service funèbre eut lieu ; on chanta des psaumes. Tout le monde était recueilli, mais il n'y avait que quelques vieillards qui pleuraient. Un grand nombre des assistants avaient à peine connu le défunt. Une fois hors de l'église, tout le monde fut gai et joyeux, excepté encore les vieux, sur qui la tristesse a plus d'empire. Les tables étaient surchargées de mets; il y avait de quoi faire excellente chère : viandes, poissons, gâteaux, hydromel, eau-de-vie pour faire passer l'anguille; rien ne manquait.

Georges allait et venait, gambadant, sautant, admirant tout, cueillant des fleurs, les jetant, puis ramassant des myrtiles, dansant de joie quand il s'était bien rougi les mains avec leur jus.

Il restait bouche béante à contempler les tombeaux des Géants dont on lui avait conté les terribles histoires. On voyait le soir s'élever, pareil à des colonnes de fumée, le brouillard sec que le soleil colorait des plus belles teintes.

Ainsi se passèrent trois jours dans la plénitude du plaisir. Le quatrième, il fallut prendre congé, et chacun rentra chez soi.

Lorsque Georges et ses parents revirent les dunes du rivage, le vieux pêcheur s'écria : « Voilà les vraies dunes, il n'y a qu'elles pour résister au vent ! » Et il raconta à Georges comment les autres dunes s'étaient formées dans l'intérieur des terres.

Un jour des paysans trouvèrent un cadavre et l'enterrèrent

dans le cimetière. Voilà que la mer entra dans les landes, avançant toujours davantage, et poussant devant elle des montagnes de sable. L'effroi était partout. Alors un sage vieillard conseilla de déterrer le mort : « Si vous le trouvez suçant son pouce, c'est que c'est un homme des mers, et les flots ne cesseront de vous envahir que lorsqu'on le leur aura rendu. » Et en effet le mort avait le pouce dans la bouche. Les paysans le placèrent sur une charrette, et au galop coururent le jeter à la mer. Elle s'arrêta aussitôt et rentra dans son lit ; mais les dunes qu'elle avait apportées restèrent où elles se trouvaient.

L'histoire plut beaucoup à Georges ; il ne doutait pas qu'elle ne fût vraie, pas plus du reste que le pêcheur qui la contait n'en doutait lui-même.

IV

Après tout ce qu'il avait vu de magnifique, il désirait plus ardemment que jamais parcourir le monde. A quatorze ans, il devint mousse sur un navire. Mais, hélas! que trouva-t-il cette fois? du mauvais temps, la mer houleuse, des hommes durs et méchants, du pain sec, des nuits froides, des coups de poing. La première fois qu'il fut frappé, le sang de la noble Espagne qui coulait dans ses veines se révolta. Il sentit ce sang bouillir, et des paroles amères lui vinrent aux lèvres; il les retint toutefois. Le bon sens eut le dessus. Il comprit qu'il ne ferait que s'exposer à de pires traitements. Dans sa colère rentrée, il éprouva ce que doit éprouver l'anguille quand on lui arrache la peau et qu'on la coupe en deux pour la jeter dans la poêle : « Ce n'est rien, finit-il par se dire, comme l'anguille je reviendrai. »

On aborda aux côtes d'Espagne. Par un jeu de la fortune, le navire mouilla dans le port où les parents de Georges avaient vécu au sein des richesses. Le pauvre mousse était toujours de garde à bord. Cependant, le dernier jour on l'envoya à terre faire des achats.

Pour la première fois, il vit une grande ville. Que les

maisons lui paraissaient élevées ! Les rues étaient pleines de gens affairés, citadins, paysans, moines, soldats, courant, criant, et quel bruit ! On entendait le tintement des clochettes des mules, des chants, des sons d'instruments, et encore le bruit des marteaux dans les ateliers. Le soleil était brûlant, l'air lourd. C'était à se croire dans un four rempli de mouches bourdonnantes, d'abeilles et de hannetons. Georges, tout abasourdi, ne savait où il allait. Parfois il regardait ses pauvres habits qu'on aurait dit avoir été lavés dans la vase et séchés dans une cheminée. Et il n'en était que plus embarrassé et plus intimidé.

Tout à coup il vit toutes grandes ouvertes les portes de la cathédrale. Des centaines de lumières brillaient sous les sombres voûtes, et l'on respirait de loin l'odeur de l'encens. Les plus pauvres mendiants en haillons entraient dans le sanctuaire. Georges pria le matelot qu'il accompagnait de le laisser gravir les degrés du portique. Il pénétra dans l'église. Il aperçut les superbes tableaux sur fond d'or. Au-dessus de l'autel, la Madone avec l'enfant Jésus, entourée de fleurs, éclairée par la lumière des cierges. Les prêtres, vêtus d'or et de soie, chantaient, tandis que les enfants de chœur balançaient les encensoirs d'argent. Quel éclat ! quelle magnificence ! Georges sentit son âme pénétrée, anéantie. La foi de ses parents semblait se réveiller en lui, et il fondit en larmes.

Il fallut partir et aller au marché acheter des denrées. On reprit le chemin du port. Georges, chargé de paquets, rompu par une longue marche, avait le corps et l'âme fatigués. Toutes ces impressions nouvelles et variées le plongeaient dans l'accablement. Il aperçut un palais magnifique, orné de statues, de colonnes de marbre. Un large escalier conduisait au seuil. Georges s'assit sur les marches pour se reposer un peu. Mais le portier tout galonné accourut, brandissant une canne à pomme d'argent, et le chassa en l'injuriant, lui le fils de la maison, l'héritier du palais et de toutes ses richesses. C'était, en effet, la demeure de son grand-père qui, au milieu de ce luxe, se consumait du chagrin d'avoir perdu sa fille unique.

Le navire reprit la mer, et Georges y retrouva de dures paroles, peu de sommeil, beaucoup de travail. Il savait maintenant ce qu'il en peut coûter de voir le monde. On dit, il est vrai, qu'il est bon de peiner dans sa jeunesse; oui peut-être, pourvu qu'on ait du bon temps dans ses vieux jours.

Le navire revint à Ringkjoebing en Jutland. Son temps de service fini, Georges retourna à Huusby revoir ses parents et ses chères dunes. Mais, pendant son absence, sa mère adoptive était morte, et cette nouvelle lui gâta toute la joie du retour.

L'été se passa. Il vint un hiver des plus rigoureux, avec de terribles tempêtes de neige qui balayaient tout sur terre et sur mer. Georges s'étonna de voir les choses si inégalement réparties sur la face du globe. Ici le froid, les ouragans. En Espagne, le soleil radieux, l'air calme et brûlant. Un moment il donna la préférence au Midi ; mais lorsqu'il faisait une belle gelée et qu'il regardait les blancs troupeaux de cygnes nager vers les fleuves, il aimait mieux le Nord. L'été n'y a-t-il pas d'ailleurs sa beauté et son charme ? Georges revoyait en souvenir, le château de Vosborg, les tilleuls, les sureaux et les myrtiles de la bruyère, et il les préférait aux splendeurs des contrées méridionales.

Revint le printemps, et la pêche commença. Georges avait beaucoup grandi, il était fort, plein de sève et de vigueur, toujours prêt au travail, et il aidait avec zèle son vieux père adoptif. Il était habile à la nage, et il se jouait des flots comme un poisson. Quand il était resté longtemps dans la mer, le vieux pêcheur l'avertissait de prendre garde aux bancs de maquereaux : ils ont raison du meilleur nageur, l'enveloppent, l'entraînent et le dévorent. Mais son destin n'était pas de devenir leur proie.

Un des voisins avait un fils du nom de Martin. Georges et lui avaient toujours été bons camarades. Ils s'engagèrent comme matelots sur un navire qui alla en Norvége et en Hollande. Jamais ils ne s'étaient disputés ; mais une querelle peut survenir tout à coup. Georges était violent, porté par sa race à la colère. Un jour à bord une discussion naquit entre eux à propos de rien. Georges devint blanc, ses beaux yeux se troublèrent et furent affreux à voir. Il tira son couteau. Martin dit tranquillement : « Tiens ! tu es de ceux qui jouent du couteau ! » Georges ne dit rien, sa main s'abaissa comme par enchantement, et il s'en alla à sa besogne. Il vint ensuite retrouver Martin et lui dit : « Frappe-moi au visage, je l'ai mérité. Je sens en moi quelque chose qui bout sans cesse et qui déborde. « Laissons cela, » répondit Martin, et à la suite de cette altercation ils devinrent meilleurs amis qu'auparavant, et lorsqu'au retour Georges raconta l'affaire, Martin ajouta que son camarade était colère, mais qu'il avait bon cœur.

Parmi les jeunes filles du village, celle avec qui Georges aimait mieux causer, c'était Elise. Autant il était brun, autant elle était blanche. Ses cheveux étaient comme du lin, ses yeux bleus comme la mer quand elle reluit au soleil. Un jour ils se promenaient ensemble. Georges tenait la main de la jeune fille serrée dans la sienne. Elle lui dit : « Georges, j'ai une demande à te faire. Votre ménagère est partie, prends-moi à sa place. Je suis forte et agile, et tu verras comme je sais bien préparer la bière chaude dont vous avez besoin, quand vous revenez fatigués de la pêche, et comme je nettoie et prépare bien les poissons ! Je voudrais bien entrer chez vous. Je t'aime comme un frère. Martin désire que j'aille chez ses parents. Mais cela ne se peut pas, lui et moi nous sommes fiancés. »

A ces mots, Georges se trouva comme sur le sable mouvant; ses jambes fléchirent, la terre sembla se dérober sous lui. Il ne put trouver une parole dans son gosier ; il inclina seulement a tête comme pour répondre oui. Dans son cœur, il sentit qu'il ne pouvait plus souffrir Martin ; il ne fit plus que penser à lui et à Elise, à qui auparavant il ne songeait jamais longtemps. Plus il se creusait l'esprit et se rongeait l'âme, plus il devint évident pour lui que Martin lui avait dérobé la seule chose à laquelle il tenait au monde, l'amour d'Elise.

Le lendemain, il alla à la pêche avec son père adoptif et Martin. Le vieillard fut pris de la fièvre, et l'on s'en revint de bonne heure. La mer était houleuse; dans ce cas, ce n'est pas chose facile de franchir les trois écueils qui sont à l'entrée de la baie. Un des marins se tient debout, quand ils arrivent devant le rocher, et observe les flots. Les autres rament comme pour aller au large, jusqu'à ce que leur compagnon donne le signal que la grande vague approche, qui doit soulever la barque par-dessus l'écueil. Alors on rame vers la terre; le bateau est porté au sommet de la vague, et retombe avec elle ; il disparaît tout entier, tellement que du rivage on n'aperçoit même plus le mât, et qu'on peut croire la barque engloutie. Un instant après elle reparaît soulevée par le flot : on dirait un crabe monstrueux, dont les rames seraient les pattes, sortant de la mer. On recommence cette manœuvre au deuxième et au troisième écueil. Après cela tout danger est passé. Mais devant les rochers, le moindre retard, la moindre hésitation de la part de celui qui commande la manœuvre peuvent faire briser la barque en mille pièces.

Ils approchaient du premier écueil, lorsque Georges s'élança soudain et dit : « Père, laisse-moi passer en avant et rester debout. » Une pensée de l'enfer venait de lui mordre le cœur : Il dépend de moi, se disait-il, que Martin et moi nous périssions ici ! Et son regard allait de Martin au rocher. La vague arrive ; voilà que Georges aperçoit le visage pâle et maladif de son père adoptif ; d'un vigoureux effort de volonté, il écarte la tentation, donne bien le signal, et ils atteignent la plage.

Les pensées sinistres ne le quittaient pas. Il chercha à se rappeler en quoi Martin avait pu, depuis qu'ils se connaissaient, manquer à leur amitié. Il ne trouvait pas de griefs suffisants pour lui en vouloir. Mais une chose restait toujours c'est que Martin l'avait dépouillé du bien le plus précieux ; c'était assez pour le haïr à mort. Quelques-uns des pêcheurs remarquèrent bien un changement dans les façons de Georges à l'égard de son camarade. Martin ne vit rien ; il était, comme toujours, amical et complaisant.

Le vieux pêcheur devint plus malade, s'alita et mourut,

laissant à Georges sa maisonnette en héritage. Ce n'était pas beaucoup, mais Martin n'en avais pas autant.

« Maintenant, tu ne t'engageras plus comme matelot, dit un voisin à Georges ; tu resteras à pêcher avec nous. »

Ce n'était pas l'intention de Georges. Justement il pensait de nouveau à courir le monde. Le pêcheur d'anguilles avait un cousin à Vieux-Skagen. C'était un riche marchand, un armateur, un excellent homme. C'esi chez lui que Georges songea à entrer en service. Skagen est bien loin de Huusby ; c'était précisément ce qui plaisait à Georges.

Il résolut de partir avant le mariage de Martin et d'Elise, qui devait avoir lieu dans quelques semaines.

« Mais, reprit le voisin, pourquoi t'en aller? C'est déraisonnable ce que tu fais là. Tu as maintenant une maison : Elise te prendra pour mari de préférence à Martin. »

Georges ne répondit que par quelques paroles nconerentes. Le voisin alla chercher Elise. Il eut de la peine à la faire s'expliquer ; cependant elle finit par dire : « Tu as une belle maisonnette, cela mérite réflection. »

Georges réfléchit beaucoup pour sa part. Les flots de la mer sont tumultueux, mais pas autant que les pensées de l'homme, pas autant que celles qui traversaient l'esprit de Georges, le ballottant dans tous les sens. Enfin il dit à Elise : « Voyons, si Martin avait une maison comme moi, lequel de nous deux préférerais-tu? — Mais il n'en a pas, repondit-elle et il n'en aura jamais une pareille. — Suppose un instant qu'il en trouve une. — Oh! alors, je prendrais Martin ; mon cœur est à lui. Mais on ne vit pas d'amour. »

Ils se quittèrent. De toute la nuit, Georges ne ferma pas l'œil. Son âme était violemment agitée. Une idée germa tout à coup dans sa tête, et elle grandit peu à peu et devint plus forte que son amour pour Elise. Au matin, le calme était revenu dans son cœur. Il alla tout droit trouver Martin ; il lui céda la maison pour presque rien, disant qu'il n'avait qu'un désir, c'était de naviguer de nouveau sur mer. Ce ne fut pas là un coup de tête, mais une résolution bien méditée. Lorsque Elise apprit la nouvelle, elle embrassa Georges de tout son cœur ; il lui laissait épouser Martin qu'elle préférait à tous.

Georges voulait partir le lendemain matin. Le soir, il eut l'idée d'aller revoir une dernière fois Martin, pour qui il ressentait de nouveau toute l'amitié d'autrefois. En traversant les dunes, il rencontra l'officieux voisin qui l'entreprit encore à propos de Martin, et lui fit observer combien il était extraordinaire que ce garçon fût si bien vu des jeunes filles. Georges rompit brusquement la conversation et se dirigea vers la maison où demeurait son camarade. Arrivé devant la porte, il entendit causer et rire ; il distingua la voix d'Elise, qu'il ne voulait plus jamais revoir. Il s'en retourna sans entrer, se félicitant en lui-même de n'avoir pas à entendre les remercîments de Martin, et d'échapper surtout au tableau de son bonheur.

V

Le matin, au lever du soleil, il boucla son havre-sac et partit ; il se mit à longer la plage, se dirigeant vers Fjaltring, où il se proposait de rendre visite au pêcheur d'anguilles.

La mer était belle, d'un bleu pur. Sur le sable étaient épars des coquillages de toute sorte. Ils rappelaient à Georges les jours de son enfance, lorsque c'étaient là ses jouets favoris. Il en ramassa plusieurs, les jeta et en reprit d'autres. A force de se baisser, il se mit à saigner du nez. L'agitation où il avait été la veille lui avait porté le sang à la tête. Il se sentit ensuite le cerveau plus libre ; mais quelques gouttes de sang étaient tombées sur sa manche.

Il reprit son chemin. Il se sentait joyeux et libre. Il cueillait les fleurs qu'il rencontrait çà et là et les attachait à son chapeau. Il voyait le vaste univers ouvert devant lui, et, comme les jeunes anguilles du vieux pêcheur, il allait y prendre ses ébats. Il pensait bien aux sages paroles de la mère anguille : « Mes enfants, gardez-vous des hommes si méchants et si cruels. » Mais, se disait-il, qu'ai-je à craindre ? J'ai bon courage et je n'ai jamais fait de tort à personne.

Déjà le soleil était haut lorsque Georges approcha de la baie de Nissoum. Il jeta un dernier regard sur Huusby et vit à quelque distance deux cavaliers se diriger de son côté, suivis de loin par des gens qui couraient à pied.

Cela ne le regardait pas ; il continua sa route. A l'embouchure de la rivière, il héla le passeur qui vint le prendre avec sa barque. Ils étaient au milieu du fleuve lorsque les deux cavaliers arrivèrent sur le bord et ordonnèrent au passeur, au nom du roi, de revenir en arrière. Georges ne comprenait rien à leur ton menaçant, mais il trouva qu'il fallait obéir, et il prit lui-même une rame pour aider le passeur.

Au moment où la barque touchait à terre, les deux hommes, s'élançant sur Georges, lui attachèrent les mains avec une corde : « Ton crime te coûtera la vie, lui dirent-ils ; nous sommes heureux de t'avoir rattrapé. »

Le pauvre Georges ne pouvait proférer une parole, tant il était saisi. Enfin il apprit qu'on l'accusait d'avoir assassiné

Martin, qui avait été trouvé mort, la gorge traversée d'un coup de couteau. On lui rappela que la veille au soir, il avait été rencontré par le voisin allant vers la demeure de Martin ; que, dans le temps, il avait levé déjà son couteau contre Martin. Et, lorsqu'on découvrit des taches de sang sur sa manche, personne ne douta plus qu'il ne fût le meurtrier. Tout ce qu'il put alléguer pour prouver son innocence fut inutile. Comme on devait aller par mer à Rinkjoebing, où siégeait le bailli, et que le vent était contraire, un des cavaliers proposa de mener Georges au château de Vosborg. Il s'y trouvait une prison où la bohémienne, la grande Marguerite, avait été enfermée pendant les derniers jours qui précédèrent son exécution.

Georges, fort de son innocence, s'était résigné à son sort. On passa devant les ruines qu'il avait vues lorsqu'il s'était rendu avec son père et sa mère adoptifs à ce mémorable enterrement qui lui avait valu les plus heureuses journées de son enfance. Comme alors, il trouva dans le parc de Vosbourg les tilleuls qui embaumaient et les sureaux en fleur.

Cette fois il pénétra dans le château, non comme il l'avait tant désiré autrefois, pour en admirer les merveilles. Derrière une des ailes du vieux bâtiment, on le fit descendre dans le sombre caveau qui avait servi de lieu de réclusion pour la bohémienne. Cette bohémienne avait tué cinq enfants pour manger leurs cœurs. Elle était restée persuadée que si elle avait encore pu en dévorer deux, elle aurait acquis le pouvoir de se rendre invisible et de voler dans les airs.

Il n'y avait là qu'un grabat misérable et dur. Georges, soutenu par sa conscience, y aurait tranquillement reposé, si ses pensées n'avaient pas été troublées par le souvenir de la sorcière. Les histoires de sabbat, de diablerie, qu'il avait entendu conter, lui revinrent à l'esprit, et le moindre bruit le faisait tressaillir. Il se calmait en se rappelant les tilleuls et

les sureaux fleuris, sa paisible enfance, et ses braves et honnêtes parents dont il avait toujours suivi l'exemple.

Le lendemain, il fut conduit à la ville et enfermé dans une prison qui ne valait guère mieux que celle de Vosborg. En ce temps-là, la justice était dure envers les petites gens. Pour un mince délit, ils étaient parfois roués de coups ou ruinés d'amendes. Heureusement que le bailli, qui instruisit l'affaire de Georges, ne le fit pas passer aussitôt en jugement, malgré les apparences qui étaient si accablantes. En attendant, le malheureux restait dans son réduit froid et noir. Il avait tout le loisir de réfléchir et de se demander pourquoi un pareil sort lui avait été réservé, alors qu'il n'y avait eu de sa part aucune faute. Il finit par conclure que cette énigme lui serait expliquée en l'autre vie et cette pensée le calma. La foi en l'immortalité, puisée dans la pauvre hutte de pêcheurs jutlandais et que repoussait son père le grand seigneur espagnol, lui fut, au milieu des ténèbres, au sein de la tristesse, du découragement et du désespoir, un flambeau, une consolation, une force, une grâce de ce Dieu qui ne trompe jamais.

Il avait pourtant des heures de poignante angoisse. Alors il écoutait pour ainsi dire le silence lugubre qui l'entourait, interrompu par le grondement de la mer qu'occasionnaient les tempêtes du printemps. C'était un roulement, un fracas, comme si des milliers de chariots avaient passé au-dessus d'une voûte. Ce bruit était pour Georges une douce mélodie, il lui rappelait le temps où il voguait librement sur l'Océan.

« Oh ! être libre, se disait-il, même sans souliers, même en haillons ! » Son cœur bondissait à cette pensée ; il frappait du poing la porte de son cachot.

Enfin son infortune eut un terme, après qu'il eut langui plusieurs mois, près d'un an en prison. Un vagabond, un maquignon nommé Nils le voleur, fut arrêté pour un léger méfait : le procès fit découvrir que ce Nils était le meurtrier de Martin.

Le soir où le crime avait été commis, Martin avait été faire un tour au cabaret pour faire part de son bonheur aux camarades. Il leur fit servir plusieurs verres d'eau-de-vie, et en but lui-même plus que d'habitude. Ainsi animé, il se mit à jaser, et à se vanter. Il annonça qu'il avait maintenant une maison à lui. « Comment cela ? » dit Nils, qui se trouvait présent. « Avec mon argent, donc ! » repartit Martin en frappant sur son gousset et en se rengorgeant comme un richard. Ce mouvement de vanité décida sa perte. Lorsqu'il s'en retourna, Nils le suivit, se précipita sur lui, lui coupa la gorge avec son couteau. Mais, dans le gousset de sa victime, il ne trouva que quelques monnaies de cuivre.

Tous ces faits furent établis devant la justice. Georges fut mis en liberté. Le bailli lui adressa quelques excuses. Georges se plaignit des longs mois de captivité et de souffrance qu'il avait subis, tout innocent qu'il était. Le bailli le prit alors de très haut et lui dit qu'il devait s'estimer fort heureux de s'en être tiré de la sorte, car on aurait pu très bien le juger plus tôt, et, vu les présomptions singulières qui pesaient sur lui, le condamner à la peine de mort.

Pourtant il reçut des marques de sympathie. Le bourgmestre lui donna deux écus pour se mettre en route, et un brave bourgeois l'emmena dîner chez lui. Le même jour arriva dans la ville le négociant de Skagen auprès de qui Georges avait l'intention de se rendre lorsqu'il avait été arrêté. Ce négociant s'appelait Brœnne. Il apprit ce qui s'était passé et compatit à la mésaventure du jeune homme. Il résolut de lui faire oublier ces cruelles épreuves, et de lui montrer qu'il y a de bonnes gens au monde.

« Oublie, enterre tes chagrins, lui dit-il ; faisons une barre sur cette mauvaise année, ou mieux, nous en jetterons l'almanach au feu. Tu vas venir chez moi dans la jolie ville de Skagen. »

VI

Ils se mirent en route. Le soleil, le grand air firent bien vite oublier à Georges le sombre et humide cachot. En ce pays, la bruyère était couverte de genêts en fleur. Assis au sommet d'un tombeau de Géant, un jeune pâtre jouait des airs agrestes sur une flûte qu'il s'était faite d'un os de mouton. De temps en temps les plus beaux effets de mirage faisaient apparaître des forêts, des jardins suspendus.

Ils traversèrent la contrée où habitaient les Longobards à l'époque où le peuple étant trop nombreux pour vivre dans cet étroit espace, le roi Snio avait résolu de mettre à mort les vieillards et les enfants jusqu'à dix-huit ans ; mais la bonne reine Gambarouck lui conseilla de laisser émigrer toute la jeunesse. Ils partirent en effet, et leurs descendants passèrent les Alpes et fondèrent le puissant royaume des Lombards. Georges, lorsqu'on lui raconta cette histoire, n'eût pas de peine à se figurer ce que devait être ce pays du sud où les Danois s'étaient implantés. N'avait-il pas vu l'Espagne, cette ville pareille à une ruche, où la population bourdonnait, ces superbes monuments, ces orangers, ces grenadiers, ces arbres inconnus, toutes les richesses et les magnificences du

Midi ! Mais ces splendeurs ne lui donnaient pas de regrets. Il se trouvait mieux en Danemark : n'était-ce pas sa vraie patrie ?

Enfin les voyageurs atteignirent Vendilskaga, comme Skagen est appelé dans les sagas islandaises. Elle commence au phare qui est à la pointe du Jutland si redoutée des marins. A cette extrémité, les maisons sont dispersées dans les dunes qui disparaissent et se reforment au gré du vent. A un quart de lieue, est Vieux-Skagen, où était la demeure du riche marchand chez qui Georges allait habiter.

La grande maison était tout en bois enduit de goudron. Les dépendances avaient pour toiture de vieilles barques renversées. Il n'y avait pas de mur d'enceinte. Ni jardin ni bosquets à cause des sables. Tout autour de la maison étaient tendues des cordes où pendaient des milliers de poissons qui séchaient au vent.

La pêche était là bien autrement belle qu'à Huusby. A peine les filets jetés, l'on ramenait le hareng par tonnes. La femme, la fille du marchand, toute la maisonnée accoururent à leur rencontre. Ce furent des embrassements, des serrements de mains, des questions, des récits sans fin. Quel gentil visage avait la jeune fille, et que ses yeux étaient doux !

Georges allait de surprise en surprise. Il n'avait jamais vu un pareil train de maison. C'était tous les jours comme au fameux banquet de l'enterrement qui était resté dans ses souvenirs, et même c'était plus riche. On servait des poissons comme on en présente sur la table des rois, et l'on buvait du vin des plus célèbres vignobles de France.

Georges reçut l'accueil le plus cordial. Lorsqu'on sut ce qu'il avait injustement souffert, la femme du marchand lui pressa la main avec attendrissement. Dans les yeux brillants de Clara, la jeune fille, on vit trembler quelques larmes. Georges sentit le reste d'amertume qui restait en son âme s'évanouir aussitôt. L'amour contrarié endurcit ou amollit le cœur selon les circonstances et les individus : celui de Georges était encore jeune et sensible. Il était heureux pour sa tranquillité que dans trois semaines Clara dût partir sur un navire de son père et aller à Christianssand, en Norvège, passer plusieurs mois auprès d'une tante.

Le dimanche avant le départ, ils se rendirent tous à l'église pour recevoir la communion. C'était un beau temple, le plus grand de toute la contrée. Un architecte hollandais l'avait construit au moyen-âge. Il était loin de la ville et le chemin couvert de sables profonds, était pénible. Mais dans cet âge de piété on ne regardait pas à la peine.

Au-dessus de l'autel se trouvait une statue de la Vierge, la tête surmontée d'une couronne d'or, l'enfant Jésus dans ses bras. Autour du chœur, on voyait les statues des douze Apôtres. Les portraits des anciens bourgmestres de la ville étaient suspendus le long des murailles. Le soleil envoyait ses rayons dans le sanctuaire et faisait étinceler les chandeliers d'argent. Georges fut saisi d'une profonde émotion, telle qu'il l'avait éprouvée en entrant dans la nouvelle cathédrale de la grande ville espagnole. Lorsqu'il reçut la communion, il se trouva agenouillé à côté de Clara, mais il était absorbé dans la pensée de Dieu au point qu'il n'aperçut la jeune fille que lorsqu'ils se relevèrent. Il remarqua alors que des larmes de ferveur tombaient de ses yeux.

Deux jours après elle partait pour la Norvége. Lui resta, il se rendit utile à la maison et vaqua aux travaux de la pêche. Que de poissons il y avait dans ces parages ! On y rencontrait des bancs de maquereaux qui la nuit reluisent comme du phosphore ; le grondin y abondait aussi, qui gronde quand on le prend. Le proverbe « muet comme un poisson » n'est pas toujours juste en effet. Il pouvait toutefois s'appliquer justement à Georges et au silence qu'il gardait sur ce qui se passait dans son cœur.

Chaque dimanche, à l'église, son regard restait longtemps attaché à la place où Clara s'était agenouillée à côté de lui, et il se rappelait combien la jeune fille s'était montrée bonne et aimable pour lui.

L'hiver vint, avec ses pluies, ses neiges, ses tempêtes qui amoncelaient le sable autour des maisons à une telle hauteur que les habitants étaient parfois obligés d'en sortir par la cheminée. Chez le riche marchand on ne se ressentait guère de la mauvaise saison. On y était bien chauffé ; la tourbe et le bois des navires échoués pétillaient dans le poêle. Le soir, le marchand lisait dans la vieille chronique. Il y était parlé du prince Hamlet, qui d'Angleterre était venu avec une flotte et une armée sur les côtes du Jutland et y avait livré une grande bataille. Son tombeau était près de Ramme, disait le livre, au milieu des tombes de Géants qui sont là par centaines. Le marchand le savait, il avait vu l'endroit. Georges chantait volontiers, et de préférence, la ballade du fils du roi d'Angleterre qui monta sur un vaisseau doré sur tous les bords, à la proue duquel on voyait sculpté le prince tenant sa fiancée dans ses bras. A ce passage, la voix du chanteur devenait plus pénétrante, et ses grands yeux noirs jetaient des éclairs.

On laissait souffler l'ouragan, en faisant bonne chère. La

maison regorgeait de provisions ; jambons et saucisses pendaient au plafond ; il y avait des monceaux de saumon fumé. La joie était au comble quand venaient des visiteurs. Aujourd'hui encore l'hospitalité règne sur les côtes du Jutland comme sous la tente de l'Arabe.

Jamais Georges n'avait coulé de jours si gais ; mais cela ne lui faisait pas oublier Clara. Aussi quelle ne fut pas sa joie lorsqu'en avril il fut chargé d'aller la chercher avec un navire du marchand. Il était devenu un homme ; il était grand et robuste. « C'est un plaisir de voir un si beau garçon, » disait la femme du marchand. — « Georges a apporté la vie et la gaieté dans nos soirées d'hiver, » disait le marchand. Chacun se félicitait de la présence du jeune homme.

Il s'embarqua pour aller chercher Clara en Norvège. Un vent favorable l'eut bientôt conduit à Christiansand.

VII

Un matin, le marchand monta sur le phare dressé à la pointe extrême du Jutland. A un mille en avant dans la mer se trouvent les écueils et les bancs de sable tant redoutés des navigateurs. Ce jour-là beaucoup de navires passaient devant les écueils. Parmi ces navires, le marchand crut reconnaître le sien qu'il attendait. Il regarda avec sa longue-vue ; il reconnut en effet son bâtiment.

Georges et Clara étaient sur le pont. Le phare et l'église leur apparaissaient comme s'ils sortaient de la mer, l'un pareil à un héron, l'autre à un cygne. Ils pouvaient être à terre dans une heure, et leur cœur était dans l'attente la plus joyeuse.

Tout à coup le vaisseau heurta violemment un écueil. L'eau entra à flots dans la cale. L'équipage courut aux pompes ; on essaya de boucher le trou ; vainement. Les voiles furent hissées. On fit les signaux de détresse. Le vent soufflait vers la terre, le courant les y portait, mais pas assez vite. Il n'y avait à la côte que des barques de pêcheurs lentes à se mettre en mouvement, lentes à avancer.

Le navire sombra. Georges prit Clara de son bras droit, et la serrant contre lui s'élança dans la mer. A ce moment,

Les vagues parfois les couvraient, parfois les lançaient en l'air (P. 179.)

elle lui jeta un regard qui lui fit connaître qu'elle l'aimait. Dans celui qu'il lui rendit, elle lut qu'il ne la lâcherait pas et la sauverait s'il n'allait lui-même au fond.

Comme le prince de la ballade, il tenait dans ses bras sa fiancée. Malgré son fardeau, il nageait comme un poisson. Il ménageait ses forces pour ne pas les épuiser avant d'arriver à terre. Les vagues parfois les couvraient, parfois les lançaient en l'air. Lui, d'ordinaire si intrépide et qui ne craignait rien sous le ciel, il n'avait pas tout son sang-froid, il était troublé, il voyait des fantômes ; il crut apercevoir un léviathan qui allait les dévorer. De temps en temps il était jeté au milieu des canards sauvages qui dormaient sur l'eau et qui s'envolaient tout effarés, et leurs cris et les battements de leurs ailes lui serraient le cœur.

A certain moment, il entendit Clara pousser un soupir et s'agiter dans un tressaillement convulsif. Il la serra plus fortement ; mais son bras s'engourdissait, ses forces diminuaient de minute en minute. Ils étaient pourtant bien près de la terre. Une barque approchait.

Soudain il aperçut dans l'eau une figure blanche qui le regardait fixement, d'un air menaçant. La vague le souleva et il revit la figure aux yeux immobiles. Il ressentit un choc. La nuit se fit dans son esprit. Tout disparut à ses yeux. Mais son bras ne quitta pas la jeune fille. La figure blanche n'était pas un fantôme créé par son imagination. C'était une sculpture décorant la poulaine d'un vaisseau échoué, contre lequel Georges avait été jeté violemment par la vague.

Le coup lui fit perdre connaissance. Le flot le ramena à la surface, et les pêcheurs, qui arrivaient à son secours, l'enlevèrent dans leur barque. Le sang coulait de son visage. On le croyait mort. Mais il étreignait la jeune fille avec tant de force qu'on eût bien de la peine à l'arracher de son bras.

On arriva à terre. Tous les moyens furent employés pour ranimer Clara ; elle avait succombé au moment où elle poussait ce soupir qui avait effrayé Georges ; il avait fait des efforts désespérés pour sauver une morte.

Lui respirait encore, mais son cerveau était fortement ébranlé. Il fut en proie à un délire furieux ; il poussait des cris rauques et sauvages. Le troisième jour, il retomba morne et accablé sur son lit, comme si sa vie n'eût plus tenu qu'à un fil.

« Il vaudrait mieux, dit le médecin, que ce fil se rompît tout à fait. Vous ne retrouverez jamais le Georges que vous avez connu. »

Le fil de ses jours ne fut pas tranché, mais bien celui de la mémoire et de l'intelligence. Rien de plus triste à voir que ce jeune homme si beau, si vigoureux, se glissant, comme un spectre muet, à l'écart des autres hommes.

Le riche marchand le garda chez lui et lui prodigua les plus tendres soins : « Il aurait pu s'en tirer sain et sauf s'il n'avait pas voulu sauver notre enfant, dit-il à sa femme : c'est maintenant notre fils. »

Le monde traitait Georges d'idiot, il ne l'était pas. Il était comme un instrument dont les cordes se sont relâchées et ne résonnent plus. Parfois elles semblaient se tendre un instant et faisaient retentir quelques mesures d'une ancienne mélodie. Georges revoyait alors quelque incident de sa vie passée. Mais au moment où ses souvenirs se dégageaient du brouillard qui les enveloppait, le voile retombait plus épais que jamais ; il rentrait dans son anéantissement, regardant fixement devant lui, sans idées, sans aucune flamme dans ses grands yeux jadis étincelants.

Et c'était lui qui, dans le sein maternel, paraissait destiné à un sort si heureux, à une telle félicité en ce monde, que son père croyait téméraire de souhaiter une existence au delà du tombeau ! Ces belles facultés qu'il avait apportées en naissant étaient à jamais éteintes. En récompense d'une vie courageuse et dévouée, il était frappé d'un malheur sans nom. Tout ici-bas est-il donc livré à un hasard aveugle ? « Non ! disait la pieuse mère de Clara, répétant les paroles du psautier. Le Seigneur est bon pour tous, et la miséricorde est dans toutes ses œuvres. Non, Georges trouvera là-haut la compensation des souffrances qu'il endure ! » Et elle priait Dieu de l'appeler bientôt auprès de lui.

Clara repose au cimetière de Skagen entouré d'une haute muraille pour que les sables ne l'envahissent point. On y mène quelquefois Georges ; lorsqu'on lui dit que c'est là la dernière demeure de la jeune fille, il ne comprend pas. Les rares souvenirs qui traversent parfois son esprit remontent à une époque plus éloignée.

Tous les dimanches, il accompagne les vieillards à l'église. Il reste assis, les regards fixes. Un jour, pendant qu'on chantait les psaumes, son œil se tourna vers la place où il s'était agenouillé à côté de Clara. Il poussa un soupir. Ses yeux se dilatèrent, brillèrent; il devint pâle et prononça tout haut le nom de la jeune fille, en versant des larmes. On le conduisit hors de l'église. Il dit aux personnes qui l'entouraient que ce n'était rien, qu'il se portait bien, qu'on ne fît pas attention à lui. La nuit avait de nouveau couvert son intelligence.

Et pendant ce temps, en Espagne, dans le somptueux palais, un vieillard se consumait de chagrin, au milieu de ses richesses, au milieu de toutes les splendeurs de la nature. Que lui importait l'air embaumé des senteurs de l'oranger? Quel plaisir trouvait-il sous les bosquets de lauriers mêlés aux grenadiers en fleur? Quelle satisfaction tout son or lui procurait-il? Il aurait tout donné pour presser dans ses bras l'enfant de sa fille adorée.

Qu'aurait-il pensé s'il avait pu le voir? C'était bien un enfant qu'il eût retrouvé, un petit enfant, bien que Georges eût alors trente ans.

Le vieux marchand et sa femme moururent et reposèrent à côté de leur fille. Leurs héritiers continuèrent à prendre soin de « l'innocent ».

VIII

Le printemps était revenu, et les tempêtes se déchaînaient. La mer était furieuse, les naufrages se renouvelaient sans cesse contre la pointe de Skagen. Le sable s'élevait dans les airs en tourbillons immenses. Des bandes d'oiseaux sauvages passaient au-dessus des dunes, en poussant des cris.

Un de ces jours tempêtueux, Georges était seul dans sa chambre. Le tumulte des éléments parut le réveiller de sa torpeur. Une lueur pénétra dans son esprit. Il fut saisi de ce sentiment d'inquiétude, de ce besoin de mouvement qui l'avaient fait sortir de son village de Huusby et de ses dunes natales : « Je vais dans mon pays, s'écria-t-il, dans mon pays ! »

Personne ne l'entendit. Il sortit, marchant droit vers les dunes. Le vent lui lançait au visage le sable et les pierres ; il continuait sans broncher sa route vers l'église. Il y arriva. Le long des murs le sable s'était amoncelé jusqu'à dépasser le milieu des croisées. Mais la porte s'était ouverte et offrait encore un libre passage. Georges entra dans le sanctuaire. La tempête hurlait de plus en plus, la mer mugissait. C'était un ouragan comme il n'y en avait pas eu de mémoire d'homme. L'obscurité régnait en plein jour. Mais dans l'âme de Georges il se faisait comme une lumière. Il s'assit à son banc. L'église s'illumina comme la cathédrale qu'il avait vue en Espagne. Les vieux bourgmestres descendirent de leurs cadres. L'orgue fit entendre de sublimes concerts. Les morts accoururent, vêtus de leurs habits de fête; il y avait là les vieux pêcheurs

de Huusby, ses parents adoptifs, le riche marchand, sa femme et leur fille Clara. La jeune fille tendit la main à Georges; ils s'agenouillèrent devant l'autel comme autrefois, et le pasteur les bénit. Alors la musique recommença avec des accents nouveaux, tendre et mélodieuse, ravissant l'âme au delà de ce monde, en même temps que sonore et retentissante.

Un petit navire, suspendu en *ex-voto* dans le chœur de l'église, descendit, se plaça devant les nouveaux époux. Il grandit, il grandit merveilleusement. Ses voiles étaient de soie, ses cordes d'or tressé; son ancre d'or massif. Georges et Clara y montèrent avec les assistants tous pleins de joie. Les murailles de l'église se transformèrent en tilleuls et en sureaux fleuris qui embaumaient l'air, et le navire se souleva, voguant à travers l'espace, pendant que les vents jouaient la musique du psaume que tous les fidèles enton-

naient en chœur « Aucune vie ne sera perdue, et le ciel sera rempli d'allégresse! » Georges chantait ces divines paroles ; en même temps le lien qui retenait captive son âme immortelle se rompit. Dans l'église que la tempête couvrait de sable gisait un mort.

Le lendemain était un dimanche. Le pasteur se rendit à l'église avec ses ouailles. Ils avaient de la peine à se frayer un chemin à travers les monceaux de sable. Quand ils arrivèrent devant l'édifice, ils le virent presque enseveli. La porte et les fenêtres étaient entièrement obstruées. On n'en découvrait plus que la toiture et la tour. Les fidèles chantèrent un psaume en plein air et rentrèrent en ville. Il fut résolu que l'on construirait une nouvelle église plus abritée contre le vent : « Dieu, dit le pasteur, a fermé lui-même son temple. » On n'essaya pas de l'ouvrir.

Georges fut recherché partout. On supposa qu'il s'était égaré au milieu de la tempête, et qu'il avait été entraîné par les vagues.

Son corps était dans un grand et beau sépulcre. Dieu lui-même avait jeté la terre sur son cercueil. Il y repose encore aujourd'hui.

Le sable s'amoncela de plus en plus autour de l'ancienne église. La toiture disparut, la tour seule resta visible; on l'aperçoit à une grande distance : c'est le monument funéraire de Georges. Les rois en ont-ils de plus magnifiques et surtout de plus inviolables ?

On ne savait pas d'où il était venu; on ne sut comment il était parti. Si je l'ai appris, c'est que j'ai écouté ce que dit l'ouragan quand il souffle à travers les dunes.

CAQUETS D'ENFANTS

I

Chez le plus riche négociant de la ville, une troupe d'enfants était réunie, enfants de familles opulentes, enfants de gens de qualité. Le négociant avait reçu de l'instruction; il avait passé ses examens. Ainsi l'avait voulu son brave homme de père qui avait commencé par être marchand de bestiaux. Tous deux étaient actifs et honnêtes, et tous deux avaient prospéré.

Le négociant, en même temps qu'il était intelligent et habile, avait du cœur. Mais on parlait beaucoup plus de sa fortune que de son cœur. Il venait chez lui des personnes comme il faut, des personnes de noble origine, des personnes distinguées par leur esprit. Il y en avait qui avaient à la fois l'esprit et la naissance ; il y en avait qui n'avaient ni naissance ni esprit.

Ce soir-là, une réunion d'enfants avait lieu chez les négociants. Ces petits êtres bavardaient tant et plus, et disaient tout franchement ce qu'ils pensaient.

Parmi eux se trouvait une petite fille merveilleusement belle. Mais qu'elle était orgueilleuse ! C'était la faute des domestiques qui la flattaient et la gâtaient. Ses parents étaient pleins de bon sens, au contraire, et n'étaient pas plus fiers de leur noblesse qu'il ne convient. Le père était chambellan. C'est une haute position sans doute. La petite le savait:

« Je suis un enfant de la chambre du roi », disait-elle à ses camarades. Elle aurait aussi bien pu être un enfant de la cave. Par elle-même qu'y pouvait-elle ? Elle ne cessait de répéter aux autres enfants qu'elle était née, bien née. « Si l'on n'est pas *né*, ajoutait-elle, c'est un malheur irréparable. On ne peut arriver à rien. Qu'on sache lire et écrire, qu'on apprenne bien ses leçons, c'est peine perdue : il n'y a rien à y faire. Et quant à ceux qui ont un *sen* (1) à leur nom : oh ! ceux-là ne deviendront jamais quoi que ce soit. Quand on se trouve auprès d'eux, il faut tenir ses poings sur la hanche pour les écarter. »

Et elle appuyait ses jolies petites mains contre ses hanches, et se faisait les coudes tout pointus, afin de montrer comment il fallait écarter les roturiers. Que ses bras étaient mignons, et quelle délicieuse enfant cela faisait ! La petite fille du négociant n'entendit pas ce propos sans colère. Son père s'appelait Pétersen ; elle ne voulait pas

(1) *Sen*, en danois, veut dire fils ; c'est une des terminaisons les plus fréquentes des noms roturiers.

qu'on traitât ainsi les *sen*, et, prenant le ton le plus hautain qu'elle put, elle dit :

« Sais-tu bien que mon père est assez riche pour acheter cent écus de bonbons, et les jeter aux enfants de la rue ? Ton père à toi, le pourrait-il ?

— Mais, reprit la fille d'un homme de lettres, mon papa peut mettre le tien, et tous les autres, dans sa gazette. Tout le monde le craint, lui et son journal ; maman prétend qu'il est une puissance. »

La petite marmaille se rengorgeait, se donnait des airs altiers, se toisait et prenait des attitudes de princesse à qui mieux mieux.

Hors du salon, un pauvre garçon regardait, à travers la porte entrebâillée, les merveilles de la fête. Il était si peu de chose en ce monde, qu'il ne lui était pas permis d'entrer. Il avait aidé la cuisinière à tourner la broche, et, pour récompense, on lui avait permis d'aller regarder l'assemblée de ces beaux enfants habillés avec tant d'élégance. C'était déjà un grand bonheur pour lui.

« Si je pouvais être un des leurs ? » pensait-il. Il entendit ce que disaient les petites filles, et il se sentit accablé de tristesse. Ses pauvres parents n'avaient ni titre, ni trésor, ni journal, ni rien ; et qui pis était, le nom de son père et le sien étaient en *sen* ; il n'y avait donc pas d'espoir, il ne deviendrait jamais rien au monde. Pourtant il lui semblait impossible qu'il ne fût pas *né*, puisqu'on lui avait dit le jour de sa naissance ; mais il paraît que cela ne suffisait pas.

Voilà ce qui se passa ce soir-là.

II

Bien des années s'écoulèrent. Tous ces enfants devinrent grands. Dans la ville s'est élevée une maison magnifique, ou plutôt un palais, rempli d'objets d'art merveilleux et de vrais trésors. Tous les habitants désirent le visiter, et c'est un honneur d'y être admis. Du dehors il vient une foule de personnages pour admirer ces belles choses. Ce palais est la demeure d'un de ces enfants dont nous venons de parler. Auquel d'entre eux appartient-il ?

Il appartient au pauvre petit garçon qui jadis écoutait derrière la porte. Ce petit garçon est devenu quelque chose, bien que son nom fût en *sen*. C'est Thorwaldsen, le célèbre sculpteur.

Et les trois autres, ces fillettes que la naissance, que la richesse, que l'influence de leurs parents rendaient si vaines, que sont-elles devenues ? Je ne sais trop. Elles sont dans la foule inconnue. Elles n'ont pas mal tourné sans doute, puisque la nature les avait bien douées ; mais elles peuvent voir que tout ce qu'elles dirent ce soir-là, ce n'étaient que des caquets d'enfants.

UNE FEUILLE DU CIEL

Tout en haut du ciel, dans l'air le plus épuré, un ange s'envola du jardin du paradis avec une fleur. En y imprimant un baiser, il fit tomber une feuille. Elle arriva sur la terre, au milieu d'un bois. Aussitôt elle prit racine et poussa au milieu des autres plantes.

Celles-ci ne voulurent pas la reconnaître pour une des leurs. « Quelle singulière pousse ! » disaient-elles. Les chardons et les orties étaient les premiers à se moquer d'elle. « D'où cela vient-il? C'est quelque graine potagère, » disaient les chardons avec dédain. « A-t-on jamais vu pousser si vite ; est-ce convenable, et croit-elle que nous sommes ici pour la soutenir quand elle fléchira ? »

Vint l'hiver, la neige couvrit le sol ; la plante céleste communiqua à la neige un éclat merveilleux, comme si un rayon du soleil l'eût illuminée par dessous. Au printemps, elle porta une fleur comme on n'en avait jamais vu d'aussi belle.

Le professeur de botanique le plus renommé du pays en fut averti. Il accourut muni de son diplôme qui attestait son vaste savoir. Il considéra la plante, l'analysa, goûta de ses feuilles. Elle ne ressemblait à rien de ce qu'il avait vu. Il ne trouvait aucun genre, aucune famille où la classer. « C'est quelques métis, s'écria-t-il enfin, c'est un monstre ; cela ne rentre dans aucun système.

— Cela ne rentre dans aucun système ! » répétèrent chardons et orties. Les grands et gros arbres virent et entendirent ce qui se passait ; ils ne dirent rien, ni en bien ni en mal, ce qui est le plus sage quand on est bête.

Arriva dans le bois une pauvre petite fille, l'innocence même ; son cœur était pur, son intelligence grande par la foi. Elle ne possédait au monde qu'une vieille Bible par laquelle Dieu semblait lui parler. Elle y avait appris combien les hommes sont méchants ; mais elle savait aussi que lorsqu'ils nous font souffrir l'injustice, lorsqu'ils nous méconnaissent et se moquent de nous, il faut nous rappeler l'exemple du meilleur et du plus pur des enfants de Dieu, qu'ils ont attaché à la croix, et dire avec lui : « Mon père, pardonnez-leur, ils ne savent pas ce qu'ils font ! ».

La jeune fille s'arrêta devant la plante miraculeuse dont la fleur embaumait l'air d'un parfum exquis, et qui brillait au soleil comme un bouquet de feu d'artifice. Quand le vent agitait ses feuilles, on entendait résonner de célestes mélodies. L'enfant restait en extase devant cette merveille. Elle se pencha sur la plante pour l'admirer de plus près et en respirer le parfum. Elle sentit son cœur fortifié, et son esprit fut éclairé par la divine sagesse. Volontiers elle eût cueilli la fleur ; mais elle songea que ce serait mal et que la fleur se flétrirait. Elle ne prit qu'une seule petite feuille verte qu'elle plaça dans sa Bible, où elle resta fraîche et du plus beau vert.

Quelques semaines plus tard la Bible fut mise avec la feuille sous la tête de la petite fille, dans son cercueil. Elle y reposait paisiblement, et sur son visage doux et grave se reflétait le bonheur d'être délivrée de la poussière terrestre et d'être appelée auprès de son créateur.

Pendant ce temps la plante grandissait, fleurissait. Les oiseaux de passage s'inclinaient avec respect devant elle. « Voilà bien ces étrangers ! grognaient les chardons et les ronces. Savent-ils pourquoi ils prodiguent ainsi leurs hommages ? Ce n'est pas nous qui nous conduirions aussi sottement. » Et les vilaines limaces des bois crachaient devant la plante tombée du ciel.

Un porcher, qui faisait provision de broussailles pour allumer son feu, arracha ronces, chardons, orties et aussi la belle plante avec toutes ses racines. « Tout cela, se dit-il, n'est bon qu'à faire cuire mes aliments. »

Le roi du pays souffrait depuis longtemps d'une noire mélancolie que rien ne pouvait dissiper. Pour se distraire, il se mit à s'occuper des affaires de son peuple ; il se fit lire les bons auteurs, et ensuite les écrivains légers et frivoles. Rien n'y fit. On s'adressa alors à l'homme le plus sage de l'univers. Il répondit qu'il y avait un moyen de guérir le roi, c'était de lui faire prendre une feuille d'une fleur céleste qui se trouvait dans un bois de son royaume. Il en donnait la description. On reconnut la plante dont la curiosité s'était un instant émue.

« Ma foi ! je l'ai arrachée, se dit le porcher, et il y a longtemps qu'il n'en reste plus qu'un peu de cendres. Voilà pourtant ce que fait l'ignorance. » Le porcher était honteux de lui-même et se fût bien gardé de révéler son méfait. Après tout, il était bien bon de s'en vouloir. Les savants s'étaient-ils montrés plus avisés que lui ?

La plante avait disparu. Il n'y en avait plus qu'une seule feuille dans le tombeau de l'enfant. Mais personne ne le savait.

Le roi vint lui-même dans le bois pour s'assurer par ses yeux de la disparition de la plante. « C'était donc là qu'elle se trouvait, dit-il; ce sera dorénavant un lieu saint. » Il fit entourer la place d'une grille d'or et y fit poser des sentinelles pour la garder.

Le fameux professeur de botanique écrivit une longue dissertation, bourrée de science sur les qualités de la plante divine; il démontra tout ce qu'on avait perdu en la perdant. Le roi couvrit d'or chaque page de l'œuvre, et c'est cet âne qui gagna le plus à l'affaire.

Le roi garda son incurable chagrin, et les pauvres sentinelles s'ennuyaient beaucoup dans le bois.

CE QUE LE VIEUX FAIT

EST BIEN FAIT

Je vais te raconter une histoire que j'ai entendue lorsque j'étais encore petit garçon. Chaque fois que je me la rappelai par la suite, elle me parut plus jolie, et, en effet, il en est des contes comme des hommes : il en est qui embellissent avec l'âge.

Tu n'est pas sans avoir été à la campagne ; tu y as vu çà et là une vieille, très-vieille maison de paysan, avec le toit de chaume où croissent les herbes et la mousse; sur le faîte se trouve l'inévitable nid de cigogne. Les murs sont inclinés de droite et de gauche; il n'y a que deux ou trois fenêtres basses; une seule même peut s'ouvrir. Le four sort de la muraille comme un ventre proéminent. Un sureau dépasse la haie, et sous ses branches est une mare où des canards se baignent. Un chien à l'attache aboie après tout le monde.

Dans une de ces demeures rustiques habitait un couple de vieux, un paysan et une paysanne. Ils ne possédaient presque rien au monde, et pourtant ils avaient une chose qui leur était superflue : un cheval qui se nourrissait de l'herbe des fossés de la route. Quand le paysan allait à la ville, il montait la bête; souvent les voisins la lui empruntaient, et en retour ils rendaient au brave homme quelques services. Toutefois il était d'avis que le plus sage serait de s'en défaire, de le vendre ou de le troquer pour un objet plus utile. Mais quoi par exemple?

« C'est ce que tu apprécieras toi-même mieux que personne, lui dit la bonne femme. Aujourd'hui est jour de foire à la ville. Vas-y avec le cheval, tu en retireras un prix quelconque ou tu feras un échange. Tout ce que tu feras me conviendra : donc en route ! »

Elle lui attacha autour du cou un beau foulard, qu'elle savait arranger mieux que lui, et elle y fit un double nœud très coquet. Elle lissa son chapeau avec la paume de la main, et lui donna un gros baiser. Puis il monta sur le cheval pour aller le vendre ou le troquer : « Oui, le vieux s'y entend, se dit-elle, il fera l'affaire on ne peut mieux. »

Le soleil était brûlant; il n'y avait pas un nuage au ciel. Le vent soulevait la poussière sur la route où se pressaient toute sorte de gens qui allaient à la ville, en voiture, à cheval ou à pied. Ils avaient tous bien chaud. Nulle part on n'apercevait d'auberge.

Parmi ce monde cheminait un homme qui conduisait une vache au marché. Elle était aussi belle que vache puisse être. « Quel bon lait elle doit donner ! se dit le paysan. Voilà qui serait un fameux échange, cette superbe vache contre mon cheval ! — Hé là-bas ! l'homme à la vache ! sais-tu ce que je veux te proposer ? Un cheval, je le sais, coûte plus cher qu'une vache ; mais cela m'est égal : une vache me fera plus de profit qu'un cheval. As-tu envie de troquer ta vache contre mon cheval ?

— Je crois bien ! » répondit l'homme, et ils échangèrent leurs bêtes.

Voilà qui était fait, et le vieux paysan aurait fort bien pu s'en retourner chez lui, puisqu'il avait terminé l'affaire pour laquelle il s'était mis en chemin. Mais comme il s'était fait une fête de voir la foire, il résolut d'y aller quand même, et il s'achemina avec sa vache vers la ville. Comme il marchait bon pas, il ne tarda pas à rejoindre un individu qui conduisait un mouton, un mouton comme on en voit peu, avec une épaisse toison de laine.

« Voilà une belle bête que je voudrais bien avoir ! se dit le vieux paysan. Un mouton trouverait tout ce qu'il lui faut d'herbe le long de notre haie ; on n'aurait pas besoin de lui chercher de la nourriture bien loin. Pendant l'hiver, nous le garderions dans la chambre ; ce serait une distraction pour ma vieille compagne. Un mouton nous conviendrait mieux qu'une vache. — Ça, l'ami, dit-il au maître du mouton, voulez-vous troquer »

L'autre ne le se fit pas dire deux fois. Il s'empressa d'emmener la vache et laissa le mouton. Le vieux paysan continua son chemin avec le mouton. Il aperçut un homme débouchant d'un sentier, qui portait sous le bras une oie vivante, une oie grasse, une oie comme on n'en voit guère. Elle fit l'admiration du vieux paysan. « Tu as là une charge, dit-il au survenant ; cette bête est extraordinaire, quelle graisse ! et quel plumage ! » Et il songea à part lui : « Si nous l'avions chez nous, je gage que ma bonne vieille trouverait encore moyen de la faire grossir. On lui donnerait tous les restes ; de quelle taille deviendrait-elle ! Je me souviens que ma femme m'a dit bien souvent : Ah ! si nous avions une oie, cela ferait joliment bien parmi nos canards ! Voici qu'il y a peut-être moyen d'en avoir une, et une qui en vaut deux ! Essayons. — Dis donc, camarade, reprit-il

tout haut, veux-tu changer avec moi ? prendre mon mouton et me donner ton oie ? Moi, je ne demande pas mieux, et je te devrai un grand merci par-dessus le marché. »

L'autre ne se le fit pas dire deux fois, et le vieux paysan se trouva possesseur de l'oie. Il était alors tout près de la ville. La foule augmentait ; hommes et animaux se pressaient sur la route ; il y avait même des gens dans les fossés, le long des haies. A la barrière, c'était une bousculade.

Le percepteur de l'octroi avait une poule qu'il élevait. En voyant tant de monde, il attacha la poule par une ficelle, afin qu'elle ne pût s'effarer et s'échapper. Elle était perchée sur la barrière, elle remuait sa queue écourtée ; elle clignait de l'œil comme une bête malicieuse, et disait « glouck, glouck ». Pensait-elle quelque chose ? je n'en sais rien ; mais le paysan, dès qu'il l'aperçut, se prit à rire : « C'est bien la plus belle poule que j'aie jamais vue, se dit-il ; elle est plus belle même que la couveuse du pasteur. Et qu'elle a l'air plaisant ! On ne saurait la regarder sans pouffer de rire. Dieu ! que je voudrais l'avoir. Une poule est l'animal le plus commode à élever ; on n'a pas à s'en occuper ; elle se nourrit elle-même des graines et des miettes qu'elle ramasse. Je crois si je pouvais changer cette oie pour elle, je ferais une affaire excellente. — Si nous troquions ? dit-il au percepteur en lui montrant l'oie.

— Troquer ! répondit celui-ci ; mais cela me va tout à fait ! »

Le percepteur prit l'oie, le vieux paysan emporta la poule. Il avait fait bien de la besogne pendant le chemin, il était échauffé et fatigué. Il lui fallait une goute et une croûte. Il entra à l'auberge. Le garçon en sortait justement, portant un sac tout rempli.

« Qu'est-ce que tu portes là ? lui demanda le paysan.

— Un sac de pommes rabougries que je vais donner aux cochons.

— Comment ! des pommes rabougries aux cochons ! mais c'est une prodigalité insensée ! Ma chère femme fait grand cas des pommes rabougries. Comme elle se réjouirait d'avoir toutes ces pommes ! L'an dernier, notre vieux pommier près de l'écurie ne donna qu'un seule pomme : on la plaça sur l'armoire et on la conserva jusqu'à ce qu'elle fût pourrie. « Cela prouve toujours qu'on est à son aise, » disait ma femme. Que dirait-elle si elle en avait plein ce sac ? Je voudrais bien lui procurer cette joie.

— Eh bien ! que donneriez-vous pour ce sac ? dit le garçon.

— Ce que je donnerais ! mais cette poule donc ! n'est-ce pas suffisant ? »

Ils troquèrent à l'instant et le paysan pénétra dans la salle de l'auberge avec son sac qu'il plaça avec soin contre le poêle. Puis il alla à la buvette. Le poêle était chauffé, le bonhomme n'y prit pas garde.

Il y avait là beaucoup de monde, des maquignons, des bouviers et aussi deux voyageurs anglais. Ces Anglais étaient si riches que leurs poches étaient comme bondés de pièces d'or. Et comme ils aimaient à faire des paris ! tu vas en juger.

« Ss ss. » Quel bruit fait donc le poêle ? C'étaient les pommes qui commençaient à cuire.

« Qu'est-ce que cela ? demanda un des Anglais. — Ah ! mes pommes ! » dit le paysan, et il raconta à l'Anglais l'histoire du cheval qu'il avait échangé contre une vache, et ainsi de suite jusqu'aux pommes.

CE QUE LE VIEUX FAIT EST BIEN FAIT.

« Eh bien, elle va joliment te recevoir, ta vieille, quand tu rentreras, dirent les Anglais. Quelle bourrade elle te va donner !

— Quoi, bourrade ? dit le paysan. Elle m'embrassera tout de bon et elle dira : Ce que fait le vieux est bien fait.

— Parions-nous que non ? dirent les Anglais. Nous parions tout l'or que tu veux, cent livres pesant, ou un quintal.

— Un boisseau est assez, répondit le paysan. Je ne puis engager contre vous que mon boisseau de pommes, et moi et ma vieille par-dessus le marché. Je pense que c'est bonne mesure ; qu'en dites-vous, milords ?

— Allons, tope, accepté ! » Et le pari fut fait.

On fit avancer la voiture de l'aubergiste. Les milords y montèrent et le paysan y monta avec eux. « Hop ! en avant ! » Et bientôt ils s'arrêtèrent devant la maisonnette rustique.

« Bonsoir, chère vieille. — Bonsoir cher vieux. — L'échange est fait. — Ah ! tu t'entends aux affaires », dit la bonne femme, et elle l'embrassa sans faire attention au sac non plus qu'aux étrangers.

J'ai troqué le cheval contre une vache, reprit le paysan.

— Dieu soit loué ! Le bon lait que nous allons avoir, et le beurre et le fromage ! C'est un fameux échange.

— Oui, mais j'ai ensuite troqué la vache contre une brebis.

— Cela vaut mieux, en effet. Nous avons juste assez d'herbe pour nourrir une brebis, et elle nous donnera du lait tout de même. Je raffole du fromage de brebis. Et par-dessus le marché, j'aurai de la laine, dont je tricoterai des bas et de bonnes jaquettes bien chaudes. Oh ! nous n'aurions pas eu cela avec une vache. Comme tu réfléchis à tout !

— Ce n'est pas fini, ma bonne ; ce mouton, je l'ai échangé contre une oie.

— Nous aurons donc cette année à Noël une belle oie rôtie ! Tu songes toujours, mon cher vieux, à ce qui peut me causer le plus de plaisir. A la bonne heure ! D'ici à Noël, nous aurons le temps de la bien engraisser.

— Je n'ai plus cette oie ; j'ai pris une poule en échange.

— Une poule a son prix, dit la femme. Une poule pond des œufs, elle les couve, il en sort des poulets qui grandissent et qui forment bientôt une basse-cour. Une basse-cour, c'est le rêve de ma vie.

— Ce n'est plus cela, chère vieille. J'ai troqué la poule contre un sac de pommes rabougries.

— Quoi ! est-il vrai ? C'est maintenant que je vais t'embrasser, cher homme ! Veux-tu que je te conte ce qui m'est arrivé ? A peine étais-tu parti ce matin, que je me suis mise à penser quel bon fricot je pourrais te faire pour ce soir quand tu rentrerais. Des œufs au lard avec de la civette, voilà ce que j'ai imaginé de mieux. Les œufs, je les avais ; le lard aussi ; mais point de civette. Je vais alors en face chez le maître d'école, qui en cultive, et je m'adresse à sa femme ; tu sais comme elle est avare, quoiqu'elle ait un air doucereux. Je la prie de me prêter une poignée de civette : « Prêter ! reprit-elle ; mais nous n'avons rien dans notre jardin, pas de civette, pas même de pomme rabougrie. — Vraiment, j'en suis désolée, ma voisine ; » et je m'en suis allée : demain j'irai, moi, lui offrir des pommes rabougries, puisqu'elle n'en a pas ; je lui offrirai tout le sac, si elle veut. La bonne riposte ! Comme elle sera honteuse ! Je m'en réjouis d'avance.

Elle jeta ses bras au cou de son mari, et lui donna des baisers retentissants comme des baisers de nourrice.

« Très bien, voilà qui me plaît, dirent à la fois les deux Anglais. La dégringolade n'a pas altéré un instant sa bonne humeur. Ma foi, cela vaut une forte somme ! »

Ils donnèrent un quintal d'or au paysan que sa femme avait bien accueilli après de pareils marchés, et le bonhomme se trouva plus riche que s'il avait vendu son cheval dix fois, trente fois sa valeur.

Voilà l'histoire que j'ai entendu raconter qnand j'étais enfant, et qui m'a paru pleine de sens. Maintenant tu la sais aussi, et ne l'oublie jamais : « Ce que fait le vieux est bien fait. »

LE SYLPHE

Au milieu d'un jardin poussait un rosier; il était couvert de roses. Dans l'une d'elles, la plus belle de toutes, habitait un sylphe. Il était si petit, si mignon, qu'aucun œil humain ne pouvait l'apercevoir. Il était pourtant bien proportionné, beau et charmant comme le plus joli amour d'enfant, et de plus, il avait des ailes qui allaient des épaules jusqu'aux pieds. Et quel palais que celui où il était logé! Derrière chaque feuille de rose il avait une chambrette à coucher. Le parois, que formaient les feuilles de la fleur, étaient comme du satin transparent et de la couleur la plus tendre; et qu'elle bonne senteur il régnait dans ces appartements!

Toute la journée il s'ébattait joyeusement dans les chauds rayons du soleil. Il voltigeait de fleur en fleur, puis se faisait bercer sur l'aile de quelque papillon qui dansait dans l'air. Un jour, il s'était amusé à mesurer combien il lui fallait faire de pas pour parcourir tout le labyrinthe de chemins et de sentiers que forment les veines d'une feuille de tilleul. C'était long. Autant il était alerte au vol, autant il faisait de petits pas quand il marchait. Avant qu'il eût parcouru ces méandres compliqués, le soleil était couché.

Il tomba de la rosée, le vent s'éleva et amena une soudaine fraîcheur. Il fallait regagner sa demeure au plus tôt. Il se hâta autant qu'il put. Arrivé au rosier, il trouva sa maison close. Non-seulement celle qu'il habitait, mais toutes les roses s'étaient refermées.

Le pauvre sylphe eut peur, jamais il n'avait couché à la belle étoile. Toujours il avait doucement reposé derrière ces feuilles de roses bien chaudes : « Oh ! se dit-il, cette nuit sera ma mort ! »

Il se souvint qu'à l'autre bout du jardin il y avait un berceau tout entouré de belles pensées qui ressemblaient à des papillons. « Je vais aller me blottir dans une de ces fleurs, pensa-t-il ; j'y dormirai à l'aise, il me semble. » Il y vola. Chut ! deux personnes étaient sous le berceau : un beau jeune homme et une gentille jeune fille. Assis à côté l'un de l'autre, il se disaient adieu. Ils auraient bien désiré ne se séparer jamais, tant ils s'aimaient. « Et pourtant il faut nous quitter, disait le jeune homme. Ton frère nous déteste. Il me charge d'un message à porter bien loin d'ici, par delà les monts et les lacs, et je dois lui obéir. Adieu donc, ma douce bien-aimée, car tu es ma fiancée, quoi qu'il fasse. »

Il s'embrassèrent. La jeune fille pleurait. Elle lui donna une rose; avant de la lui donner, elle y imprima un baiser avec toute l'ardeur de sa tendresse, tellement que la fleur s'ouvrit. Le petit sylphe s'y glissa vite et appuya sa tête contre les pétales fines et parfumées. De là il les entendit se dire adieu, adieu !

La rose fut placée sur la poitrine du jeune homme, tout près de son cœur. Oh ! qu'il battait fort ! Le petit sylphe ne pouvait s'endormir, tant les palpitations de ce cœur le secouaient.

Le jeune homme arriva dans un bois désert et sombre. Il s'arrêta tira la rose de son sein, et la baisa, oh ! si souvent et avec tant de passion, qu'il écrasa presque le petit sylphe, qui, à travers les feuilles froissées de la fleur, sentait combien les lèvres du jeune homme étaient brûlantes. La rose à ce contact s'était ouverte tout à fait, comme à la chaleur du soleil du midi.

Survint un autre homme, un affreux méchant, un scélérat : c'était le frère de la belle jeune fille. Il suivait l'autre à pas de loup. Pendant que le malheureux jeune homme embrassait la rose, il s'approcha par derrière, tira un couteau et d'un seul coup tua le fiancé de sa sœur. Pour être plus sûr de sa mort. il lui trancha la tête d'un autre coup. Puis il l'enterra, avec le corps, sous un grand tilleul. « Maintenant, se dit le misérable, le voilà parti pour toujours. Il devait faire un long voyage au-delà des monts et des lacs; quand on ne le verra pas revenir, on croira qu'il a péri dans le trajet. Quant à ma sœur, jamais elle n'osera me parler de lui. »

Avec ses pieds, il amassa des feuilles mortes par-dessus

le trou qu'il avait creusé. Il revint ensuite sur ses pas et rentra chez lui. Mais il n'était pas seul comme il le pensait. Le petit sylphe l'accompagnait. Il s'était logé dans une

feuille de tilleul desséchée et recroquevillée, qui était tombée dans les cheveux du meurtrier, pendant qu'il se penchait pour creuser la tombe du pauvre jeune homme. Il avait replacé son chapeau par-dessus. Qu'il faisait noir sous ce chapeau! Le sylphe tremblait à la fois de frayeur et de colère de n'avoir pu empêcher ce crime affreux.

Arrivé chez lui vers le matin, le meurtrier ôta son chapeau et entra dans la chambre où dormait sa sœur. Elle reposait, la belle enfant, toute florissante de jeunesse; elle rêvait de celui à qui appartenait son cœur; elle le voyait de retour déjà, de son long voyage au delà des lacs et des monts. Le méchant frère se pencha sur elle, souriant d'un air diabolique. La feuille desséchée tomba de ses cheveux sur le lit. Il ne s'en aperçut pas. Il s'en alla dormir un peu pour se reposer de cette nuit passée dans le crime.

Le sylphe sortit de sa cachette, il se glissa dans l'oreille de la jeune fille. Il lui raconta, comme dans un songe, l'horrible meurtre. Il lui décrivit l'endroit où son frère avait tué son bien-aimé, et enterré le corps. Il lui parla du grand tilleul fleuri qui se trouvait à côté, et ajouta : « Afin que tu ne croies pas que ce que je viens de te dire n'est qu'un simple rêve, tu trouveras sur ton lit une feuille de tilleul desséchée. » En effet, quand elle s'éveilla, elle vit la feuille. Oh ! les larmes amères qu'elle versa !

La fenêtre resta ouverte tout le jour : le petit sylphe aurait pu aisément s'envoler dans le jardin et regagner ses chères roses, mais il n'eut pas le cœur d'abandonner la pauvre éplorée. Sur la fenêtre se trouvait un pied de roses de mai ; il se blottit dans l'une d'elles et observa la malheureuse enfant. Le frère vint plusieurs fois dans la journée, tout gai et guilleret, malgré son forfait. La jeune fille n'osa dire un mot de son chagrin.

Dès qu'il fit nuit, elle se glissa dehors et marcha dans la forêt jusqu'au pied du grand tilleul qu'elle connaissait bien. Là elle vit le tas de feuilles mortes ; elle les écarta, creusa la terre fraîchement remuée, et trouva la tête et le corps de celui qu'elle aimait. Longtemps elle resta là, courbée par la douleur, sanglotant, priant Dieu qu'il lui fît à elle aussi la grâce de mourir bien vite.

Elle prit la tête pâle, aux yeux clos ; elle embrassa les lèvres froides ; elle enleva les morceaux de terre attachés aux boucles de cheveux : « Je l'emporterai et la garderai ! » se dit-elle. Ayant replacé la terre et les feuilles sur le corps, elle partit, emportant la tête et une branche de jasmin sauvage qui poussait au pied du tilleul.

Rentrée dans sa chambre, elle prit un très grand vase à mettre des fleurs ; elle y plaça la tête du mort tout

entourée de terre, et dessus planta la branche de jasmin.

Le petit sylphe ne put supporter le spectacle de cette désolation ; il voltigea vers son rosier qu'il trouva tout défleuri, n'ayant plus que quelques fleurs à demi fanées : « Comme tout ce qui est beau et bon passe vite en ce monde ! » dit-il en soupirant. Il finit par retrouver un rosier en fleur, où il s'installa, et tous les soirs vint reposer mollement entre les douces et odorantes feuilles de roses.

Le matin, il volait vers la fenêtre de la pauvre jeune fille. Elle était toujours près du pot de fleurs qui contenait ce que le sylphe savait bien. Elle pleurait, et les larmes tombaient sur la branche de jasmin, et de jour en jour, plus l'infortunée devenait pâle, plus la plante jetait des pousses vertes et vivaces. Puis vinrent des boutons de fleurs qu'elle baisa tendrement. Le méchant frère venait la gronder, il la traitait de folle de gémir sans cesse et de ne pas vouloir sortir de sa chambre. Un jour, après une scène de ce genre, elle s'assoupit, la tête penchée sur le jasmin. Le petit sylphe accourut, et se glissant dans son oreille, lui rappela la soirée du berceau et l'entretint des amours des sylphes. Elle eut un rêve délicieux. Au milieu de son ravissement, son âme s'enfuit tout doucement vers les cieux où elle retrouva celui qu'elle aimait. Le jasmin ouvrit toutes ses fleurs, se couvrit de cloches blanches qui répandaient une odeur enivrante : c'était l'encens que l'arbuste donnait à la mort.

Le méchant frère revint, ne s'affligea point de la mort de sa sœur. Il emporta dans sa chambre la superbe plante dont les senteurs embaumaient, et les plaça près de son lit.

Le petit sylphe la suivit ; il vola de fleur en fleur et dans chacune il trouva une petite amie : il leur raconta le meurtre du jeune homme et l'histoire du méchant frère et de la pauvre sœur. « Nous savons tout, répondirent-elles, sa chair n'est-elle pas devenue le terrain qui nous a nourries ? Nous savons tout. »

Et elles agitèrent leurs clochettes, puis elles se turent. Le sylphe ne pouvait comprendre qu'elles ne fussent pas plus émues. Il alla trouver les abeilles qui recueillaient le suc des fleurs et leur fit le récit du crime. Les abeilles le rapportèrent à leur reine : elle ordonna que le lendemain elles iraient toutes ensemble mettre à mort l'assassin.

Mais dans la nuit, pendant que le frère dormait à côté

du jasmin en fleur, toutes les corolles s'ouvrirent, les âmes des fleurs s'en échappèrent invisibles, mais armées d'aiguillons empoisonnés. Elles entrèrent dans les oreilles du scélérat, lui rappelèrent son crime, se glissèrent dans ses narines, volèrent sur ses lèvres, et, pendant qu'il blasphémait tout haut en rêvant, lui piquèrent la langue avec leurs aiguillons. « Maintenant, dirent-elles, nous avons vengé la victime. » Et elles entrèrent dans leurs clochettes blanches.

Le matin on vint ouvrir la fenêtre de la chambre; le sylphe et la reine des abeilles et tout l'essaim s'y précipita pour tuer le meurtrier.

Il était déjà mort; il y avait plusieurs personnes autour de son lit qui disaient : « C'est l'odeur du jasmin qui l'a asphyxié !

Le sylphe comprit aussitôt ce qu'avaient fait les braves petites âmes, et il l'expliqua à la reine des abeilles qui, avec toute sa troupe, s'empressa de féliciter les fleurs. Elles bourdonnaient tout autour de la plante; on ne pouvait pas les chasser. Un homme prit le pot de fleurs pour l'emporter. Une abeille lui piqua la main si fort, qu'il laissa tomber le pot, qui se brisa. On en vit sortir le crâne du jeune homme, et l'on découvrit par là que le mort qui était là dans le lit était un assassin. Et la reine des abeilles s'éleva dans les airs et alla partout chantant la vengeance des fleurs et l'histoire du sylphe, en disant comment, derrière une petite feuille desséchée, peut se cacher quelqu'un qui fait connaître le crime et le punit.

LA REINE DES NEIGES

EN SEPT HISTOIRES

PREMIÈRE HISTOIRE

QUI TRAITE DU MIROIR ET DE SES MORCEAUX

Voyons, nous commençons. Quand nous serons au bout de notre conte, nous en saurons bien plus que maintenant, car nous avons parmi nos personnages un vilain merle, le plus méchant de tous, le Diable.

Un jour, il était de bien bonne humeur; il venait de confectionner un miroir qui avait une merveilleuse propriété : le beau, le bien qui s'y réfléchissaient, disparaissaient presque entièrement ; tout ce qui était mauvais ou déplaisant ressortait, au contraire, et prenait des proportions excessives. Les plus admirables paysages, par ce moyen, ressemblaient à des épinards cuits. Les hommes les meilleurs et les plus honnêtes paraissaient des monstres ; les plus beaux semblaient tout contrefaits : on les voyait la tête en bas ; ils n'avaient presque plus de corps, tant ils étaient amincis ; les visages étaient contournés, grimaçants, méconnaissables ; la plus petite tache de rousseur devenait énorme et couvrait le nez et les joues.

« Que c'est donc amusant ! » disait le Diable en contemplant son ouvrage. Lorsqu'une pensée sage ou pieuse traversait l'esprit d'un homme, le miroir se plissait et tremblait. Le Diable enchanté riait de plus en plus de sa gentille invention. Les diablotins qui venaient chez lui à l'école, car il était professeur de diablerie, allèrent conter partout qu'un progrès énorme, incalculable, s'accomplissait enfin : c'était seulement à partir de ce jour qu'on pouvait voir au juste ce qu'il en était du monde et des humains. Ils coururent par tout l'univers avec le fameux miroir, et bientôt il n'y eut plus un pays, plus un homme qui ne s'y fût réfléchi avec des formes de caricature.

Ensuite, plus hardis, ils se mirent à voler vers le ciel pour se moquer des anges et du bon Dieu. Plus ils montaient et s'approchaient des demeures célestes, plus le miroir se contournait et frémissait, à cause des objets divins qui s'y reflétaient ; à peine s'ils pouvaient le tenir, tant il se démenait. Ils continuèrent de voler toujours plus haut, toujours plus près des anges et de Dieu. Tout à coup le miroir trembla tellement qu'il échappa aux mains des diablotins impudents ; il retomba sur la terre où il se brisa en des milliards de billiards de morceaux.

Mais il causa alors bien plus de malheurs qu'auparavant. Ses débris n'étaient pas plus gros que des grains de sable. Le vent les éparpilla à travers le vaste monde. Bien des gens reçurent de cette funeste poussière dans les yeux. Une fois là, elle y restait, et les gens voyaient tout en mal, tout en laid et tout à l'envers. Ils n'apercevaient plus que la tare de chaque créature, que les défectuosités de toute chose ; car chacun des imperceptibles fragments avait la même propriété que le miroir entier. Bien plus, il y eut de ces morceaux qui descendirent jusqu'au cœur de certaines personnes ; alors c'était épouvantable, le cœur de ces personnes devenait comme un morceau de glace, aussi froid et aussi insensible.

Outre ces innombrables petits débris, il resta du miroir quelques fragments plus considérables, quelques-uns grands comme des carreaux de vitre : il ne faisait pas bon de considérer ses amis à travers ceux-ci. D'autres servirent de verres de lunettes : les méchants les mettaient sur leurs yeux pour paraître voir clair et discerner avec une exacte justice. Quand ils avaient ces lunettes sur le nez, ils riaient et ricanaient comme le diable regardant son miroir ; les laideurs qu'ils découvraient partout les flattaient et chatouillaient agréablement leur esprit pervers. C'était un gigantesque miroir ; le vent continua d'en semer les débris à travers les airs.

Maintenant, écoutez bien.

DEUXIÈME HISTOIRE

UN PETIT GARÇON ET UNE PETITE FILLE

Dans la grande ville il y a tant de maisons, tant de familles tant de monde, que tous ne peuvent avoir un jardin; la plupart doivent se contenter de quelques pots de fleurs. Deux enfants de pauvres gens avaient trouvé moyen d'avoir mieux qu'un pot de fleurs et presque un jardin. Leurs parents demeuraient dans une étroite ruelle; ils habitaient deux mansardes en face l'une de l'autre. Les toits des deux maisons se touchaient presque : on pouvait sans danger passer d'une gouttière à l'autre et se rendre visite.

Les enfants avaient devant leur fenêtre chacun une grande caisse de bois remplie de terre, où il poussait des herbes potagères pour le ménage, et aussi dans chaque caisse un rosier. Les parents eurent l'idée de poser les caisses en travers de la petite ruelle, d'une fenêtre à l'autre : ce fut un embellissement considérable : les pois suspendant leurs branches, les rosiers joignant leurs fleurs formaient comme un arc de triomphe magnifique. Les enfants venaient s'asseoir sur de petits bancs entre les rosiers. Quel plaisir, quand on leur permettait d'aller s'amuser ensemble dans ce parterre aérien!

Les enfants venaient s'asseoir sur de petits bancs entre les rosiers... (P. 216.)

ils n'étaient pas frère et sœur, mais ils s'aimaient autant.

L'hiver, leurs plaisirs étaient interrompus. Les fenêtres étaient souvent gelées et les carrreaux couverts d'une couche de glace. Les enfants faisaient alors chauffer un schilling de cuivre sur le poêle, ils l'appliquaient sur le carreau, et cela formait un petit judas tout rond, derrière lequel étincelait de chaque côté un petit œil doux et riant : c'étaient le petit garçon et la petite fille. Il se nommait Kay, elle se nommait Gerda.

En été, ils pouvaient donc aller l'un chez l'autre d'un seul saut. En hiver, il leur fallait descendre de nombreux escaliers et en remonter autant.

On était en hiver. Au dehors la neige voltigeait par milliers de flocons.

« Ce sont les abeilles blanches, » dit la grand'mère.

— Ont-elles aussi une reine ? » demanda le petit garçon, car il savait que les abeilles en ont une.

— Certainement, dit la grand'mère. La voilà qui vole làbas où elles sont en masse. Elle est la plus grande de toutes. Jamais elle ne reste en place, tant elle est voltigeante. Est-elle sur terre, tout à coup elle repart se cacher dans les nuages noirs. Dans les nuits d'hiver, c'est elle qui traverse les rues des villes et regarde à travers les fenêtres qui gèlent alors et se couvrent de fleurs bizarres.

— Oui, oui, c'est ce que j'ai vu! » dirent à la fois les deux enfants; et maintenant ils savaient que c'était bien vrai ce que disait la grand'mère.

— La Reine des neiges peut-elle entrer ici? demanda la petite fille.

— Qu'elle vienne donc! dit Kay, je la mettrai sur le poêle brûlant et elle fondra.

Mais la grand'mère se mit à lui lisser les cheveux et raconta d'autres histoires.

Le soir de ce jour, le petit Kay était chez lui, à moitié déshabillé, prêt à se coucher. Il mit une chaise contre la fenêtre et grimpa dessus pour regarder par le petit trou rond fait au moyen du shilling chauffé. Quelques flocons de neige tombaient lentement. Le plus grand vint se fixer sur le bord d'une des caisses de fleurs; il grandit, il grandit, et finit par former une jeune fille plus grande que Gerda, habillée de gaze blanche et de tulle brodé de flocons étoilés. Elle était belle et gracieuse, mais toute de glace. Elle vivait cependant; ses yeux étincelaient comme des étoiles dans un ciel d'hiver, et étaient sans cesse en mouvement. La figure se tourna vers la fenêtre et fit un signe de la main. Le petit garçon eut peur et sauta à bas de la chaise. Un bruit se fit dehors, comme si un grand oiseau passait devant la fenêtre et de son aile frôlait la vitre.

Le lendemain il y eut une belle gelée. Puis vint le printemps; le soleil apparut, la verdure poussa, les hirondelles bâtirent leurs nids, les fenêtres s'ouvrirent, et les deux enfants se retrouvèrent assis à côté l'un de l'autre dans leur petit jardin là-haut sur le toit.

Comme les roses fleurirent superbement cet été ! et que le jardin se para à plaisir ! La petite fille avait appris par cœur un cantique où il était question de roses ; quand elle le disait, elle pensait à celles de son jardin. Elle le chanta devant le petit garçon, elle le lui apprit, et tous deux unirent bientôt leurs voix pour chanter :

> Les roses passent et se fanent. Mais bientôt
> Nous reverrons la Noël et l'enfant Jésus.

Les deux petits embrassaient les fleurs comme pour leur dire adieu. Ils regardaient la clarté du soleil, et souhaitaient presque qu'il hâtât sa course pour revoir plus vite l'enfant Jésus. Pourtant, quelles belles journées se succédaient pour eux, pendant qu'ils jouaient à l'ombre des rosiers couverts de fleurs !

Un jour Kay et Gerda se trouvaient là, occupés à regarder, dans un livre d'images, des animaux, des oiseaux, des papillons. L'horloge sonna justement cinq heures à la grande église. Voilà que Kay s'écrie : « Aïe, il m'est entré quelque chose dans l'œil. Aïe, aïe, quelque chose m'a piqué au cœur. »

La petite fille lui prit le visage entre les mains, et lui regarda dans les yeux qui clignotaient ; non, elle n'y vit absolument rien.

« Je crois que c'est parti, » dit-il. Mais ce n'était pas parti. C'était un des morceaux de ce terrible miroir dont nous avons parlé, de ce miroir, vous vous en souvenez bien, qui fait paraître petit et laid ce qui est grand et beau, qui met en relief le côté vilain et méchant des êtres et des choses, et en fait ressortir les défauts au préjudice des qualités. Le malheureux Kay a reçu dans les yeux un de ces innombrables débris ; l'atome funeste a pénétré jusqu'au cœur, qui va se raccornir et devenir comme un morceau de glace. Kay ne sentait plus aucun mal, mais ce produit de l'enfer était en lui.

— Pourquoi pleures-tu, dit-il à la fillette que son cri de douleur avait émue ; essuie ces larmes, elles te rendent affreuse. Je n'ai plus aucun mal. — Fi donc ! s'écria-t-il en jetant les yeux autour de lui, cette rose est toute piquée de vers ; cette autre est mal faite ; toutes sont communes et sans grâce, comme la lourde boite où elles poussent ! » Il donna un coup de pied dédaigneux contre la caisse et arracha les deux fleurs qui lui avaient déplu.

— Kay! que fais-tu ? s'écria la petite fille, comme s'il commettait un sacrilège,

La voyant ainsi effrayée, Kay arracha encore une rose, puis s'élança dans sa mansarde sans dire adieu à sa gentille et chère compagne. Que voulez-vous ? C'était l'effet du grain de verre magique.

Le lendemain, ils se mirent à regarder de nouveau dans le livre d'images. Kay n'y vit que d'affreux magots, des êtres ridicules et mal bâtis, des monstres grotesques. Quand la grand'mère racontait de nouveau des histoires, il venait tout gâter avec un *mais*, ou bien il se plaçait derrière la bonne vieille, mettait ses lunettes et faisait des grimaces. Il ne craignit pas de contrefaire la grand'mère, d'imiter son parler, et de faire rire tout le monde aux dépens de l'aïeule vénérable. Ce goût de singer les personnes qu'il voyait, de reproduire comiquement leurs ridicules, s'était tout à coup développé en lui. On riait beaucoup à le voir ; on disait : « Ce petit garçon est malin, il a de l'esprit. » Il alla jusqu'à taquiner la petite Gerda, qui lui était dévouée de toute son âme. Tout cela ne provenait que de ce fatal grain de verre qui lui était entré au cœur.

Dès lors, il ne joua plus aux mêmes jeux qu'auparavant : il joua à des jeux raisonnables, à des jeux de calcul. Un jour qu'il neigeait (l'hiver était revenu), il prit une loupe qu'on lui avait donnée, et, tendant le bout de sa jacquette bleue au dehors, il y laissa tomber des flocons. « Viens voir à travers le verre, Gerda, » dit Kay. Les flocons à travers la loupe paraissaient beaucoup plus gros ; ils formaient des hexagones, des octogones et autres figures géométriques. « Regarde ! reprit Kay, comme c'est arrangée avec art et régularité ; n'est-ce pas bien plus intéressant que des fleurs ? Ici, pas un côté de l'étoile qui dépasse l'autre, tout est symétrique ; il est fâcheux que cela fonde si vite. S'il en était autrement, il n'y aurait rien de plus beau qu'un flocon de neige. ».

Le lendemain, il vint avec ses gants de fourrures et son traîneau sur le dos. Il cria aux oreilles de Gerda comme tout joyeux de la laisser seule : « On m'a permis d'aller sur la grand'place où jouent les autres garçons ! » Aussitôt dit, il disparut.

Là, sur la grand'place, les gamins hardis attachaient leurs traîneaux aux charrettes des paysans et se faisaient ainsi traîner un bout de chemin. C'était une excellente manière de voyager. Kay et les autres étaient en train de s'amuser, quand survint un grand traîneau peint en blanc.

On y voyait assis un personnage couvert d'une épaisse fourrure blanche, coiffé de même. Le traîneau fit deux fois le tour de la place. Kay y attacha le sien et se fit promener ainsi.

Le grand traîneau alla plus vite, encore plus vite; il quitta la place et fila par la grand'rue. Le personnage qui le conduisait se retourna et fit à Kay un signe de tête amical, comme s'ils étaient des connaissances. Chaque fois que Kay voulait détacher son traîneau, le personnage le regardait, en lui adressant un de ses signes de tête, et Kay subjugué restait tranquille.

Les voilà qui sortent des portes de la ville. La neige commençait à tomber à force. Le pauvre petit garçon ne voyait plus à deux pas devant lui; et toujours on courait avec plus de rapidité.

La peur le prit. Il dénoua enfin la corde qui liait son traîneau à l'autre. Mais il n'y eut rien de changé : son petit véhicule était comme rivé au grand traîneau qui allait comme le vent. Kay se mit à crier au secours; personne ne l'entendit; la neige tombait de plus en plus épaisse, le traîneau volait dans une course vertigineuse; parfois il y avait un cahot comme si l'on sautait par-dessus un fossé ou par-dessus une haie; mais on n'avait pas le temps de les voir. Kay était dans l'épouvante. Il voulut prier, dire son *Pater*; il n'en put retrouver les paroles; au lieu de réciter le *Pater*, il récitait la table de multiplication, et le malheureux enfant se désolait. Les flocons tombaient de plus en plus durs; ils devenaient de plus en plus gros; à la fin on eut dit des poules blanches aux plumes hérissées. Tout d'un coup le traîneau tourna de côté et s'arrêta. La personne qui le conduisait se leva : ces épaisses fourrures qui la couvraient étaient toutes de neige d'une blancheur éclatante. Cette personne était une très-grande dame : c'était la Reine des Neiges.

« Nous avons été bon train, dit-elle. Malgré cela, je vois que tu vas geler, mon ami Kay. Viens donc te mettre sous mes fourrures de peaux d'ours. »

Elle le prit, le plaça à côté d'elle, rabattit sur lui son manteau. Elle avait beau parler de ses peaux d'ours, Kay crut s'enfoncer dans une masse de neige.

« As-tu encore froid ? » dit-elle. Elle l'embrassa sur le front. Le baiser était plus froid que glace, et lui pénétra jusqu'au cœur qui était déjà à moitié glacé. Il se sentit sur le point de rendre l'âme. Mais ce ne fut que la sensation d'un instant. Il se trouva ensuite tout réconforté et n'éprouva plus aucun frisson.

« Mon traîneau ! dit-il ; n'oublie pas mon traîneau ! »

C'est à quoi il avait pensé d'abord en revenant à lui. Une des poules blanches qui voltigeaient dans l'air fut attelée au traîneau de l'enfant ; elle suivit sans peine le grand traîneau qui continua sa course.

La Reine des Neiges donna à Kay un second baiser. Il n'eut plus alors le moindre souvenir pour la petite Gerda, pour la grand'mère ni pour les siens.

« Maintenant je ne t'embrasserai plus, dit-elle, car un nouveau baiser serait ta mort. »

Kay la regarda en face, l'éclatante souveraine ! Qu'elle était belle ! On ne pouvait imaginer un visage plus gracieux et plus séduisant. Elle ne lui parut plus formée de glace comme la première fois qu'il l'avait vue devant la fenêtre de la mansarde et qu'elle lui avait fait un signe amical. Elle ne lui inspirait aucune crainte. Il lui raconta qu'il connaissait le calcul de tête et même par fractions, et qu'il savait le nombre juste des habitants et des lieues carrées du pays.

La Reine souriait en l'écoutant. Kay se dit que ce n'était peut-être pas assez de ces connaissances dont il était si fier.

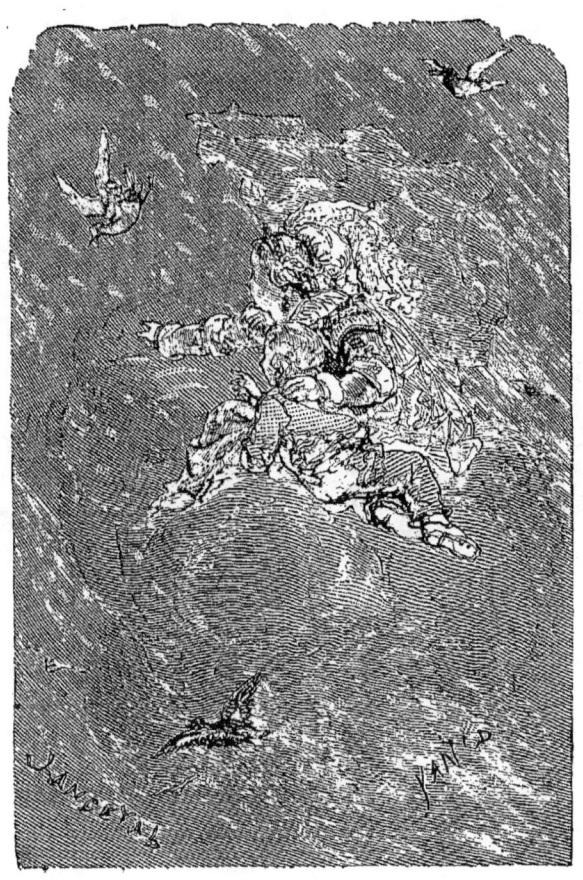

Il regarda dans le vaste espace des airs, il se vit emporté avec elle vers les nuages noirs. La tempête sifflait, hurlait : c'était une mélodie sauvage comme celle des antiques chants de combat. Ils passèrent par-dessus les bois, les lacs, la mer et les continents. Ils entendirent au-dessous d'eux hurler les loups, souffler les ouragans, rouler les avalanches. Au-dessus volaient les corneilles aux cris discordants. Mais plus loin brillait la lune dans sa splendide clarté. Kay admirait les beautés de la longue nuit d'hiver. Le jour venu, il s'endormit aux pieds de la Reine des Neiges.

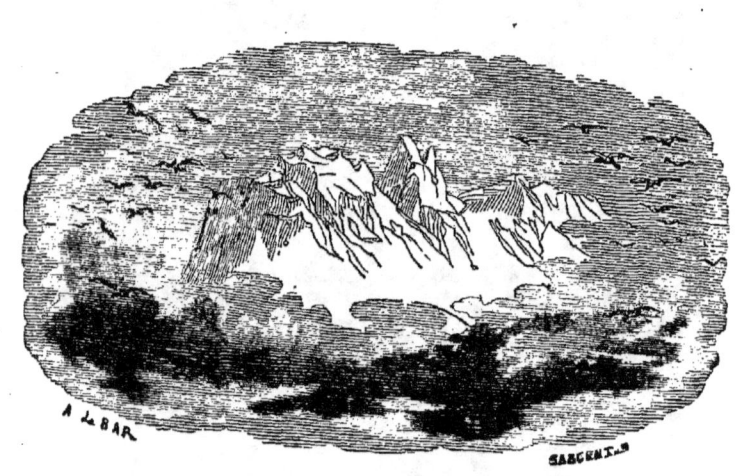

TROISIÈME HISTOIRE

LE JARDIN DE LA FEMME QUI SAVAIT FAIRE DES ENCHANTEMEMTS

Que devint la petite Gerda lorsqu'elle ne vit pas revenir son camarade Kay ? où pouvait-il être resté ? Personne n'en savait rien ; personne n'avait vu par où il était passé. Un gamin seulement raconta qu'il l'avait vu attacher son traîneau à un autre, un très grand, qui était sorti de la ville. Personne depuis ne l'avait aperçu. Bien des larmes furent versées à cause de lui. La petite Gerda pleura plus que tous.

« Il est mort, disait-elle ; il se sera noyé dans la rivière qui coule près de l'école. »

Et elle recommençait à sangloter. Oh ! que les journées d'hiver lui semblèrent longues et sombres !

Enfin le printemps revint, ramenant le soleil et la joie ; mais Gerda ne se consolait point.

« Kay est mort, disait-elle encore, il est parti pour toujours.

— Je ne crois pas, répondit le rayon de soleil.

— Il est mort : je ne le verrai plus ! dit-elle aux hirondelles.

— Nous n'en croyons rien, » répliquèrent celles-ci.

A la fin, Gerda elle-même ne le crut plus.

« Je vais mettre mes souliers rouges tout neufs, se dit-elle un matin, ceux que Kay n'a jamais vus, et j'irai trouver la rivière et lui demander si elle sait ce qu'il est devenu. »

Il était de très-bonne heure. Elle donna un baiser à la vieille grand'mère qui dormait encore, et elle mit ses souliers rouges. Puis elle partit toute seule passa la porte de la ville et arriva au bord de la rivière.

« Est-il vrai, lui dit-elle, que tu m'as pris mon ami Kay ? Je veux bien te donner mes jolis souliers de maroquin rouge si tu veux me le rendre. »

Il lui parut que les vagues lui répondaient par un balancement singulier. Elle prit ses beaux souliers qu'elle aimait par-dessus tout et les lança dans l'eau. Mais elle n'était pas bien forte, la petite Gerda ; ils tombèrent près de la rive, et les petites vagues les repoussèrent à terre. Elle aurait pu voir par là que la rivière ne voulait pas garder ce présent, parce qu'elle n'avait pas le petit Kay à lui rendre en échange.

Mais Gerda crut qu'elle n'avait pas jeté les souliers assez loin du bord ; elle s'avisa donc de monter sur un bateau qui se trouvait là au milieu des joncs. Elle alla jusqu'à l'extrême bout du bateau, et de là lança de nouveau ses souliers à l'eau.

La barque n'était pas attachée au rivage. Par le mouvement que lui imprima Gerda, elle s'éloigna du bord. La fillette s'en aperçut et courut pour sauter dehors ; mais lorsqu'elle revint à l'autre bout, il y avait déjà la distance de trois pieds entre la terre et le bateau.

Le bateau se mit à descendre la rivière. Gerda, saisie de frayeur, commença à pleurer. Personne ne l'entendit, excepté les moineaux ; mais ils ne pouvaient pas la rapporter à terre.

Cependant, comme pour la consoler, ils volaient le long de la rive et criaient : « Her ere vi ! her ere vi ! (1) »

La nacelle suivait toujours le cours de l'eau. Gerda avait cessé de pleurer et se tenait tranquille. Elle n'avait aux pieds que ses bas. Les petits souliers rouges flottaient aussi sur la rivière, mais ils ne pouvaient atteindre la barque qui glissait plus vite qu'eux.

Sur les deux rives poussaient de vieux arbres, de belles fleurs, du gazon touffu où paissaient des moutons ; c'était un beau spectacle. Mais on n'apercevait pas un être humain. « Peut-être, pensa Gerda, la rivière me mène-t-elle auprès du petit Kay. » Cette pensée dissipa son chagrin. Elle se leva et regarda longtemps le beau paysage verdoyant.

Elle arriva enfin devant un grand verger tout planté de

---

1. Ces mots, qui forment une onomatopée, ont le sens de : « Si, nous voici ; si, nous voici ! »

cerisiers. Il y avait là une étrange maisonnette dont les fenêtres avaient des carreaux rouges, bleus et jaunes, et dont le toit était de chaume. Sur le seuil se tenaient deux soldats de bois qui présentaient les armes aux gens qui passaient.

Gerda les appela à son secours : elle les croyait vivants. Naturellement, ils ne bougèrent pas. Cependant la barque approchait de la terre. Gerda cria plus fort. Alors sortit de la maisonnette une vieille, vieille femme qui s'appuyait sur une béquille; elle avait sur la tête un grand chapeau de paille enguirlandé des plus belles fleurs.

« Pauvre petite, dit-elle, comment es-tu arrivée ainsi sur le grand fleuve rapide? Comment as-tu été entraînée si loin à travers le monde? »

Et la bonne vieille entra dans l'eau ; avec sa béquille elle atteignit la barque, l'attira sur le bord, et enleva la petite Gerda. L'enfant, lorsqu'elle eut de nouveau les pieds sur la terre, se réjouit fort ; toutefois elle avait quelque frayeur de l'étrange vieille femme.

« Raconte-moi, dit-celle-ci, qui tu es et d'où tu viens ? »

Gerda lui fit le récit de tout ce qui lui était arrivé. La vieille secouait la tête et disait : « Hum ! hum ! » Lorsque la fillette eut terminé son récit, elle demanda à la vieille si elle n'avait pas aperçu le petit Kay. La vieille répondit qu'il n'avait point passé devant sa maison, mais ne tarderait sans doute pas à venir. Elle exhorta Gerda à ne plus se désoler, et l'engagea à goûter ses cerises et à admirer ses fleurs.

« Elles sont plus belles, ajouta-t-elle, que toutes celles qui sont dans les livres d'images ; et, de plus, j'ai appris à chacune d'elles à raconter une histoire. »

Elle prit l'enfant par la main et la conduisit dans la maisonnette dont elle ferma la porte. Les fenêtres étaient très élevées au-dessus du sol ; les carreaux de vitre étaient, avons-nous dit, rouges, bleus et jaunes. La lumière du jour, passant à travers ces carreaux, colorait tous les objets d'une bizarre façon. Sur la table se trouvaient de magnifiques cerises, et Gerda en mangea autant qu'elle voulut, elle en avait la permission.

Pendant qu'elle mangeait les cerises, la vieille lui lissa les cheveux avec un peigne d'or et en forma de jolies boucles qui entourèrent comme d'une auréole le gentil visage de la fillette, frais minois tout rond et semblable à un bouton de rose.

« J'ai longtemps désiré, dit la vieille, avoir auprès de

moi une aimable enfant comme toi. Tu verras comme nous ferons bon ménage ensemble. »

Pendant qu'elle peignait ainsi les cheveux de Gerda, celle-ci oubliait de plus en plus son petit ami Kay. C'est que la vieille était une magicienne, mais ce n'était pas une magicienne méchante ; elle ne faisait des enchantements que pour se distraire un peu. Elle aimait la petite Gerda et désirait la garder auprès d'elle.

C'est pourquoi elle alla au jardin et toucha de sa béquille tous les rosiers ; et tous, même ceux qui étaient pleins de vie, couverts des plus belles fleurs, disparurent sous terre ; on n'en vit plus trace. La vieille craignait que, si Gerda apercevait des roses, elle ne lui rappelassent celles qui étaient dans la caisse de la mansarde ; alors l'enfant se souviendrait de Kay, son ami, et se sauverait à sa recherche.

Quand elle eut pris cette précaution, elle mena la petite dans le jardin. Ce jardin était splendide : quels parfums délicieux on y respirait ! Les fleurs de toutes saisons y brillaient du plus vif éclat. Jamais, en effet, dans aucun livre d'images, on n'en avait pu voir de pareilles. Gerda sautait de joie ; elle courut à travers les parterres, jusqu'à ce que le soleil se fût couché derrière les cerisiers. La vieille la ramena alors dans la maisonnette ; elle la coucha dans un joli petit lit aux coussins de soie rouge brodés de violettes. Gerda s'endormit et fit des rêves aussi beaux qu'une reine le jour de son mariage.

Le lendemain, elle retourna jouer au milieu des fleurs, dans les chauds rayons du soleil. Ainsi se passèrent bien des jours. Gerda connaissait maintenant toutes les fleurs du jardin : il y en avait des centaines ; mais il lui semblait parfois qu'il en manquait une sorte; laquelle ? elle ne savait.

Voilà qu'un jour elle regarda le grand chapeau de la vieille, avec la guirlande de fleurs. Parmi elles, la plus belle était une rose. La vieille avait oublié de l'enlever. On pense rarement à tout.

« Quoi ! s'écrie aussitôt Gerda, n'y aurait-il pas de roses ici ? Cherchons. »

Elle se mit à parcourir tous les parterres ; elle eut beau fureter partout, elle ne trouva rien. Elle se jeta par terre en pleurant à chaudes larmes. Ces larmes tombèrent justement à l'endroit où se trouvait un des rosiers que la vieille avait fait rentrer sous terre. Lorsque la terre eut été arrosée de ces larmes, l'arbuste en surgit tout à coup, aussi magnifiquement fleuri qu'au moment où il avait disparu.

A cette vue, Gerda ne se contint pas de joie. Elle baisait chacune des roses l'une après l'autre. Puis elle pensa à celles qu'elle avait laissées devant la fenêtre de la mansarde, et alors elle se souvint du petit Kay.

« Dieu ! dit-elle, que de temps on m'a fait perdre ici ! Moi, qui étais partie pour chercher Kay, mon compagnon ! Ne savez-vous pas où il pourrait être ? demanda-t-elle aux roses. Croyez-vous qu'il soit mort ?

— Non, il ne l'est pas, répondirent-elles. Nous venons de demeurer sous terre ; là sont tous les morts, et lui ne s'y trouvait pas.

— Merci ! grand merci ! » dit Gerda. Elle courut vers les autres fleurs ; s'arrêtant auprès de chacune, prenant dans ses mains mignonnes leur calice, elle leur demanda : « Ne savez-vous pas ce qu'est devenu le petit Kay ? »

Les fleurs lui répondirent. Gerda entendit les histoires

qu'elles savaient raconter, mais, c'étaient des rêveries. Quant au petit Kay, aucune ne le connaissait.

Que disait donc le lis rouge ?

« Entends-tu le tambour ? Boum, boum ! Toujours ces deux sons ; toujours boum, boum ! Entends-tu le chant plaintif des femmes, les prêtres qui donnent des ordres ? Revêtue de son grand manteau rouge, la veuve de l'Indou est sur le bûcher. Les flammes commencent à s'élever autour d'elle et du corps de son mari. La veuve n'y fait pas attention ; elle pense à celui dont les yeux jetaient une lumière plus vive que ces flammes : à celui dont les regards avaient allumé dans son cœur un incendie plus fort que celui qui va réduire son corps en cendres. Crois-tu que la flamme de l'âme puisse périr dans les flammes du bûcher ?

— Comment veux-tu que je le sache ? dit la petite Gerda.

— Mon histoire est terminée, » dit le lis rouge.

Que raconta le liseron ?

« Sur la pente de la montagne est suspendu un vieux donjon : le lierre pousse par touffes épaisses autour des murs et grimpe jusqu'au balcon. Là se tient debout une jeune fille: elle se penche au-dessus de la balustrade et regarde le long de l'étroit sentier. Quelle fleur dans ces ruines ! La rose n'est pas plus fraîche et ne prend point avec plus de grâce à sa tige : la fleur du pommier n'est pas plus légère et plus aérienne. Quel doux frou-frou font ses vêtements de soie !

« Ne vient-il donc pas ? murmure-t-elle.

— Est-ce de Kay que tu parles ? demanda la petite Gerda.

— Non, il ne figure pas dans mon conte, répondit le liseron.

Que dit la petite perce-neige ?

« Entre les branches, une planche est suspendue par des cordes, c'est une escarpolette. Deux gentilles fillettes s'y balancent ; leurs vêtements sont blancs comme la neige ; à leurs chapeaux flottent de longs rubans verts. Leur frère, qui est plus grand, fait aller l'escarpolette. Il a ses bras passés dans les cordes pour se tenir. Une petite coupe dans une main, un chalumeau dans l'autre, il souffle des bulles de savon ; et tandis que la balançoire vole, les bulles aux couleurs changeantes montent dans l'air. En voici une au bout de la paille, elle s'agite au gré du vent. Le petit chien noir accourt et se dresse sur les pattes de derrière ; il voudrait aller aussi sur la balançoire, mais elle ne s'arrête pas ; il se fâche, il aboie. Les enfants le taquinent, et pendant ce temps les jolies bulles crèvent et s'évanouissent.

— C'est gentil ce que tu contes-là, dit Gerda à la perce-

Entre les branches, une planche est suspendue par des cordes, c'est une escarpolette. Deux gentilles filles s'y balancent. (P. 234.)

neige ; mais pourquoi ton accent est-il si triste ? Et le petit Kay ? Tu ne sais rien de lui non plus ? »

La perce-neige reste silencieuse.

Que racontent les hyacinthes ?

« Il y avait trois jolies sœurs habillées de gaze, l'une en rouge, l'autre en bleu, la dernière en blanc, Elles dansaient en rond à la clarté de la lune sur la rive du lac. Ce n'étaient pas des elfes, c'étaient des enfants des hommes. L'air était rempli de parfums enivrants. Les jeunes filles disparurent dans le bois. Qu'arriva-t-il ? Quel malheur les frappa ? Voyez cette barque qui glisse sur le lac : elle porte trois cercueils où les corps des jeunes filles sont enfermés. Elles sont mortes ; la cloche du soir sonne le glas funèbre.

— Sombres hyacinthes, interrompit Gerda, votre histoire est trop lugubre. Elle achève de m'attrister. Dites-moi, mon ami Kay est-il mort comme vos jeunes filles ? Les roses disent que non ; et vous, qu'en dites-vous ?

— Kling, Klang, répondirent les hyacinthes, le glas ne sonne pas pour le petit Kay. Nous ne le connaissons pas. Nous chantons notre chanson, nous n'en savons point d'autre. »

Gerda interrogea la dent-de-lion qu'elle voyait s'épanouir dans l'herbe verte.

« Tu brilles comme un petit soleil, lui dit-elle ; sais-tu où je pourrais trouver mon camarade de jeux ? »

La dent-de-lion brillait en effet sur le gazon ; elle entonna une chanson, mais il n'y était pas question de Kay.

« Dans une petite cour, dit-elle, un des premiers jours du printemps, le soleil du bon Dieu dardait ses doux rayons sur les blanches murailles, au pied desquelles se montrait la première fleur jaune de l'année, reluisante comme une pièce d'or. La vieille grand'mère était assise dans un fauteuil; sa

petite fille accourut et embrassa la grand'mère: ce n'était qu'une pauvre petite servante; eh bien! son baiser valait seul plus que tous les trésors du monde, parce qu'elle y avait mis tout son cœur. Mon histoire est finie, je n'en ai pas appris davantage.

—Pauvre grand'mère! soupira Gerda; elle me cherche, elle s'afflige à cause de moi, comme je le faisais pour le petit Kay; mais je serai bientôt de retour et je le ramènerai. Laissons maintenant ces fleurs; les égoïstes, elles ne sont occupées que d'elles-mêmes! »

Sur ce, elle retrousse sa petite robe pour pouvoir marcher plus vite; elle court jusqu'au bout du jardin. La porte était fermée; mais elle pousse de toutes ses forces le verrou et le fait sortir du crampon. La porte s'ouvre et la petite se précipite, pieds nus, à travers le vaste monde.

Trois fois elle s'arrêta dans sa course pour regarder en arrière; personne ne la poursuivait. Quand elle fut bien fatiguée, elle s'assit sur une grosse pierre; elle jeta les yeux autour d'elle et s'aperçut que l'été était passé, et qu'on était à la fin de l'automne. Dans le beau jardin, elle ne s'était pas rendu compte de la fuite du temps; le soleil y brillait toujours du même éclat, et toutes les saisons y étaient confondues. « Que je me suis attardée! se dit-elle. Comment! nous voici déjà en automne! Marchons vite, je n'ai plus le temps de me reposer! »

Elle se leva pour reprendre sa course; mais ses petits membres étaient roidis par la fatigue, et ses petits pieds meurtris. Le temps d'ailleurs n'était pas encourageant, le paysage était dépourvu d'attraits. Le ciel était terne et froid. Les saules avaient encore des feuilles, mais elles étaient jaunes et tombaient l'une après l'autre. Il n'y avait plus de fruits aux arbres, excepté les prunelles qu'on y voyait encore; elles étaient âpres et amères; la bouche en y touchant se contractait. Que le vaste monde avait un triste aspect! que tout y semblait gris, morne et maussade!

QUATRIÈME HISTOIRE

PRINCE ET PRINCESSE

Bientôt Gerda dut s'arrêter de nouveau, elle n'avait plus la force d'avancer. Pendant qu'elle se reposait un peu, une grosse corneille perchée sur un arbre en face d'elle la considérait curieusement. La corneille agita la tête de droite et de gauche et cria : « Crah, crah, g'tak, g'tak ! » C'est à peu près ainsi qu'on dit bonjour en ce pays, mais la brave bête avait un mauvais accent. Si elle prononçait mal, elle n'en était pas moins bienveillante pour la petite fille, et elle lui demanda où elle allait ainsi toute seule à travers le vaste monde.

Gerda ne comprit guère que le mot « toute seule », mais elle en connaissait la valeur par expérience et se rendit compte de la question de la corneille. Elle lui fit le récit de ses aventures, et finit par lui demander si elle n'avait pas vu le petit Kay.

L'oiseau, branlant la tête d'un air grave, répondit :

« Cela pourrait être, cela se pourrait.

— Comment ! tu crois l'avoir vu ! » s'écria Gerda transportée de joie. Elle serra dans ses bras l'oiseau, qui s'était approché d'elle; elle l'embrassa si fort qu'elle faillit l'étouffer.

« Un peu de raison, un peu de calme, dit la corneille. Je crois, c'est-à-dire je suppose, cela pourrait être. Oui, oui, il est possible que ce soit le petit Kay ; je ne dis rien de plus. Mais en tous cas il t'aura oublié, car il ne pense plus qu'à sa princesse.

— Une princesse ! reprit Gerda ; il demeure chez une princesse !

— Oui, voici la chose, dit la corneille. Mais il m'est pénible de parler ta langue ; ne connais-tu pas celle des corneilles ? (1)

— Non, je ne l'ai pas apprise, dit Gerda. Grand'mère la savait. Pourquoi ne me l'a-t-elle pas enseignée ?

— Cela ne fait rien, repartit la corneille ; je tâcherai de faire le moins de fautes possible. Mais il faudra m'excuser si, comme je le crains, je pèche contre la grammaire. »

Et elle se mit à conter ce qui suit :

« Dans le royaume où nous nous trouvons règne une princesse qui a de l'esprit comme un ange. C'est qu'elle a lu toutes les gazettes qui s'impriment dans l'univers, et surtout

---

(1) On appelle ainsi, en Danemark, une espèce de *javanais*, de langage de convention. On ajoute à chaque syllabe une syllabe qui ne compte pas.

qu'elle a eu la sagesse d'oublier tout ce qu'elle y a lu. Dernièrement, elle était assise sur son trône, et par parenthèse il paraît qu'être assis sur un trône n'est pas aussi agréable qu'on le croit communément et ne suffit pas au bonheur. Pour se distraire, elle se mit à chanter une chanson : la chanson était par hasard celle qui a pour refrain

Pourquoi donc ne me marierai-je pas ?

« Mais en effet, se dit la princesse, pourquoi ne me marierai-je pas ? » Seulement il lui fallait un mari qui sût parler, causer, lui donner la réplique. Elle ne voulait pas de ces individus graves et prétentieux, ennuyeux et solennels. Au son du tambour, elle convoqua ses dames d'honneur et leur fit part de l'idée qui lui était venue. « C'est charmant, lui dirent-elles toutes; c'est ce que nous nous disons tous les jours : pourquoi la princesse ne se marie-t-elle pas ? »

« Tu peux être certaine, ajouta ici la corneille, que tout ce que je raconte est absolument exact. Je tiens le tout de mon fiancé, qui se promène partout dans le palais. »

Ce fiancé était naturellement une corneille, une corneille apprivoisée, car les corneilles n'épousent que les corneilles. Bien, reprenons notre récit :

« Donc, continua la corneille, les journaux du pays, bordés pour la circonstance d'une guirlande de cœurs enflammés entremêlés du chiffre de la princesse, annoncèrent que tous les jeunes gens d'une taille bien prise et d'une jolie figure pourraient se présenter au palais et venir deviser avec la princesse : celui d'entre eux qui causerait le mieux et montrerait l'esprit le plus aisé et le plus naturel, deviendrait l'époux de la princesse.

« Oui, oui, dit la corneille, tu peux me croire, c'est comme cela que les choses se passèrent ; je n'invente rien, aussi vrai que nous sommes ici l'une à côté de l'autre.

« Les jeunes gens accoururent par centaines. Mais ils se faisaient renvoyer l'un après l'autre. Aussi longtemps qu'ils étaient dans la rue, hors du palais, ils babillaient comme des pies. Une fois entrés par la grande porte, entre la double haie des gardes chamarrés d'argent, ils perdaient leur assurance. Et quand des laquais, dont les habits étaient galonnés d'or, les conduisaient par l'escalier monumental dans les vastes salons, éclairés par des lustres nombreux, les pauvres garçons sentaient leurs idées s'embrouiller ; arrivés devant le trône où siégeait majestueusement la princesse, ils ne savaient plus rien dire, ils répétaient piteusement le dernier mot de ce que la princesse leur disait, ils balbutiaient. Ce n'était pas du tout l'affaire de la princesse.

« On aurait dit que ces malheureux jeunes gens étaient tous ensorcelés et qu'un charme leur liait la langue. Une fois sortis du palais et de retour dans la rue, ils recouvraient l'usage de la parole et jasaient de plus belle.

« Ce fut ainsi le premier et le second jour. Plus on en éconduisait, plus il en venait ; on eût dit qu'il en sortait de terre, tant l'affluence était grande. C'était une file depuis les portes de la ville jusqu'au palais. Je l'ai vu, vu de mes yeux, répéta la corneille.

« Ceux qui attendaient leur tour dans la rue eurent le temps d'avoir faim et soif. Les plus avisés avaient apporté des provisions ; ils se gardaient bien de les partager avec leurs voisins : « Que leurs langues se dessèchent ! pensaient-ils ; comme cela ils ne pourront pas dire un mot à la princesse !

— Mais Kay, le petit Kay ? demanda Gerda. Quand parut-il ? Etait-il parmi la foule ?

— Attends, attends donc, reprit la corneille, tu es trop impatiente. Nous arrivons justement à lui. Le troisième jour on vit s'avancer un petit bonhomme qui marchait à pied. Beaucoup d'autres venaient à cheval ou en voiture et faisaient les beaux seigneurs. Il se dirigea d'un air gai vers le palais. Ses yeux brillaient comme les tiens. Il avait de beaux cheveux longs. Mais ses habits étaient assez pauvres.

— Oh ! c'était Kay, bien sûr, s'écria Gerda. Je l'ai donc retrouvé.

— Il portait sur son dos une petite valise...

— Oui, c'était son traîneau avec lequel il partit sur la grand'place.

— Cela peut bien être, dit la corneille ; je ne l'ai pas vu de près. Ce que je sais par mon fiancé, qui est incapable d'altérer la vérité, c'est qu'ayant atteint la porte du château, il ne fut nullement intimidé par les suisses, ni par les gardes aux uniformes brodés d'argent, ni par les laquais tous galonnés d'or. Lorsqu'on voulut le faire attendre au bas de l'escalier, il dit : « Merci, c'est trop ennuyeux de faire le pied de grue. » Il monta sans plus attendre et pénétra dans les salons illuminés de centaines de lustres. Il n'en fut pas ébloui. Là, il vit les ministres et les excellences qui, chaussés de pantoufles pour ne pas faire de bruit, encensaient le trône. Les bottes du jeune intrus craquaient affreusement. Tout le monde le regardait avec indignation. Il n'avait pas seulement l'air de s'en apercevoir.

— C'était certainement Kay, dit Gerda. Je sais qu'au moment où il disparut on venait justement de lui acheter des bottes neuves. Je les ai entendues craquer, le jour même où il partit.

— Oui, elles faisaient un bruit diabolique, poursuivit la corneille. Lui, comme si de rien était, marcha bravement vers la princesse, qui était assise sur une perle énorme, grosse comme un coussin. Elle était entourée de ses dames d'honneur qui avaient avec elles leurs suivantes. Les chevaliers d'honneur faisaient cercle également : derrière eux se tenaient

leurs domestiques, accompagnés de leurs grooms. C'étaient ces derniers qui avaient l'air le plus imposant et le plus rébarbatif. Le jeune homme ne fit même pas attention à eux.

— Ce devait pourtant être terrible que de s'avancer au milieu de tout ce beau monde ! dit Gerda. Mais finalement Kay a donc épousé la princesse ?

— Ma foi, si je n'étais pas une corneille, c'est moi qui l'aurais pris pour mari. Il parla aussi spirituellement que je puis le faire, que je puis le faire quand je parle la langue des corneilles. Mon fiancé m'a raconté comment l'entrevue se passa. Le nouveau venu fut gai, aimable, gracieux. Il était d'autant plus à l'aise qu'il n'était pas venu dans l'intention d'épouser la princesse, mais pour vérifier seulement si elle avait autant d'esprit qu'on le disait. Il la trouva charmante, et elle le trouva à son goût.

— Plus de doute, dit Gerda, c'était Kay. Il savait tant de choses, même calculer de tête avec des fractions. Ecoute, ne pourrais-tu pas m'introduire au palais?

— Comme tu y vas? reprit la corneille. Ce que tu me demandes là n'est pas facile. Cependant je veux bien en aller causer avec mon fiancé, il trouvera peut-être un moyen de t'introduire. Mais, je te le répète, jamais une petite fille comme toi, et sans souliers, n'est entrée dans les beaux appartements du palais.

— C'est égal, dit Gerda, quand Kay saura que je suis là il accourra à l'instant me chercher.

— Eh bien! allons, dit la corneille, le château n'est pas loin; tu m'attendras à la grille. »

Elle fit à l'enfant un signe de tête et s'envola. Elle ne revint que le soir assez tard : « Rare, rare! dit-elle, bien des compliments pour toi de la part de mon bon ami, il t'envoie le petit pain que voici, il l'a pris à l'office où il y a tant et tant de pains, parce qu'il a pensé que tu dois avoir faim. Quant à entrer au palais, il n'y faut pas penser : tu n'as pas de souliers. Les gardes chamarrés d'argent, les laquais vêtus de brocart ne le souffriraient pas. C'est impossible. Mais ne pleure pas, tu y entreras tout de même. Mon bon ami, qui est capable de tout pour m'obliger, connaît un escalier dérobé par où l'on arrive à la chambre nuptiale, et il sait où en trouver la clef. »

La corneille conduisit l'enfant dans le parc par la grande allée, et de même que les feuilles des arbres tombaient l'une après l'autre, de même, sur la façade du palais les lumières s'éteignirent l'une après l'autre. Lorsqu'il fit tout à fait sombre, la corneille mena Gerda à une porte basse qui était entre-bâillée.

Oh! que le cœur de la fillette palpitait d'angoisse et de désir impatient! Elle s'avançait dans l'ombre furtivement. Si on l'avait vue, on aurait supposé qu'elle allait commettre quelque méfait, et cependant elle n'avait d'autre intention que de s'assurer si le petit Kay était bien là. Elle n'en doutait presque plus; le signalement donné par la corneille ne lui paraissait pas applicable à un autre. Les yeux vifs et intelligents, les beaux cheveux longs, la langue déliée et bien pendue, comme on dit, tout lui désignait le petit Kay. Elle le voyait déjà devant elle; elle se le représentait lui souriant comme lorsqu'ils étaient assis côte à côte sous les rosiers de la mansarde.

« Comme il va se réjouir de me revoir! pensait-elle. Comme il sera curieux d'apprendre le long chemin que j'ai fait à cause de lui! Et qu'il sera touché de savoir la désolation qui a régné chez lui et chez nous, lorsqu'on ne l'a pas vu revenir! »

Elles montèrent l'escalier. En haut se trouvait une petite lampe allumée sur un meuble. La corneille apprivoisée était sur le sol, sautillant et tournant coquettement la tête de côté et d'autre, Gerda, s'inclinant, lui fit une belle révérence, comme sa grand'mère lui avait appris à la faire.

« Ma fiancée m'a dit beaucoup de bien de vous, ma petite demoiselle, dit la corneille. Vos malheurs m'ont émue, et j'ai promis de vous venir en aide. Maintenant, voulez-vous prendre la lampe ? je vous montrerai le chemin. N'ayez pas peur, nous ne rencontrerons personne.

— Il me semble, dit Gerda, qu'il vient quelqu'un derrière nous. »

On voyait, en effet, se dessiner sur la muraille des ombres de chevaux en crinières flottantes, aux jambes maigres, tout un équipage de chasse, des cavaliers et des dames sur les chevaux galopants.

« Ce sont des fantômes, dit la corneille ; ils viennent chercher les pensées de Leurs Altesses pour les mener à la chasse folle des rêves. Cela n'en vaut que mieux pour vous. Le prince et la princesse se réveilleront moins aisément, et vous aurez le temps de les mieux considérer. Je n'ai pas besoin de vous dire que, si vous arrivez aux honneurs et aux dignités, nous espérons que vous vous montrerez reconnaissante envers nous.

— Cela s'entend de soi, » dit la corneille rustique. On

voyait bien par ces mots qu'elle n'était guère civilisée et n'avait pas l'expérience des cours.

Elles arrivèrent dans une première salle, dont les murs étaient tendus de satin rose brodé de fleurs. Les Rêves y passèrent, s'en revenant au galop, mais si vite, que Gerda n'eut pas le temps de voir les pensées de Leurs Altesses, qu'ils emmenaient. Puis elles entrèrent dans une autre salle, puis dans une troisième, l'une plus magnifique que l'autre. Oui, certes, il y avait de quoi perdre sa présence d'esprit en voyant ce luxe prodigieux. Mais Gerda y arrêtait à peine les yeux, et ne pensait qu'à revoir Kay, son compagnon.

Les voici enfin dans la chambre à coucher. Le plafond en cristal formait une large couronne de feuilles de palmier. Au milieu s'élevait une grosse tige d'or massif, qui portait deux lits semblables à des fleurs de lis : l'un blanc, où reposait la princesse ; l'autre couleur de feu, où reposait le prince. Gerda s'en approcha, sûre d'y trouver son ami. Elle releva une des feuilles jaune-rouge, qu'on rabaissait le soir ; elle vit la nuque du dormeur, dont les bras cachaient le visage. Elle crut reconnaître cette nuque légèrement brune, et elle appela Kay par son nom, tenant la lampe en avant pour qu'il la vît en ouvrant les yeux. Les fantômes du rêve arrivèrent au triple galop, ramenant l'esprit du jeune prince. Il s'éveilla, tourna la tête.

Ce n'était pas le petit Kay !

Ils ne se ressemblaient que par la nuque. Le prince ne laissait pourtant pas d'être un joli garçon. Voilà que la princesse avança sa gentille figure sous les feuilles de lis blanches, et demanda qui était là. La petite Gerda, sanglotant, resta un moment sans répondre ; ensuite elle raconta toute son histoire, et n'omit pas de dire notamment combien les corneilles avaient été complaisantes pour elle. « Pauvre petite ! » firent le prince et la princesse attendris. Et ils complimentèrent les deux braves bêtes, les assurèrent qu'ils n'étaient pas fâchés de ce qu'elles avaient fait contre toutes les règles de l'étiquette; mais leur disant qu'elles ne devaient pas recommencer. Ils leur promirent même une récompense : « Voulez-vous un vieux clocher où vous habiterez toutes seules, ou préférez-vous être élevées à la dignité de corneilles de la chambre, qui vous donnera droit sur tous les restes de la table? »

Les corneilles s'inclinèrent en signe de reconnaissance, et demandèrent à être attachées au palais : « Dans notre race, dirent-elles, la vieillesse dure longtemps, et par ce moyen nous serons sûres d'avoir de quoi vivre dans nos vieux jours. »

Le prince sortit de son lit et y laissa reposer Gerda. C'est tout ce qu'il pouvait faire pour elle. L'enfant joignit ses petites mains : « Dieu ! murmura-t-elle avec gratitude, que les hommes et les bêtes ont de la bonté pour moi ! » Puis elle ferma les yeux et s'endormit. Les Rêves accoururent vers elle ; ils avaient la figure d'anges du bon Dieu ; ils poussaient un petit traîneau où était assis Kay, qui la regardait en souriant. Mais quand elle s'éveilla, tout avait disparu.

Le lendemain on l'habilla, de la tête aux pieds, de velours et de soie. La princesse lui proposa de rester au château, pour y passer sa vie au milieu des fêtes. Gerda n'eut garde d'accepter ; elle demanda une petite voiture avec un cheval, et une paire de bottines, pour reprendre son voyage à travers le monde, à la recherche de Kay.

Elle reçut de jolies bottines, et de plus un manchon. Lorsqu'elle fut au moment de partir, elle trouva dans la cour un carrosse neuf, tout en or, armorié aux armes du prince et de la princesse. Les coussins étaient rembourrés de biscuits ; la caisse était remplie de fruits et de pain d'épice. Le cocher, le groom et le piqueur, car il y avait aussi un piqueur, avaient des costumes brodés d'or et une couronne d'or sur la tête.

Le prince et la princesse aidèrent eux-mêmes Gerda à monter en voiture et lui souhaitèrent tout le bonheur possible. La corneille des bois, qui avait épousé son fiancé, l'accompagna et se plaça au fond de la voiture, car cela l'incommodait d'aller à reculons. La corneille apprivoisée s'excusa de ne point faire la conduite à Gerda ; elle ne se trouvait pas bien disposée. Depuis qu'elle avait droit à toutes les miettes de la table, elle avait l'estomac dérangé. Mais elle vint à la portière de la voiture et battit des ailes lorsque l'équipage partit.

« Adieu, adieu, mignonne ! » dirent le prince et la princesse. Et la petite Gerda pleurait, et la corneille pleurait.

Bientôt on eut fait trois lieues. Alors la corneille des bois prit aussi congé. Comme elle était une simple campagnarde, elle s'était vite attachée de cœur à la petite, et cela lui faisait grand'peine de la quitter. Elle vola sur un arbre, et là elle battit des ailes aussi longtemps qu'elle put apercevoir le carrosse, qui brillait comme un vrai soleil.

CINQUIÈME HISTOIRE

LA PETITE FILLE DES BRIGANDS

On arriva dans une forêt sombre ; mais on y voyait très-clair à la lueur que jetait le carrosse. Cette lumière attira une bande de brigands, qui se précipitèrent comme les mouches autour de la flamme : « Voilà de l'or, de l'or pur ! » s'écriaient-ils, et ils saisirent les chevaux, tuèrent cocher, groom et piqueur, et enlevèrent la petite Gerda du carrosse.

« Qu'elle est donc fraîche et grassouillette, cette petite créature ! on dirait qu'elle n'a jamais mangé que des noix ! » Ainsi parlait la vieille mère du chef des brigands ; elle avait une longue et vilaine moustache et de grands sourcils qui lui couvraient presque entièrement les yeux. « Sa chair, reprit-elle, doit être aussi délicate que celle d'un petit agneau dodu. Oh ! quel régal nous en ferons ! ». En prononçant ces mots, elle tirait un grand couteau affilé qui luisait à donner le frisson.

« Aïe ! aïe ! » cria tout à coup la mégère. Sa petite fille, qui était pendue à son dos, une créature sauvage et farouche, venait de la mordre à l'oreille. « Vilain garnement ! » dit la grand'mère, et elle s'apprêtait de nouveau à égorger Gerda. « Je veux qu'elle joue avec moi ! dit la petite brigande. Elle va me donner son manchon et sa belle robe, et elle couchera avec moi dans mon lit. » Elle mordit de nouveau sa grand'mère, qui, de douleur, sauta en l'air. Les bandits riaient en voyant les bonds de la vieille sorcière.

« Je veux entrer dans la voiture, » dit la petite fille des brigands ; et il fallut se prêter à son caprice, car elle était gâtée et entêtée en diable. On plaça Gerda à côté d'elle et on s'avança dans les profondeurs de la forêt. La petite brigande n'était pas plus grande que Gerda, mais elle était plus forte, elle était trapue ; son teint était brun, ses yeux noirs : ils étaient inquiets, presque tristes. Elle saisit Gerda brusquement et la tint embrassée : « Sois tranquille, dit-elle, ils ne te tueront pas tant que je ne me fâcherai pas contre toi. Tu es sans doute une princesse ? — Non, » répondit Gerda. Et elle raconta toutes ses aventures à la recherche du petit Kay. La fille des brigands ouvrait de grands yeux sombres et contemplait avec l'attention la plus sérieuse l'enfant à qui étaient arrivées des choses si étranges. Puis elle hocha la tête d'un air de défi. « Ils ne te tueront pas, reprit-elle, même si je me fâchais contre toi. C'est moi-même alors qui te tuerais ! » Elle essuya les larmes qui coulaient des yeux de Gerda; puis elle fourra ses deux mains dans le beau manchon qui était si chaud et si doux.

On marchait toujours. Enfin la voiture s'arrêta : on était dans la cour d'un vieux château à moitié en ruine, qui servait de repaire aux bandits. A leur entrée, des vols de nombreux corbeaux s'envolèrent avec de longs croassements. D'énormes bouledogues accoururent en bondissant; ils avaient l'air féroce ; chacun semblait de taille à dévorer un homme. Ils n'aboyaient pas, cela leur était défendu.

Dans la grande salle toute délabrée brûlait sur les dalles un grand feu; la fumée s'élevait au plafond et s'échappait par où elle pouvait. Sur le feu bouillait un grand chaudron avec la soupe; des lièvres et des lapins rôtissaient à la broche.

On donna à boire et à manger aux deux petites filles.

« Tu vas venir coucher avec moi et mes bêtes, » dit la petite brigande. Elles allèrent dans un coin de la salle où il y avait de la paille et des tapis. Au-dessus, plus de cent pigeons dormaient sur des bâtons et des planches. Quelques-uns sortirent la tête de dessous l'aile, lorsque les fillettes approchèrent. « Ils sont tous à moi ! » dit la petite brigande, et elle en saisit un par les pieds et le secoua, le faisant battre des ailes. « Embrasse-le, » fit-elle en le lançant à travers la figure de Gerda, et elle se mit à rire de la mine piteuse de celle-ci.

« Tous ces pigeons, reprit-elle, sont domestiques; mais en voilà deux autres, des ramiers, qu'il faut tenir enfermés, sinon ils s'envoleraient : il n'y a pas de danger que je les laisse sortir du trou que tu vois là dans la muraille. Et puis voici mon favori, mon cher Beh ! » Elle tira d'un coin où il était attaché un jeune renne qui avait autour du cou un collier de cuivre bien poli : « Celui-là aussi il faut ne pas le perdre de vue, ou bien il prendrait la clef des champs. Tous les soirs je m'amuse à lui chatouiller le cou avec mon couteau affilé : il n'aime pas cela du tout. »

La petite cruelle prit en effet un long couteau dans une fente de la muraille et le promena sur le cou du renne. La pauvre bête, affolée de terreur, tirait sur sa corde, ruait, se débattait, à la grande joie de la petite brigande. Quand elle eut ri tout son soûl, elle se coucha, attirant Gerda auprès d'elle.

« Vas-tu garder ton couteau pendant que tu dormiras ? dit Gerda, regardant avec effroi la longue lame.

— Oui, répondit-elle, je couche toujours avec mon couteau. On ne sait pas ce qui peut arriver. Mais raconte-moi de nouveau ce que tu m'as dit du petit Kay et de tes aventures depuis que tu le cherches. » Gerda recommença son histoire. Les ramiers se mirent à roucouler dans leur cage ; les autres pigeons dormaient paisiblement.

La petite brigande s'endormit, tenant un bras autour du cou de Gerda et son couteau dans l'autre main. Bientôt elle ronfla. Mais Gerda ne pouvait fermer l'œil ; elle se voyait toujours entre la vie et la mort. Les brigands étaient assis autour du feu ; ils buvaient et chantaient. La vieille mégère dansait et faisait des cabrioles. Quel affreux spectacle pour la petite Gerda !

Voilà que tout à coup les ramiers se mirent à dire : « Cours, cours. Nous avons vu le petit Kay. Une poule blanche tirait son traîneau. Lui était assis dans celui de la Reine des Neiges. Ils vinrent à passer près de la forêt où nous étions tout jeunes encore dans notre nid. La Reine des Neiges dirigea de notre côté son haleine glaciale; tous les ramiers de la forêt périrent, excepté nous deux. Cours, cours!

— Que dites-vous là, mes amis? s'écria Gerda. Où s'en allait-elle cette Reine des Neiges? En savez-vous quelque chose?

— Elle allait sans doute en Laponie; là il y a toujours de la neige et de la glace. Demande-le au renne qui est attaché là-bas.

— Oui, répondit le renne, là il y a de la glace et de la neige que c'est un plaisir. Qu'il fait bon vivre en Laponie! Quels joyeux ébats je prenais à travers les grandes plaines blanches! C'est là que la Reine des Neiges a son palais d'été. Son vrai fort, son principal château est près du pôle Nord, dans une île qui s'appelle le Spitzberg.

— O Kay, pauvre Kay! où es-tu? soupira Gerda.

— Tiens-toi tranquille, dit la fille des brigands, ou je te plonge mon couteau dans le corps. »

Gerda n'ouvrit plus la bouche. Mais le lendemain matin elle raconta à la petite brigande ce qu'avaient dit les ramiers. La petite sauvage prit son air sérieux, et, hochant la tête, elle dit : « Eh bien, cela m'est égal, cela m'est égal. Sais-tu où est la Laponie? demanda-t-elle au renne.

— Qui pourrait le savoir mieux moi? répondit la bête, dont les yeux brillaient au souvenir de sa patrie. C'est là que je suis né, que j'ai été élevé; c'est là que j'ai bondi si longtemps parmi les champs de neige.

— Ecoute, dit à Gerda la fille des brigands. Tu vois, tous

nos hommes sont partis. Il ne reste plus ici que la grand'-mère ; elle ne s'en ira pas. Mais vers midi elle boit de ce qui est dans la grande bouteille, et après avoir bu elle dort toujours un peu. Alors je ferai quelque chose pour toi. »

Elle sauta à bas du lit, alla embrasser sa grand'mère en lui tirant la moustache : « Bonjour, bonne vieille chèvre, dit-elle, bonjour. » La mégère lui donna un coup de poing tel que le nez de la petite en devint rouge et bleu ; mais c'était pure marque d'amitié.

Plus tard la vieille but en effet de la grande bouteille et ensuite s'endormit. La petite brigande alla prendre le renne : « J'aurais eu du plaisir à te garder, lui dit-elle, pour te chatouiller le cou avec mon couteau, car tu fais alors de drôles de mine ; mais tant pis, je vais te détacher et te laisser sortir, afin que tu retournes en Laponie. Il faudra que tu fasses vivement aller tes jambes et que tu portes cette petite fille jusqu'au palais de la Reine des Neiges, où se trouve son camarade ; tu te rappelles ce qu'elle a conté cette nuit, puisque tu nous écoutais. »

La renne bondit de joie. Lorsqu'il fut un peu calmé, la petite brigande assit Gerda sur le dos de la bête, lui donna un coussin pour siège et l'attacha solidement, de sorte qu'elle ne pût tomber.

« Tiens, dit-elle, je te rends tes bottines fourrées, car la saison est avancée ; mais le manchon, je le garde, il est par trop mignon. Je ne veux pas cependant que tu aies tes menottes gelées ; voici les gants fourrés de ma grand'mère ; ils te vont jusqu'aux coudes. Allons, mets-les. Maintenant tu as d'aussi affreuses pattes que ma vieille chèvre ! »

Gerda pleurait de joie.

Tout à coup apparut une vaste lueur comme si le ciel lançait des gerbes de feu. (P. 257.)

« Ne fais pas la grimace, reprit l'autre, cela me déplaît. Aie l'air joyeux et content. Tiens encore, voici deux pains et du jambon. Comme cela, tu n'auras pas faim. »

Elle attacha ces provisions sur le dos du renne. Alors elle ouvrit la porte, appela tous les gros chiens dans la salle pour qu'ils ne poursuivissent pas les fugitifs, puis coupa la corde avec son couteau affilé, et dit au renne : « Cours maintenant et fais bien attention à la petite fille. »

Gerda tendit à la petite brigande ses mains emmitouflées dans les gants de fourrure, et lui dit adieu. Le renne partit comme un trait, sautant par-dessus les pierres, les fossés. Il traversa la grande forêt, puis des steppes, des marais, puis de nouveau des bois profonds. Les loups hurlaient, les corbeaux croassaient. Tout-à-coup apparut une vaste lueur comme si le ciel lançait des gerbes de feu : « Voilà mes chères aurores boréales ! s'écria le renne, vois comme elles brillent. » Il galopa encore plus vite, jour et nuit. Les pains furent mangés et le jambon aussi. Quand il n'y eut plus rien, ils étaient arrivés en Laponie.

SIXIÈME HISTOIRE

LA LAPONNE ET LA FINNOISE

Le renne s'arrêta près d'une petite hutte. Elle avait bien pauvre apparence, le toit touchait presque à terre, et la porte était si basse qu'il fallait se mettre à quatre pattes pour entrer et sortir. Il n'y avait dans cette hutte qu'une vieille Laponne qui faisait cuire du poisson. Une petite lampe éclairait l'obscur réduit.

Le renne raconta toute l'histoire de Gerda, après avoir toutefois commencé par la sienne propre, qui lui semblait bien plus remarquable. Gerda était tellement accablée de froid qu'elle ne pouvait parler.

« Infortunés que vous êtes, dit la Laponne, vous n'êtes pas au bout de vos peines ; vous avez à faire encore un fier bout de chemin, au moins cent lieues dans l'intérieur du Finnmarken. C'est là que demeure la Reine des Neiges ; c'est là qu'elle allume tous les soirs des feux pareils à ceux du Bengale. Je m'en vais écrire quelques mots sur une morue sèche (je n'ai pas d'autre papier) pour vous recommander à la Finnoise de là-bas ; elle vous renseignera mieux que moi. »

Pendant ce temps ; Gerda s'était réchauffée. La Laponne lui donna à boire et à manger ; elle écrivit sa lettre sur une morue sèche et la remit à Gerda, qu'elle rattacha sur le renne.

La brave bête repartit au triple galop. Le ciel étincelait, il se colorait de rouge et de jaune; l'aurore boréale éclairait la route. Ils finirent par arriver au Finnmarken, et heurtèrent à la cheminée de la Finnoise, dont la maison était sous terre.

Elle les reçut et leur fit bon accueil. Quelle chaleur il faisait chez elle! aussi n'avait-elle presque pas de vêtements. Elle était naine et fort malpropre, du reste excellente personne. Elle dénoua tout de suite les habits de Gerda, lui retira les gants et les bottines; sans cela l'enfant aurait été étouffée de chaleur. Elle eut soin aussi de mettre un morceau de glace sur la tête du renne, pour le préserver d'avoir un coup de sang. Après quoi elle lut ce qui était écrit sur la morue, elle le relut trois fois, de sorte qu'elle le savait par cœur ; alors elle mit la morue dans son pot-au-feu. Dans son pays si pauvre, la Finnoise avait appris à faire bon usage de tout.

Le renne conta d'abord son histoire, puis celle de la petite Gerda. La Finnoise clignait ses petits yeux intelligents, mais ne disait rien.

« Tu es très habile, je le sais, dit le renne ; tu connais de grands secrets. Tu peux, avec un bout de fil, lier tous les vents du monde. Si on dénoue le premier nœud, on a du bon vent ; le second, le navire fend les vagues avec rapidité; mais si l'on dénoue le troisième et le quatrième, alors se déchaîne une tempête qui couche les forêts par terre. Tu sais aussi composer un breuvage qui donne la force de douze hommes.

Ne veux-tu pas en faire boire à cette petite, afin qu'elle puisse lutter avec la Reine des Neiges ?

— La force de douze hommes ? dit la Finnoise. Oui, peut-être, cela pourrait lui servir. »

Elle tira de dessous le lit une grande peau roulée, la déploya et se mit à lire les caractères étranges qui s'y trouvaient écrits. Il fallait une telle attention pour les interpréter, qu'elle suait à grosses gouttes. Elle faisait mine de ne pas vouloir continuer de lire, tant elle en éprouvait de fatigue. Mais le bon renne la pria instamment de venir en aide à la petite Gerda, et de ne pas l'abandonner. Celle-ci la regarda aussi avec des yeux suppliants, pleins de larmes. La Finnoise cligna de l'œil et reprit sa lecture. Puis elle emmena le renne dans un coin, et, après lui avoir remis de la glace sur la tête, elle lui dit à l'oreille :

« Ce grimoire vient de m'apprendre que le petit Kay est, en effet, auprès de la Reine des Neiges. Il y est très heureux, il trouve tout à son goût ; c'est, selon lui, le plus agréable lieu du monde. Cela vient de ce qu'il a au cœur un éclat de verre, et dans l'œil un grain de ce même verre, qui dénature les sentiments et les idées. Il faut les lui retirer ; sinon il ne reviendra jamais un être humain digne de ce nom, et la Reine des Neiges conservera tout empire sur lui.

— Ne peux-tu faire boire à la petite Gerda un breuvage qui lui donne la puissance de rompre ce charme !

— Je ne saurais la douer d'un pouvoir plus fort que celui qu'elle possède déjà. Tu ne vois donc pas que bêtes et gens sont forcés de la servir, et que, partie nu-pieds de sa ville natale, elle a traversé heureusement la moitié de l'univers. Ce n'est pas de nous qu'elle peut recevoir sa force ; elle réside en son cœur, et vient de ce qu'elle est un enfant innocent et plein de bonté. Si elle ne peut parvenir jusqu'au palais de la Reine des Neiges et enlever les deux débris de verre qui ont causé tout le mal, il n'est pas en nous de lui venir en aide. Tout ce que tu as à faire, c'est donc de la conduire jusqu'à l'entrée du jardin de la Reine des Neiges, à deux lieues d'ici. Tu la déposeras près d'un bouquet de broussailles aux fruits rouges, que tu verras là au milieu de la neige. Allons, cours et ne t'arrête pas en route à bavarder avec les rennes que tu rencontreras. »

Et la Finnoise plaça de nouveau Gerda sur la bête, qui partit comme une flèche.

« Halte ! dit la petite, je n'ai pas mes bottines ni mes gants fourrés. » Elle s'en apercevait au froid glacial qu'elle ressentait. Mais le renne n'osa pas revenir sur ses pas ; il galopa tout d'une traite jusqu'aux broussailles aux fruits rouges. Là il déposa Gerda et lui baisa la bouche ; de grosses larmes coulaient des yeux de la brave bête. Il repartit rapide comme le vent.

La voilà donc toute seule, la pauvre Gerda, sans souliers et sans gants, au milieu de ce terrible pays de Finnmarken, gelé de part en part. Elle se mit à courir en avant aussi vite qu'elle put. Elle vit devant elle un régiment de flocons de neige. Ils ne tombaient pas du ciel, qui était clair et illuminé par l'aurore boréale. Ils couraient en ligne droite sur le sol, et plus ils approchaient, plus elle remarquait combien ils étaient gros.

Elle se souvint des flocons qu'elle avait autrefois examinés avec la loupe, et combien ils lui avaient paru grands et formés avec symétrie. Ceux-ci étaient bien plus énormes et terribles ; ils étaient doués de vie. C'étaient les avant-postes de l'armée de la Reine des Neiges.

Les uns ressemblaient à des porcs-épics ; d'autres, à un nœud de serpents entrelacés, dardant leurs têtes de tous côtés ; d'autres avaient la figure de petits ours trapus, aux poils rebroussés. Tous étaient d'une blancheur éblouissante.

Ils avançaient en bon ordre. Alors Gerda récita avec ferveur un *Notre Père*. Le froid était tel qu'elle pouvait voir sa propre haleine, qui, pendant qu'elle priait, sortait de sa bouche comme une bouffée de vapeur. Cette vapeur devint de plus en plus épaisse, et il s'en forma de petits anges qui, une fois qu'ils avaient touché terre, grandissaient à vue d'œil. Tous avaient des casques sur la tête ; ils étaient armés de lances et de boucliers. Lorsque l'enfant eut achevé le *Pater*, il y en avait une légion.

Ils attaquèrent les terribles flocons, et, avec leurs lances, les taillèrent en pièces, les fracassèrent en mille morceaux.

La petite Gerda reprit tout son courage et marcha en avant. Les anges lui caressaient les pieds et les mains pour que le froid ne les engourdît point. Elle approchait du palais de la Reine des Neiges.

Mais il faut à présent que nous sachions ce que faisait Kay. Il est certain qu'il ne pensait pas à Gerda, et que l'idée qu'elle fût là, tout près, était bien loin de lui.

SEPTIÈME HISTOIRE

LE PALAIS DE LA REINE DES NEIGES

Les murailles du château étaient faites de neige amassée par les vents, qui y avaient ensuite percé des portes et des fenêtres. Il y avait plus d'une centaine de salles immenses. La plus grande avait une longueur de plusieurs milles. Elles étaient éclairées par les feux de l'aurore boréale. Tout y brillait et scintillait. Mais quel vide et quel froid !

Jamais il ne se donnait de fêtes dans cette royale demeure. C'eût été chose facile pourtant que d'y convoquer pour un petit bal les ours blancs, qui, la tempête servant d'orchestre, auraient dansé des quadrilles dont la gravité décente eût été en harmonie avec la solennité du lieu. Jamais on ne laissait non plus entrer les renards blancs du voisinage ; jamais on ne permettait à leurs demoiselles de s'y réunir pour babiller et médire, comme cela se fait pourtant à la cour de bien des souverains. Non, tout était vaste et vide dans ce palais de la Reine des Neiges, et la lumière des aurores boréales qui augmentait, qui diminuait, qui augmentait de nouveau, toujours dans les mêmes proportions, était froide elle-même.

Dans la plus immense des salles, on voyait un lac entièrement gelé, dont la glace était fendue en des milliers et des milliers de morceaux ; ces morceaux étaient tous absolument semblables l'un à l'autre. Quand la Reine des Neiges habitait le palais, elle trônait au milieu de cette nappe de glace, qu'elle appelait le seul vrai miroir de l'intelligence.

Le petit Kay était bleu et presque noir de froid. Il ne s'en apercevait pas. D'un baiser la Reine des Neiges lui avait enlevé le frisson ; et son cœur n'était-il pas d'ailleurs devenu de glace ? Il avait dans les mains quelques-uns de ces morceaux de glace plats et réguliers dont la surface du lac était composée. Il les plaçait les uns à côté des autres en tous sens, comme lorsque nous jouons au jeu de patience. Il était absorbé dans ces combinaisons, et cherchait à obtenir les figures les plus singulières et les plus bizarres. Ce jeu s'appelait le grand jeu de l'intelligence, bien plus difficile que le casse-tête chinois.

Ces figures hétéroclites, qui ne ressemblaient à rien de réel, lui paraissaient merveilleuses ; mais c'était à cause du grain de verre qu'il avait dans l'œil.

Il composait, avec ces morceaux de glace, des lettres et parfois des mots entiers. Il cherchait en ce moment à composer le mot *Éternité*. Il s'y acharnait depuis longtemps déjà sans pouvoir y parvenir. La Reine des Neiges lui avait dit : « Si tu peux former cette figure, tu seras ton propre maître ; je te donnerai la terre toute entière et une paire de patins neufs. »

Il s'y prenait de toutes les façons, mais sans approcher de la réussite.

« Il me faut faire un tour dans les pays chauds, dit la

Reine des Neiges. Il est temps d'aller surveiller les grands chaudrons. (Elle entendait par ces mots les volcans l'Etna et le Vésuve.) La neige de leurs cimes est peut-être fondue. »

Elle s'élança dans les airs. Kay resta seul dans la vaste salle de plusieurs milles carrés. Il était penché sur ses morceaux de glace, imaginant, combinant, ruminant comment il pourrait les agencer pour atteindre son but. Il était là, immobile, inerte ; on l'aurait cru gelé.

En ce moment, la petite Gerda entrait par la grande porte du palais. Des vents terribles en défendaient l'accès. Gerda récita sa prière du soir, et les vents se calmèrent et s'assoupirent. L'enfant pénétra dans la grande salle ; elle aperçut Kay, le reconnut, vola vers lui en lui sautant ou cou, le tint embrassé en s'écriant : Kay ! cher petit Kay, enfin je t'ai retrouvé ! »

Lui ne bougea pas, ne dit rien. Il restait là, roide comme un piquet, les yeux fichés sur ses morceaux de glace. Alors la petite Gerda pleura de chaudes larmes ; elles tombèrent sur la poitrine de Kay, pénétrèrent jusqu'à son cœur et en fondirent la glace, de sorte que le vilain éclat de verre fut emporté avec la glace dissoute.

Il leva la tête et la regarda. Gerda chanta, comme autrefois dans leur jardinet, le refrain du cantique :

> Les roses fleurissent et se fanent. Mais bientôt
> Nous reverrons la Noël et l'Enfant Jésus.

Kay, à ce refrain, éclata en sanglots ; les larmes jaillirent de ses yeux et le débris de verre en sortit, de sorte qu'il reconnut Gerda et, transporté de joie, il s'écria : « Chère petite Gerda, où est-tu restée si longtemps, et moi, où donc ai-je été ? »

Regardant autour de lui : « Dieu, qu'il fait froid ici ! dit-il, et quel vide affreux ! » Il se serra de toutes ses forces contre Gerda, qui riait et pleurait de plaisir de retrouver enfin son compagnon. Ce groupe des deux enfants, qu'on eût pu

nommer l'Amour protecteur et sauveur, offrait un si ravissant tableau, que les morceaux de glace se mirent à danser joyeusement, et, lorsqu'ils furent fatigués et se reposèrent, ils se trouvèrent figurer le mot *Éternité*, qui devait donner à Kay la liberté, la terre entière et des patins neufs.

Gerda lui embrassa les joues, et elles redevinrent brillantes ; elle baisa les yeux, qui reprirent leur éclat, les mains et les pieds où la vie se ranima, et Kay fut de nouveau un jeune garçon plein de santé et de gaieté. Ils n'attendirent pas la Reine des Neiges pour lui réclamer ce qu'elle avait promis.

Ils laissèrent la figure qui attestait que Kay avait gagné sa liberté. Ils se prirent par la main et sortirent du palais.

Ils parlaient de la grand'mère, de leur enfance et des roses du jardinet sur les toits. A leur approche, les vents s'apaisaient et le soleil apparaissait. Arrivés aux broussailles chargées de fruits rouges, ils trouvèrent le renne qui les attendait avec sa jeune femelle ; elle donna aux enfants de son bon lait chaud. Puis, les deux braves bêtes les conduisirent chez la Finnoise, où ils se réchauffèrent bien, puis chez la Laponne, qui leur avait cousu des vêtements neufs et avait arrangé pour eux son traîneau.

Elle les y installa et les conduisit elle-même jusqu'à la frontière de son pays, là où poussait la première verdure. Kay et Gerda prirent congé de la bonne Laponne et des deux rennes qui les avaient amenés jusque-là. Les arbres avaient des bourgeons verts ; les oiseaux commençaient à gazouiller. Tout-à-coup, Gerda aperçut sur un cheval magnifique qu'elle reconnut (c'était celui qui était attelé au carrosse d'or), une jeune fille coiffée d'un bonnet rouge. Dans les fontes de la selle étaient des pistolets. C'était la petite brigande. Elle en avait eu assez de la vie de la forêt. Elle était partie pour le Nord, avec le projet, si elle ne s'y plaisait pas, de visiter les autres contrées de l'univers.

Elle reconnut aussitôt Gerda, qui aussitôt la reconnut. C'est cela qui fut une joie !

« Tu es un joli vagabond, dit à Kay la petite brigande. Je te demande un peu si tu mérites qu'on courre à cause de toi jusqu'au bout de la terre. »

Gerda lui caressa les joues, et, pour détourner la conversation, demanda ce qu'étaient devenus le prince et la prin--

cesse. « Ils voyagent à l'étranger, » répondit la fille des brigands. « Et les corneilles ? — Celle des bois est morte : l'autre porte le deuil et se lamente de son veuvage ; entre nous, ses plaintes ne sont que du babillage. Mais raconte-moi donc tes aventures et [comment tu as rattrapé ce fugitif. »

Gerda et Kay firent chacun leurs récits.

« Schnipp, schnapp, schnoure, pourre, basseloure, » dit la petite brigande ; elle leur tendit la main, leur promettant de les visiter, si elle passait par leur ville. Elle reprit ensuite son grand voyage.

Kay et Gerda marchaient toujours la main dans la main ; le printemps se faisait magnifique, amenant la verdure et les fleurs. Un jour ils entendirent le son des cloches, et ils aperçurent les hautes tours de la grande ville où ils demeuraient. Ils y entrèrent, montèrent l'escalier pour aller chez la grand'mère. Dans la chambre, tout était à la même place qu'autrefois. La pendule faisait toujours tic-tac ; mais en passant la porte, ils s'aperçurent qu'ils étaient devenus de grandes personnes.

Les roses devant les mansardes étaient fleuries. Kay et Gerda s'assirent sur le banc, comme autrefois. Ils avaient oublié, comme un mauvais rêve, les froides splendeurs de la Reine des Neiges. La grand'mère était assise au soleil et lisait dans la Bible : « Si vous ne devenez pas comme des enfants, lisait-elle, vous n'entrerez pas dans le royaume de Dieu. »

Kay et Gerda se regardèrent et comprirent le vieux refrain :

Les roses fleurissent et se fanent
Nous verrons bientôt l'Enfant Jésus.

Ils restèrent longtemps assis, se tenant par la main. Ils avaient grandi, et cependant ils étaient encore enfants, enfants par le cœur.

LE FILS DU PORTIER

I

Le général demeurait au premier, le portier logeait dans le sous-sol. Il y avait une grande distance entre les deux familles, d'abord le rez-de-chaussée les séparait, puis la différence du rang ; mais elles demeuraient en somme sous le même toit, toutes deux ayant vue à la fois sur la rue et sur la cour.

Dans cette cour se trouvait un gazon, au milieu un acacia en fleur, quand c'était la saison où les acacias fleurissent. Alors venait parfois sous l'arbre la nourrice bien attifée, tenant dans ses bras la fille du général, la petite Émilie, qui était encore bien plus joliment attifée. Devant elle dansait nu-pieds le petit garçon du portier; il avait de grands yeux noirs, des cheveux bruns. L'enfant lui souriait, tendait ses menottes vers lui. Quand le général voyait ce spectacle de sa fenêtre, il faisait un signe de tête en disant : « C'est charmant ! »

Mme la générale, qui était si jeune qu'elle aurait pu passer pour la fille de son mari, ne regardait jamais par la fenêtre qui s'ouvrait sur la cour. Elle avait donné ordre que le fils des gens de la cave pouvait bien jouer devant la petite pour l'amuser, mais qu'il ne devait pas la toucher. La nourrice suivait fidèlement les prescriptions de sa maîtresse. Et les rayons de soleil entraient chez les habitants du sous-sol comme chez les habitants du premier.

L'acacia donna ses fleurs, puis les perdit selon le cours de la saison. Il en fut de même l'année suivante. Le petit garçon du portier florissait aussi, sa bonne tête aux joues vermeilles ressemblait à une grosse tulipe ouverte. La petite fille du général était délicate et mignonne; son teint était d'un blanc rosé comme les fleurs de l'acacia. Elle ne venait plus que rarement sous l'arbre. Elle allait prendre l'air frais dehors et sortait en voiture avec sa maman. En partant, en rentrant, elle faisait toujours un signe de tête à Georges, le fils du portier; oui, elle lui envoyait même des baisers avec la main, jusqu'à ce que sa mère lui eût dit qu'elle était maintenant trop grande et que cela ne convenait plus.

Un matin, Georges avait à porter au général les journaux et les lettres qui arrivaient le matin à la loge. Pendant qu'il montait l'escalier et qu'il passait devant la soupente où se mettait le sable [1], il entendit sortir de là une espèce de piaulement. Il pensa que c'était un poulet qui s'était égaré par là et qui criait. Mais ce n'était pas moins que la fille du général, la petite Émilie, tout habillée de gaze et de dentelles.

« Il ne faut rien dire à papa ni à maman, murmura-t-elle, sans cela, ils se fâcheront. — Mais qu'y a-t-il ? demanda Georges.

— Tout brûle, répondit-elle, tout est en flammes. »

Georges monta l'escalier d'un bond et entra chez le général ; il ouvrit la porte de la chambre de l'enfant ; les rideaux étaient déjà presque en cendres ; les tringles flambaient. Georges grimpa sur une chaise, arracha tout ce qui brûlait et appela au secours. Sans lui, la maison entière eût été dévorée par l'incendie.

Le général et Mme la générale firent subir à la petite Émilie un interrogatoire en règle. « J'avais pris une allumette, dit-elle, une seule ; elle brûla et le rideau se mit aussi à brûler. Je crachai dessus pour l'éteindre, je crachai tant que je

1. En Danemarck, les escaliers et planchers, au lieu d'être cirés, sont lavés, et on y jette du sable.

pus. Quand je n'eus plus de salive, je me sauvai me cacher pensant bien que papa et maman seraient fâchés.

— Cracher! dit la générale, qu'est-ce que c'est que ce mot-là? As-tu jamais entendu papa ou maman le prononcer ? Tu l'auras appris des gens d'en bas. »

Georges reçut pourtant pour le service rendu une pièce blanche. Il ne la porta pas chez le pâtissier ; il la mit dans sa tirelire. Bientôt il y trouva assez de pièces blanches pour s'acheter une boîte à couleur, avec laquelle il put enluminer ses dessins, car Georges dessinait beaucoup. C'était merveille de voir ses petits doigts manier le crayon. Ses premières images coloriées, il les donna à Émilie.

« C'est charmant! » dit le général. La générale même convint que l'on reconnaissait très bien ce que le petit garçon avait voulu représenter. «Il a du génie, » ce furent les paroles que la portière lui entendit prononcer et qu'elle courut rapporter au sous-sol.

Le général et sa haute et puissante épouse étaient des

gens de qualité. Ils avaient, peints sur leur voiture, deux écus armoriés, chacun le leur. Madame avait fait mettre ses deux écus à chaque pièce de son linge, à l'endroit et à l'envers, et sur ses sacs de voyage, et jusque sur ses bonnets de nuit. Ses armoiries à elles, son père les avait achetées fort cher, à beaux deniers comptants. Il ne les avait pas eues en naissant, ni elle non plus ; elle était venue au monde sept ans avant les armoiries. Presque tout le monde s'en souvenait ; elle pas du tout.

Les armoiries du général étaient antiques et compliquées. Il y avait de quoi se redresser à faire craquer ses os, quand on portait des armoiries pareilles. Qu'était-ce donc lorsqu'on en avait encore d'autres ? Aussi entendait-on craquer vraiment les os de la générale quand, toute droite et dans ses grands atours, elle montait en voiture pour aller au bal de la cour.

Le général était déjà vieux et ses cheveux grisonnaient. Mais à cheval, il faisait encore bonne figure. Il le savait, et tous les jours, il sortait à cheval ; une ordonnance le suivait à une distance convenable. Lorsqu'il entrait dans un salon, on aurait dit qu'il arrivait juché sur son grand cheval. Et des décorations, il en avait en nombre incroyable, il en était chamarré. Mais ce n'était réellement pas sa faute. Il était entré tout jeune dans l'armée ; il avait souvent assisté aux manœuvres de petite guerre qu'en temps de paix les troupes font pendant l'automne. Il racontait à ce propos une anecdote, la seule, du reste, qu'il sût conter.

Un jour, un sous-officier sous ses ordres coupa la retraite à un prince et le fit prisonnier avec son escorte. Le prince et sa suite, en qualité de prisonniers, durent traverser la ville derrière le général victorieux. C'était là un événement mémorable que le général rappelait d'année en année. Il rapportait fidèlement les paroles qu'il avait dites en remettant au prince son épée : « Il n'y avait qu'un sous-officier qui fût capable de faire Votre Altesse prisonnière ; moi, je ne l'aurais jamais pu. » Le prince lui avait répondu : « Vous êtes vraiment un homme incomparable. »

A une véritable guerre, le général ne s'était jamais trouvé. Quand il en éclata une, il fut envoyé en mission diplomatique auprès de trois cours étrangères. Il parlait très bien le français, au point d'en oublier presque sa langue natale. De plus, il dansait dans la perfection. Aussi les décorations poussaient-elles sur ses habits comme les mauvaises herbes dans les champs. Les factionnaires lui présentaient les armes. Une des plus belles jeunes filles de la société danoise lui présenta également les armes et devint Mme la générale. Ils eurent une délicieuse petite fille ; on l'aurait dite tombée du ciel, tant elle était gracieuse. C'était notre Émilie. Le fils du portier dansait d'abord devant elle dans la cour pour l'amuser ; et plus tard, il lui donna les images qu'il dessinait et coloriait. La petite Émilie les regarda, s'en réjouit fort, puis les déchira. Mais qu'elle était donc mignonne !

« Ma feuille de rose, disait la générale, tu es née pour un prince ! »

Le prince était tout trouvé ; il était devant la porte. Mais on n'en savait rien. Les hommes ne voient pas si loin que le pas de leur porte. « Avant-hier, notre garçon a partagé avec elle sa tartine, raconta un jour la portière à son mari ; il n'y avait dessus ni fromage ni viande ; mais la petite trouvait cela excellent, comme si c'était du pâté. Que de bruit il y aurait eu si le général ou madame avaient vu cette dînette ! mais ils n'en ont rien su. »

Georges avait partagé sa tartine avec la petite Émilie. Il eût volontiers partagé son cœur avec elle, si cela avait pu lui faire plaisir. C'était un excellent sujet, éveillé et intelligent. Il fréquentait les cours du soir pour apprendre le dessin. La petite Émilie acquérait aussi des connaissances ; elle parlait français avec sa bonne, et prenait déjà des leçons de danse.

II

« Voilà donc Georges qui sera confirmé à Pâques, » dit la portière à son mari.

— Le plus sage serait de le mettre en apprentissage, dit le père. Il faudrait lui choisir un bon métier. Comme cela, nous ne l'aurions plus à la maison.

— Il faudrait toujours qu'il couchât à la maison, répondit la mère ; on ne trouve guère de maîtres qui logent leurs apprentis. Nous serions toujours obligés de l'habiller. Autant vaut donc le garder tout à fait chez nous. Nous trouverons bien le peu qu'il mange : quelques pommes de terre, et il est satisfait. Les leçons de dessin lui sont données pour rien. Laissons-le suivre son chemin ; tu verras qu'il fera notre joie. C'est ce que dit son professeur. »

Les habits pour la confirmation étaient prêts. La mère de Georges les avait cousus. Un petit tailleur du voisinage les avait coupés, et c'était un habile homme : « S'il avait pu, disait la portière, s'établir dans une belle rue et avoir un grand atelier avec des garçons et des apprentis, il serait devenu tailleur de la cour. » Les habits étaient prêts, Georges aussi était prêt. Le grand jour arrivé, il reçut de son parrain, vieux garçon de boutique chez le marchand de fer, une grosse montre en argent. Elle était vieille et éprouvée ; elle avançait toujours ; mais cela vaut mieux que de retarder. C'était un magnifique cadeau.

Un psautier relié en maroquin fut envoyé par la petite demoiselle à qui Georges avait donné des images. En tête du livre était écrit le nom de Georges et celui d'Émilie, avec ces mots : « Son affectionnée protectrice. » Cela avait été écrit sous la dictée de Mme la générale. Le général l'avait lu et avait dit : « C'est charmant ! »

— Voilà certes une grande marque de bienveillance, dit la portière, de la part de personnes de si haute naissance. »

Georges, revêtu de ses beaux habits, dut monter au premier, le psautier à la main, pour se montrer et pour remercier.

La générale était assise sur le sofa, elle était tout enveloppée de châles et de pélerines. Elle souffrait d'un violent mal de tête, qui la prenait toujours quand elle s'ennuyait. Elle ne laissa pas d'être très gracieuse pour Georges, lui souhaita toute sorte de prospérités, et surtout de n'avoir jamais la migraine.

Le général se promenait dans sa robe de chambre, la tête coiffée d'un bonnet avec un grand floc. Il portait des bottes russes à tige rouge. Enfoncé dans ses réflexions ou dans ses souvenirs, il monta et descendit trois fois de suite l'appartement, puis il s'arrêta et dit : « Voilà donc le petit Georges reçu parmi les chrétiens ! Deviens un honnête homme et respecte l'autorité. Ce conseil, dont tu te trouveras bien, tu pourras te dire, lorsque tu seras vieux, que c'est le général qui te l'a donné. »

C'étaient là plus de paroles que le général n'avait l'habitude d'en prononcer de suite. Aussi se replongea-t-il aussitôt dans ses pensées : il avait un air sérieux qui lui allait très bien. Mais, de tout ce que Georges entendit et vit ce jour-là au premier étage, c'est la petite Émilie qui demeura gravée dans sa mémoire plus ineffaçablement que tout le reste. Douce, délicate et gracieuse, elle paraissait voltiger comme un jeune oiseau. « Il faudrait la dessiner sur une bulle de savon, » pensait Georges en songeant à cette créature aérienne et diaphane. Ses grandes boucles dorées respiraient un parfum comparable à celui d'une rose fraîchement ouverte. C'était avec cette fée, cet être céleste, qu'il avait partagé autrefois sa tartine, et elle avait mangé son morceau d'un très vif appétit, et à chaque bouchée elle lui faisait un signe de tête exprimant la satisfaction. S'en souvenait-elle encore ? Oui vraiment, elle se le rappelait, et c'est pour le remercier qu'elle lui donnait ce beau psautier.

La première fois qu'après ces événements vint la nouvelle année, puis la nouvelle lune, il se rendit en pleins champs, un morceau de pain dans sa poche et le psautier sous le bras, pour le consulter bien dans les règles sur l'avenir, car on sait que cela se pratique ainsi, et que c'est l'oracle le plus infaillible.

Il ouvrit le livre, il tomba sur un psaume d'actions de grâces, ce qui lui présageait des destinées heureuses. Il l'ouvrit une seconde fois pour voir quel sort était réservé à la petite Émilie. Il eut beau faire attention afin que le livre ne s'ouvrit pas aux psaumes de la mort : à la page où le livre s'ouvrit, il n'était question que du trépas et de la tombe :

« Ce ne sont que des superstitions ! » s'écria Georges pour se rassurer. Mais quelle ne fut pas sa frayeur lorsque, peu de temps après, la gentille enfant s'alita et que la voiture du médecin vint chaque jour s'arrêter à la porte.

« Ils ne la conserveront pas, disait la portière ; le bon Dieu sait bien qui il doit appeler auprès de lui. »

Ils la conservèrent cependant, et l'enfant échappa aux menaces des oracles. Lorsqu'elle fut en convalescence, Georges dessina des images et les lui envoya pour la distraire. Un jour il dessina le palais des czars, le vieux Kremlin, avec ses tours et ses coupoles, qui avaient l'air de gigantesques courges vertes dorées par le soleil ; telles du moins elles paraissaient sur l'image de Georges. La petite Émilie y prit grand plaisir. Aussi Georges lui dessina-t-il une suite de nouvelles images, toutes avec des édifices, car, se disait-il, elle s'amusera à imaginer une quantité de belles choses qui pourraient se trouver derrière ces portes et ces fenêtres.

Il dessina une pagode chinoise, ayant des clochettes à chacun des seize étages. Il dessina deux temples grecs avec d'élégantes colonnes de marbre et de grands escaliers tout autour. Il dessina une église norvégienne, et l'on voyait fort bien, dans son dessin, qu'elle était construite en bois, et que toutes les parties en étaient ajustées avec un art singulier.

Mais la plus belle image qu'il fit fut celle qu'il appela le palais d'Émilie, parce que, disait-il, c'est dans une telle demeure qu'elle devrait habiter. Il en avait conçu lui-même le plan ; il y avait réuni tout ce qu'il avait trouvé de plus beau dans les autres édifices. Il y avait des poutres sculptées et ciselées, comme à l'église norvégienne ; des colonnes de marbre, comme aux temples grecs ; puis des clochettes à tous les étages, comme aux pagodes de la Chine ; enfin le toit était couronné de coupoles vertes et dorées, comme celles du Kremlin des czars. C'était un vrai château des contes merveilleux.

Sous chaque fenêtre, Georges avait écrit à quoi était destinée la salle ou la chambre qui se trouvait derrière. Par exemple : « Là, Émilie dort. Ici, elle apprend à danser. Là, elle joue. Ici, on reçoit les étrangers, etc. »

C'était un plaisir de regarder cet étrange palais, et on le regardait beaucoup.

« Charmant, en vérité ! » disait le général. Le vieux comte, car il y avait là un vieux comte qui était encore de plus haute noblesse que le général, et qui avait un château, le vieux comte ne dit rien ; il écouta raconter que ce palais avait été imaginé et dessiné par le petit garçon du portier, petit, tout à fait petit, non, c'était trop dire, car il avait déjà été confirmé. Le vieux comte considérait ces images ; il avait son idée, mais il la garda pour lui.

Un matin qu'il faisait justement un vilain temps gris et humide, le plus beau jour, le plus lumineux se leva pour le petit Georges. Le professeur de l'Académie l'appela et lui dit : « Écoute, mon petit ami, j'ai à te parler. Le bon Dieu, qui t'a déjà accordé la grâce de te bien douer, t'a fait encore rencontrer des personnes qui aiment à faire le bien. Le vieux comte qui demeure là au coin de la rue m'a parlé de toi. J'ai vu tes images, nous n'en parlerons pas plus longuement ; il y a bien des choses à corriger. Mais, dès aujourd'hui, tu peux venir deux fois la semaine à mon cours de dessin, ce qui te mettra à même de faire mieux une autre fois. Je pense qu'il y a en toi plutôt un architecte qu'un peintre. Tu as, du reste, tout le temps d'y réfléchir. Pour le moment, va trouver le vieux comte, et remercie Dieu d'avoir placé cet homme sur ton chemin. »

C'était une belle grande maison celle du comte, là-bas, au coin de la rue. Autour des fenêtres se trouvaient sculptés des éléphants, des dromadaires, des licornes, œuvres des anciens temps. Le vieux comte cependant préférait les temps nouveaux et tout ce qu'ils apportent, que cela vienne du premier étage, du sous-sol ou du toit.

« Je crois, dit la portière à son mari, que plus les gens sont de haute naissance, moins ils en ont d'orgueil. Vois le vieux comte, comme il est simple et affable! Il parle absolument comme toi et moi. C'est ce que le général ne saurait faire ni madame non plus. Aussi Georges, hier, était-il ravi de l'accueil du comte ; et j'en suis là également, aujourd'hui que j'ai été reçue par ce puissant seigneur. N'est-il pas heureux que nous n'ayons pas envoyé Georges en apprentissage chez un artisan? Il a des facultés, m'a dit le comte.

— C'est bien, dit le père, mais il faudra qu'on nous aide pour le faire arriver.

— C'est ce qu'on fera, répondit la mère, le comte l a positivement promis.

— Ce ne peut être que le général qui l'y aura engagé, dit le père, il faut que nous allions le remercier.

— Nous le pouvons, sans doute, reprit la portière; toutefois, je ne crois point que ce soit à lui que nous devions ce bonheur. J'en remercierai le bon Dieu, et le bénirai aussi de ce que la petite Émilie revient à la santé.

La petite Émilie, en effet, se rétablissait. Elle crût et embellit, et, de son côté, Georges accomplissait de rapides progrès. Il remporta à l'Académie la médaille d'argent, et ensuite la médaille d'or.

III

« Mieux vaudrait pourtant lui avoir fait apprendre un métier, disait la portière en pleurant. Nous l'aurions gardé auprès de nous. Que va-t-il faire à Rome? Je ne le reverrai jamais, ce cher enfant, même s'il revient ici; mais il ne voudra plus quitter un pays qu'on dit si beau.

— C'est pour son bonheur, dit le père, qu'il s'en va, c'est dans l'intérêt de sa gloire.

— Merci de la consolation que tu m'offres, mon ami, dit la mère, mais tu n'es toi-même pas moins affligé que moi. »

Tous deux étaient, en effet, bien chagrins du départ de leur fils, quoiqu'on leur dît de tous les côtés combien il était heureux pour lui d'avoir conquis cette distinction. Georges fit ses adieux à ses parents; il prit congé aussi de la famille du général. Madame ne se montra pas; elle avait sa grande migraine. Le général profita de l'occasion pour raconter son unique anecdote, ce qu'il avait dit au prince et comment le prince lui avait répondu : « Vous êtes incomparable. » Sur ce, il tendit à Georges sa main molle et inerte.

Émilie aussi tendit sa petite main à Georges; elle avait

l'air presque affligé ; mais c'était Georges qui éprouvait une véritable peine.

Le temps passe vite quand on travaille. Le temps est également mesuré à tous, mais il n'est pas également bien employé, ni également profitable à tous. A Georges il profita beaucoup, aussi ne lui parut-il pas long, excepté aux heures où il pensait à son pays : « Que devenaient, se demandait-il, les habitants de la maison, ceux d'en bas et ceux d'en haut? »

Il recevait des lettres, et dans une lettre il peut y avoir bien des choses, des nouvelles qui réchauffent le cœur comme le plus ardent soleil, d'autres qui vous plongent dans la nuit la plus sombre. De ces dernières fut la lettre qui annonça à Georges que son père était mort et que sa mère restait veuve et seule. « Émilie, ajoutait la lettre, avait été un ange de consolation; elle était descendue souvent auprès de la pauvre femme ; et elle avait tant fait qu'on lui avait laissé l'office de la porte. »

IV

Mme la générale tenait un journal où elle inscrivait les réunions, les bals où elle s'était rendue, ainsi que les noms des étrangers qui venaient lui rendre visite. Ce précieux journal était illustré des cartes de visite de diplomates et d'autres personnages de marque. La dame était fière de son journal qui devenait de plus en plus volumineux. C'était sa consolation pendant ses grandes migraines ou quand elle était abattue après avoir passé la nuit au bal de la cour.

Le temps vint où Émilie alla pour la première fois au bal du roi. La générale était ce soir-là habillée de rouge clair avec des dentelles noires; costume espagnol. Sa fille était en blanc, vêtue de tulle et de gaze nuageuse. C'était la grâce même. Des rubans de soie verts passaient comme des roseaux à travers les boucles dorées de ses cheveux; elle portait une couronne d'iris blancs. Avec ses yeux bleus brillants de jeunesse et sa bouche mignonne et rose, elle ressemblait à la plus jolie petite fée des eaux que l'on puisse imaginer. Trois princes dansèrent avec elle, l'un après l'autre, bien entendu. Pendant huit jours, Mme la générale n'eut pas la migraine.

Ce premier bal fut suivi de beaucoup d'autres. Il y en eut

tant que pour la santé d'Émilie l'été vint à propos; il lui rendit le repos et l'air salubre de la campagne. Toute la famille du général alla faire un séjour au château du vieux comte. Il y avait à ce château un jardin qui méritait d'être visité. Une partie consistait, comme c'était la mode dans l'ancien temps, en allées bordées de haies taillées droit aux ciseaux et formant des murailles vertes dans lesquelles s'ouvrait çà et là une sorte d'œil-de-bœuf. Il y avait des buis et des ifs découpés en étoiles, en pyramides. Des jets d'eau jaillissaient de grottes recouvertes de coquillages. Tout autour étaient des statues en marbre rare, aux belles figures régulières, et noblement drapées. Tous les parterres de fleurs avaient une forme différente : les uns figuraient un poisson, les autres des armoieries, des initiales. C'était la partie française du jardin. Venait à la suite un bouquet de bois frais et vert; les arbres, grands et robustes, y poussaient à leur guise. Puis des gazons épais, des pelouses bien entretenues sur lesquelles on marchait comme sur un tapis. C'était la partie anglaise du jardin.

« Voyez ici l'ancien temps et l'époque moderne en présence, dit le comte. Ici du moins ils s'accordent et se font valoir réciproquement. Dans deux ans, le château sera transformé à son tour. Je vous montrerai les plans et je vous présenterai aussi l'architecte : il dînera aujourd'hui avec nous.

— C'est charmant! dit le général.

— Cette résidence est un vrai paradis, reprit la générale; vous avez même là-bas un donjon féodal.

— J'en ai fait une basse-cour, dit le comte, c'est tout ce qu'on en pouvait faire. Les pigeons nichent dans les tourelles, les dindons logent dans la grande salle du premier. Au rez-de-chaussée règne la vieille Lisette. C'est elle qui gouverne

J'en ai fait une basse-cour, dit le comte, c'est tout ce qu'on en pouvait faire... (P. 288.)

les poules pondeuses qui perchent à droite et les poulets qui perchent à gauche. Les canards y ont également une habitation qui a une sortie sur l'étang.

— Charmant! répéta le général.

On se remit en marche pour visiter ces populations intéressantes. La vieille Lisette était dans son gouvernement. A côté d'elle se tenait Georges l'architecte. Lui et Emilie se rencontraient pour la première fois depuis bien des années; ils se revoyaient dans ce donjon, qui n'était plus qu'une basse-cour.

Il était là, et, en vérité, il méritait qu'on le regardât, c'était un type de beauté virile: visage ouvert et énergique; cheveux noirs et luisants. Sur ses lèvres voltigeait un fier sourire qui disait : « J'ai là derrière l'oreille un esprit malin qui vous connaît tous à fond. »

La vieille Lisette avait ôté ses sabots en l'honneur des nobles visiteurs; elle était chaussée seulement de ses bas, ce qu'elle croyait bien plus distingué. Les poules faisaient *glouk, glouk*, les coqs *cocorico*. Les canards s'éloignaient en se dandinant et en criant *rab rab*.

Et l'élégante jeune fille qui se retrouvait à l'improviste devant son camarade d'enfance, quelle contenance avait-elle? A ses joues habituellement pâles monta une teinte rose. Ses grands yeux devinrent encore plus grands; ses lèvres remuèrent, mais aucune parole n'en sortit. Cette bienvenue était la meilleure qu'un jeune homme pût souhaiter d'une jeune fille qui n'est pas sa parente et avec laquelle il n'a pas dansé.

Le comte prit la main du jeune homme et le présenta à ses hôtes : « Ce n'est pas tout à fait un étranger pour vous, dit-il, c'est notre jeune ami Georges. » Mme la générale s'inclina d'un air de protection bienveillante. Emilie fut sur le point de lui tendre la main, mais elle ne le fit pas.

« En vérité, notre petit monsieur Georges ! dit le général ; mais alors nous sommes de vieilles connaissances ! c'est charmant !

— Vous devez être à demi Italien et parler l'italien comme si vous étiez né à Rome, dit la générale.

— Madame ne parle pas l'italien, interrompit le général, mais elle chante. »

Un peu plus tard, Georges se trouvait placé à table à la droite d'Emilie. Il parla, il raconta, et il racontait bien. Il décrivit quelques-unes des admirables choses qu'il avait vues. Pendant le repas, ce fut lui qui, aidé du vieux comte, anima le festin par son esprit. Emilie restait silencieuse, elle se contentait d'écouter, mais ses yeux brillaient de plus de feux que des diamants.

Sous la véranda, elle et Georges se trouvèrent l'un près de l'autre au milieu des fleurs. Ils se promenaient le long d'une haie de rosiers. « J'ai à vous remercier de tout mon cœur, dit Georges, des bontés que vous avez eues pour ma vieille mère. Je sais que vous êtes restée auprès d'elle la nuit où mon père est mort, et que vous n'êtes pas partie avant que ses yeux se fussent fermés pour toujours. Encore une fois, soyez mille fois remerciée. »

Il prit la main de la jeune fille et y déposa un baiser respectueux, que la circonstance autorisait. Emilie rougit beaucoup, lui serra la main, et, le regardant de ses beaux yeux bleus, elle dit :

« Votre mère était une si bonne âme ! comme elle aimait

son fils! Toutes vos lettres, elle me les faisait lire. Aussi vous n'êtes pas un inconnu pour moi. Combien, d'ailleurs, n'avez-vous pas été aimable à mon égard lorsque j'étais enfant! Vous m'avez donné des images...

— Que vous avez déchirées, dit Georges.
— Non pas celle où vous aviez dessiné mon château.
— C'est maintenant que je voudrais le bâtir! »

On pouvait deviner à l'enthousiasme avec lequel il prononça ces mots quel superbe palais il eût été capable d'édifier pour la jeune fille.

Pendant ce temps, dans le salon, le général et la générale parlaient du fils de leur ancien portier. Ils remarquaient entre eux combien il avait su acquérir les manières d'un homme du monde; combien il s'exprimait avec élégance, en même temps qu'il disait des choses intéressantes. « C'est un homme d'esprit, » dit la générale. Ce fut sa conclusion.

V

Pendant les beaux jours d'été, monsieur Georges, comme on l'appelait maintenant, vint souvent au château du comte. Lorsqu'on l'attendait et qu'il n'arrivait pas, tout le monde se sentait privé de l'agrément qu'apportait toujours sa présence. « Que de dons le bon Dieu vous a accordés de préférence aux autres mortels ! lui dit Émilie. En êtes-vous assez reconnaissant envers lui ? »

En ce moment Georges se sentit plus flatté et plus heureux que le jour où il avait reçu la médaille d'or.

L'été se passa, vint l'hiver; on continua de parler de M. Georges. Il était hautement considéré dans le monde. On le recevait volontiers dans les cercles les plus élevés de la société. Le général l'avait même rencontré à un bal de la cour.

Mme la générale donna une fête en l'honneur d'Émilie.

« Peut-on, sans blesser l'étiquette, inviter M. Georges ? demanda-t-elle à son mari.

— Celui que le roi accueille, le général peut bien le recevoir, » repartit ce dernier en pirouettant avec grâce. »

M. Georges reçut donc une invitation à laquelle il se

rendit. Il vint aussi des princes, des comtes. L'un dansait un peu mieux que l'autre, mais c'était la seule différence que l'on pût faire entre eux. Émilie ne dansa que le premier quadrille; elle fit un faux pas, ce n'était point dangereux; mais, comme elle éprouvait quelque douleur, il fallait être prudente et cesser de danser. Elle s'assit et regarda tout ce beau monde tourner et sauter. L'architecte s'assit à côté d'elle. Le général le remarqua. En passant il lui dit : « Je crois que vous lui donneriez volontiers le chef-d'œuvre de l'architecture, la basilique de Saint-Pierre tout entière, si vous pouviez en disposer. » Et il souriait comme une statue de la bienveillance.

C'est avec ce même sourire affable qu'il accueillit M. Georges quelques jours après. « Le jeune homme vient sans doute, se dit-il, me remercier de mon invitation ; je ne vois pas d'autre motif à sa visite. »

Il y avait un autre motif, Georges prononça des paroles surprenantes, inouïes, insensées. Le général n'en croyait pas ses oreilles. On n'aurait pu les prévoir même en rêve. « C'est inimaginable ! » s'écria le général ne pouvant revenir de sa stupeur. Georges demandait, en effet, la main de la petite Émilie. « Que dites-vous ? continua le général, dont le visage était devenu cramoisi. Je ne vous comprends pas, c'est impossible. Vous voulez... Mais, Monsieur, je ne vous connais pas. Qui a pu vous inspirer l'audace de prétendre entrer dans ma famille ? qu'ai-je fait pour mériter un tel affront ? »

Droit comme un piquet, il marcha à reculons vers sa chambre à coucher, y entra et laissa M. Georges tout seul. Celui-ci attendit pendant quelques minutes le retour du général pour se retirer. Émilie attendait dans le corridor : « Qu'est-ce que mon père a répondu ? » demanda-t-elle, et sa voix tremblait. Georges lui serra la main. « Il s'est dérobé à mes instances. Mais ne désespérons pas : des temps meilleurs viendront. » Les yeux de la jeune fille étaient remplis de larmes ; ceux du jeune homme respiraient la confiance et le courage. Le soleil, qui en ce moment perçait les nuages, les inonda de ses rayons ; on eût dit qu'il leur apportait la bénédiction du Ciel.

Le général était assis dans sa chambre, incapable de se remettre d'une telle émotion. Il frémissait d'indignation et de colère. Après avoir bouillonné intérieurement, son courroux déborda en cris et en exclamations : « Folie ! un fils de portier ! Oh, démence ! vit-on jamais rien de pareil ! »

Il ne s'était point passé une heure que la générale apprenait à son tour l'incroyable audace de Georges. Elle appela Émilie, et restant seule avec elle : « Pauvre enfant ! dit-elle, je conçois ta peine. T'offenser de la sorte ! blesser ainsi notre dignité ! C'est affreux. Tu as raison de pleurer ; tes larmes te vont bien du reste, et tu n'as jamais été plus jolie que telle que te voilà; tu es absolument mon portrait à l'époque de mon mariage. Pleure, pleure donc, mon enfant chérie, cela te fera du bien.

— Oui, je pleurerai ma vie entière, dit Emilie, si toi et mon père vous ne dites pas oui.

— Miséricorde! ma fille, que dis-tu? s'écria la générale. As-tu perdu l'esprit? Le monde est-il renversé? Oh! je sens que je vais avoir une migraine comme je n'en ai jamais eu d'aussi affreuse. Le malheur s'est abattu sur notre maison. Emilie, ne fais pas mourir ta mère de chagrin! »

Ses yeux se mouillèrent rien qu'à l'idée de la mort qu'elle n'avait jamais pu supporter.

VI

Dans la gazette on lisait : M. Georges est nommé professeur à l'Académie des beaux-arts.

« C'est dommage que ses parents ne soient plus en vie et qu'ils ne puissent lire le journal de ce jour, » disaient les nouveaux portiers qui habitaient le sous-sol habité jadis par les parents de Georges, et qui savaient que celui-ci avait grandi entre ces murs : « Le voilà qui va maintenant payer l'impôt des classes, dit le portier.

— N'est-ce pas beaucoup pour le fils de pauvres gens?

— Dix-huit écus par an, reprit l'homme, oui, c'est beaucoup d'argent.

— Je ne parle pas de cela, mais de sa nomination, qui est bien honorable pour un enfant né comme lui. Quant à cet argent, ce ne sont pas quelques écus qui le peuvent gêner. Il en gagne autant qu'il veut. Il épousera certainement une femme riche. Ecoute, si jamais nous avons un garçon, il deviendra architecte et professeur. »

Si l'on disait du bien de Georges dans le sous-sol, on faisait aussi son éloge au premier étage. Le vieux comte se permettait cela. Les images que Georges avait dessinées étant enfant lui en donnèrent l'occasion. Comment en vint-on à parler de ces images? On causait de la Russie, de Moscou. Cela fit penser au Kremlin que le petit Georges avait autrefois dessiné pour M{le} Emilie. « Il dessinait déjà beaucoup, dit le comte, et je me souviens notamment du château d'Emilie, comme il l'appelait. C'est un homme de talent; il deviendra conseiller aulique, et même conseiller intime. Qui sait s'il ne bâtira point quelque jour ce château qu'il imagina dans son enfance. Pourquoi pas? » fit-il en souriant, et il s'en alla.

« Quelle étrange gaieté! » murmura la générale. Le général secoua la tête d'un air grave. Il sortit à cheval, se tenant plus fier que jamais. Malheur à son ordonnance si elle ne s'était pas tenue à une distance respectueuse!

Vint la fête d'Emilie. Elle reçut des fleurs, des livres, des lettres, des cartes de visite. La générale l'embrassa sur la bouche; le général l'embrassa sur le front; il n'y a pas à dire, ils aimaient bien leur enfant. Dans l'après-midi arrivèrent les visites, une foule de gens de qualité, deux princes mêmes. On parla des bals, du gouvernement, des pièces de théâtre, de l'état de l'Europe, des affaires du pays, des hommes remarquables qu'il possédait en ce moment, et ainsi la conversation tomba sur l'inévitable architecte.

« Il se bâtit en ce moment une brillante renommée, dit un des visiteurs; il se pourrait même qu'il se construisît un pignon sur une de nos premières familles.

— Une de nos premières familles? dit un peu plus tard le général à son épouse. Quelle peut être cette famille?

— Je sais bien à qui l'on faisait allusion, répondit la générale, mais je ne veux pas le dire, je ne veux pas même y penser. Dieu dispose de nous selon notre volonté ; si un pareil événement s'accomplit, je ne m'étonnerai plus de rien en ce monde. »

Le visiteur qui avait parlé ainsi savait bien ce qu'il disait. Il connaissait la puissance de la grâce d'en haut, c'est-à-dire de la grâce de la cour dont Georges jouissait de plus en plus manifestement, sans compter que la grâce divine le protégeait très visiblement aussi dans toutes ses entreprises. Mais revenons à la fête.

La chambre d'Emilie était toute parfumée des bouquets envoyés par ses amies. La table était pleine de cadeaux. Il n'y en avait pas de Georges, et il ne pouvait y en avoir de lui. Il n'était pas absent toutefois. Est-ce que tout dans la maison ne le rappelait pas? Dans l'escalier était toujours la soupente où Emilie s'était cachée, lorsque ses rideaux prirent feu et que Georges courut éteindre l'incendie. Dans la cour se trouvait encore l'acacia sous lequel jouaient les enfants. Il était couvert de givre et de glaçons, car on était en hiver, il avait l'air d'une énorme branche de corail blanc ; il brillait et scintillait sous la clarté de la lune qui elle non plus n'avait pas changé depuis le jour mémorable où Georges avait partagé sa tartine avec la petite Emilie.

La grande Emilie alla prendre une jolie boîte ; elle en retira les vieux dessins de Georges, le palais des czars et le château d'Emilie ; elle les considéra, et beaucoup de pensées lui traversaient l'esprit. Elle se souvint du jour où sans être aperçue de son père ni de sa mère, elle était descendue auprès de la bonne portière, qui était mourante. Elle s'était assise à côté d'elle, lui tenant la main, et elle avait entendu les dernières paroles de la pauvre mère : « Dieu... bénédiction...

Georges. » Emilie reconnut que les vœux de la digne femme avaient été exaucés, et que Dieu avait béni son enfant.

Vous voyez bien que M. Georges était aussi de la fête.

Le lendemain, c'était la fête du général. Cela se trouvait ainsi, Emilie et son père étaient tout à fait voisins sur le calendrier. Nouvelle affluence de cadeaux. On apporta entre autres une selle magnifique, d'un travail achevé, d'un goût exquis, aussi commode pour l'usage que riche pour l'ornement. On pouvait tout au plus citer un des princes de la famille royale comme en possédant une aussi belle. D'où venait ce présent qui rendait le général si heureux? Un billet attaché à la selle portait seulement : « De la part d'une personne que le général ne connaît pas. »

« Qui donc ne connais-je pas? se demanda le général. Voyons, cherchons. Mais non, il n'y a personne que je ne connaisse; je connais tout le monde, tout le monde. »

Le général ne pensait, en parlant ainsi, qu'à la haute société, où il connaissait en effet jusqu'aux enfants au berceau.

« Oh! je devine, reprit-il, c'est un présent de ma femme; c'est une bonne plaisanterie qu'elle a voulu me faire. Charmant, en vérité! »

VII

A quelque temps de là, il y eut une fête chez un des princes, un grand bal costumé ; le masque était permis. Le général arriva en costume de Rubens, habit espagnol, avec fraise et manteau, l'épée au côté. Le général, avec sa fierté naturelle, portait bien ces vêtements d'hidalgo. La générale représentait naturellement madame Rubens : robe de velours noir montant jusqu'au menton, avec une immense fraise pareille à une meule attachée à son cou : le tout était copié sur un portrait hollandais que possédait le général, et dont on admirait surtout les mains ; celles de la générale leur ressemblaient entièrement.

Emilie était déguisée en Psyché, toute couverte de gaze et de dentelles. Ses mouvements étaient si légers, si gracieux, qu'on croyait voir voltiger, au gré du zéphyr, quelque chose de comparable au plus fin duvet du cygne. Elle portait des ailes à cause du costume ; mais on pouvait lui dire, sans faire un compliment fade, qu'elle n'en avait pas besoin.

Il y avait à ce bal une telle profusion de fleurs, de lumières, de magnificences ; il y avait tant de belles choses à admirer, qu'on ne fît pas du tout attention aux belles mains de Mme Rubens. Un domino noir ayant des fleurs d'acacia sur son capuchon dansait avec Psyché.

« Qui est-ce? demanda la générale :

— Son Altesse Royale, répondit le général; j'en suis certain : je l'ai reconnue à la façon affectueuse dont elle a daigné me serrer la main. »

La générale parut en douter. Le général, qui n'admettait pas aisément qu'on mît sa sagacité en doute, s'approcha du domino noir, lui prit la main et y traça avec son doigt les armes royales. Le domino secoua la tête négativement.

« Ma devise, dit-il, est celle que portait un des présents qui vous ont été faits le jour de votre fête : Quelqu'un que vous ne connaissez pas.

Mais alors, repartit le général, je sais qui vous êtes : c'est vous qui m'avez envoyé la selle. »

Le domino ne répliqua point et disparut dans la foule.

« Emilie, dit la générale, qui était ce domino noir avec qui tu dansais?

— Je ne lui ai pas demandé son nom, répondit Psyché.

— Parce que tu le savais; c'est le professeur.

— Votre protégé est ici, continua la générale s'adressant au vieux comte; il porte un domino noir avec des fleurs d'acacia.

— C'est bien possible, ma très gracieuse dame, répondit le comte; sachez du reste qu'un des princes royaux est costumé de même.

— C'est cela, dit le général, c'est bien cela; j'avais parfaitement reconnu le prince à son affectueux serrement de main, et c'est lui qui m'a fait présent de la selle. Il faut que j'aille l'inviter à dîner pour demain.

— Allez, dit le comte, si c'est le prince, il acceptera certainement.

— Et si c'est l'autre, il ne viendra point. Il n'y a pas d'inconvénient, par conséquent, à faire mon invitation. »

Et le général s'avança vers le domino noir, qui parlait justement au roi. Il fit son invitation de l'air le plus respectueux. Il souriait en pensant qu'on allait voir qui avait deviné juste, de lui ou de la générale.

Le domino noir leva son masque : c'était Georges.

« Répéteriez-vous maintenant votre invitation, monsieur, le général ? » demanda-t-il.

Le général se redressa et grandit bien de trois pouces ; il se roidit, fit deux pas en arrière, puis un en avant, comme s'il allait danser le menuet. Son visage prit un air de gravité extrême et devint aussi expressif qu'il est permis au visage d'un général.

« Je ne reprends jamais ma parole, dit-il enfin. Vous êtes invité, monsieur le professeur. » Il s'inclina, jetant un regard sur le roi, qui avait tout entendu et paraissait satisfait.

VIII

Le lendemain il y avait donc grand dîner chez le général. Mais il n'y avait d'invités que le vieux comte et son protégé.

« Voilà la pierre de fondation posée, » se dit Georges.

En effet, elle était posée avec beaucoup de solennité, et il devenait difficile qu'on en demeurât là.

« Ce jeune homme, disait le général à madame la générale, a vraiment d'excellentes manières, et quelle conversation ! On ne cause pas avec plus d'esprit dans la meilleure société. »

Il est de fait que Georges s'était distingué pendant ce repas, et qu'il avait dit des choses si intéressantes, que plusieurs fois le général, entraîné, l'avait interrompu par des : « charmant ! charmant ! » presque involontaires.

Le général parla de ce dîner à une des plus spirituelles dames de la cour, et celle-ci s'invita elle-même pour la prochaine fois où le professeur dînerait chez le général. Il fallait donc l'inviter de nouveau. C'est ce qu'on fit, et Georges fut encore plus brillant ce jour-là que la fois précédente.

Il se trouva même qu'il savait jouer aux échecs, le jeu favori du général.

« Ce n'est pas un enfant du sous-sol, se disait celui-ci ; est un enfant de qualité. On ne m'ôtera pas ce,a de l'esprit. Comment est-il arrivé dans la cave ? Je ne saurais me l'ex- quer ; mais, en tout cas, ce n'est pas la faute du jeune homme. »

M. le professeur, qui était reçu au palais du roi, pouvait certes être admis chez le général. Il n'y avait là rien de surprenant. Qu'il dût bientôt y demeurer pour tout de bon c'est ce que toute la ville annonçait. Mais chez le général on n'en parlait point.

Et pourtant l'événement se produisit tel qu'on l'annonçait La grâce d'en haut tomba sur Georges. Il fut nommé conseiller intime ; Émilie devint conseillère. Ni la cour ni la ville n'en furent choqués.

» La vie est tantôt une tragédie, tantôt une comédie, dit philosophiquement le général. Dans la tragédie on meurt, dans la comédie on s'épouse. »

Georges et Émilie eurent trois beaux garçons; et quand les bambins étaient chez leur grand'père et qu'ils galopaient sur leurs chevaux de bois, le grand'père les suivait aussi sur un cheval de bois, et il figurait leur ordonnance, l'ordonnance de messieurs les petits conseillers intimes. Et la générale, assise sur le sofa, souriait à les voir, même quand elle avait sa grande migraine.

Voilà donc où Georges était parvenu, et avec son talent il alla bien plus loin encore. Sans cela, du reste, ce n'eût pas été la peine de vous conter l'histoire du fils d'un portier.

SOUS LE SAULE

I

Le pays autour de la petite ville de Kjoegé, en Seeland, est très nu. Elle est au bord de la mer ; la mer est toujours une belle chose ; mais le rivage de Kjoegé pourrait être plus beau qu'il n'est. Partout vous ne voyez autour de la ville qu'une plaine tout unie ; rien que des champs, pas d'arbres ; et la route est longue jusqu'au bois le plus prochain.

Cependant quand on est né dans un pays et qu'on y est bien attaché, on y découvre toujours quelque chose qu'on trouve ravissant et que plus tard on désire revoir, même lorsqu'on habite les plus délicieuses contrées.

Et à Kjoegé il y a, en effet, à l'extrémité de la petite ville, le long du ruisseau qui se jette dans la mer, quelques pauvres jardinets où, en été, l'on peut, avec un peu de bonne volonté, se croire comme au paradis.

C'est ce que s'imaginaient notamment deux enfants de familles voisines qui venaient jouer là après s'être glissés à travers les groseillers qui séparaient les jardinets de leurs parents. Dans l'un se trouvait un sureau, dans l'autre un vieux saule. C'est sous ce dernier arbre que les enfants se plaisaient surtout. On leur avait permis de se tenir sous le saule, quoiqu'il fût bien près du ruisseau, et qu'ils eussent pu tomber à l'eau ; mais l'œil de Dieu veille sur les petits. Sans cela, ils seraient aussi trop à plaindre.

Les deux enfants, du reste, prenaient bien garde au ruisseau. Le petit garçon même redoutait tant l'eau que, l'été, sur la plage, il n'y avait pas moyen de le décider à se tremper dans la mer, où les autres enfants aimaient tant à barboter. On le taquinait, on se moquait de lui. Il lui fallait supporter ces railleries en patience. Mais Jeanne, sa petite camarade, rêva une fois qu'elle voguait sur les vagues dans une barque, et que lui (il s'appelait Knoud) s'avançait vers elle ; et l'eau lui monta jusqu'au cou, puis par-dessus la tête, et il finit par disparaître. Dès le moment que le petit Knoud apprit ce rêve, il ne supporta plus les plaisanteries des autres garçons. Il avait été à l'eau ; Jeanne l'y avait vu en songe. En réalité, il ne s'y hasarda jamais ; mais qu'il était fier de ce qu'il avait fait dans le rêve de sa petite amie !

Leurs parents, qui étaient pauvres, se voyaient souvent. Knoud et Jeanne jouaient ensemble dans les jardins et sur la route, dont les fossés étaient plantés d'une rangée de saules. Ces arbres n'avaient pas grande mine, avec leurs têtes décourounées ; aussi n'étaient-ils point là pour la montre, mais pour le profit. Le vieux saule du jardinet, lui, était plus beau ; ses longues branches formaient un berceau où les deux enfants aimaient à se nicher.

Dans la petite ville se trouve une grand'place où se tient le marché. Au temps de la foire, on y voyait de longues rues formées de tentes et de baraques où s'étalaient des rubans, des jouets, des bottes et tout ce qu'il est possible de désirer. La foule s'y pressait. Parmi les boutiques, il y avait une grande boutique de pain d'épice ; et ce qui était une bonne fortune sans pareille, c'est que le marchand de pain d'épice venait toujours, pendant la foire, loger chez les parents du petit Knoud. Celui-ci attrapait de temps en temps quelque bon morceau de pain d'épice, et Jeanne en recevait naturellement sa part.

Mais ce qui était peut-être plus charmant encore, c'est que le marchand savait toutes sortes de contes sur toutes choses imaginables, même sur ses pains d'épice. Un soir il conta à ce propos une histoire qui fit sur les deux enfants une impression si profonde, qu'ils ne l'oublièrent de leur vie. Le mieux est donc que vous la sachiez aussi, d'autant qu'elle n'est pas longue.

« J'avais à la montre de ma boutique, dit-il, deux jeunes gens de pain d'épice, l'un un homme avec un chapeau, l'autre une demoiselle sans chapeau. Ils n'avaient de figure humaine que d'un côté ; il ne fallait pas les considérer de l'autre. Du reste, les hommes sont de même ; il n'est pas bon de regarder leur envers. Le bonhomme avait à gauche une amande amère, c'était son cœur. La demoiselle était toute pétrie de miel. Ils se trouvaient à ma montre comme échantillons ; ils y demeurèrent si longtemps qu'ils finirent par s'aimer. Mais ils ne s'en témoignèrent rien l'un à l'autre. Il fallait bien pourtant qu'ils se dissent quelque chose, s'ils voulaient que leur tendresse aboutît à quelque chose.

« C'était à lui, comme homme, à prononcer le premier « mot, » pensait-elle tout bas. Elle eût souhaité seulement de savoir s'il payait son affection de retour.

« Quant aux idées du jeune homme, elles étaient plus vastes, comme le sont d'ordinaire celles du sexe viril. Il rêvait qu'il était un gamin des rues, comme il en voyait tant passer devant lui, et qu'il possédait quatre schillings (quatre sous) avec lesquels il achèterait la demoiselle pour la manger.

« Ils continuèrent à reposer des jours et des semaines derrière ma vitrine. A la longue ils se desséchèrent. Les

idées de la jeune fille devenaient de plus en plus tendres et dignes d'une femme :

« Je suis déjà bien heureuse, soupira-t-elle, de m'être trou-
« vée si longtemps à côté de lui ! »

« Et crac ! la voilà qui se fendit en deux et trépassa.

« Si elle eût connu mon amour, se dit l'autre, elle eût probablement supporté l'existence. Voilà l'histoire et en voici les deux héros, continua le marchand. Ce ne sont pas les premiers pains d'épice venus ; ce sont des personnages remarquables qui témoignent que l'amour muet ne mène jamais à rien. Tenez, je vous les donne. »

Il remit à Jeanne le bonhomme qui était encore entier.

Knoud reçut les deux morceaux qui formaient jadis la demoiselle. Mais les enfants se sentaient tellement saisis par cette touchante histoire qu'ils n'avaient pas le cœur de manger les deux amoureux.

Le lendemain ils les emportèrent au cimetière. Ils s'assirent sur l'herbe, près du mur de l'église, qui, hiver comme été, est tapissé de riches guirlandes de lierre. Ils placèrent les pains d'épice dans une niche au milieu de la verdure, en plein soleil, et racontèrent à une troupe d'autres enfants toute l'histoire de l'amour muet qui ne vaut rien.

L'histoire fut trouvée charmante ; mais quand ils voulurent regarder de nouveau le couple infortuné, on s'aperçut que la demoiselle avait disparu ; un grand garçon l'avait dévorée par pure méchanceté. Knoud et Jeanne en pleurèrent à chaudes larmes ; puis à la fin, probablement pour ne pas laisser le jeune homme seul au monde, ils le mangèrent ; mais l'histoire, ils ne l'oublièrent jamais.

Ils continuèrent à jouer ensemble sous le sureau et sous le saule. La petite fille chantait les plus belles chansons du monde d'une voix claire comme le son d'une cloche d'argent, Knoud, lui, n'avait pas de voix pour chanter, mais il savait par cœur les paroles, et c'est déjà quelque chose. Les gens de Kjoegé, même la femme du bimbelotier, qui avait habité la capitale, s'arrêtaient pour écouter Jeanne chanter.

« Cette petite, disait la dame, a vraiment une voix délicieuse. »

C'était là des jours heureux, mais ils ne durèrent pas. Les deux familles se séparèrent. La mère de Jeanne mourut, et son père avait l'intention de se remarier, et cela dans la capitale où, lui avait-on dit, il pourrait mieux gagner son pain en devenant messager dans une bonne maison, emploi lucratif qui lui était promis. Au départ, les voisins versèrent des larmes ; les enfants éclatèrent en sanglots. On promit de s'écrire au moins une fois l'an.

II

Knoud fut placé comme apprenti chez un cordonnier. Il était trop grand pour qu'on le laissa courir les champs à ne rien faire. C'est alors qu'il fut confirmé. Combien il eût souhaité, en ce jour de fête, d'être à Copenhague auprès de la petite Jeanne! Hélas! il ne sortit pas de Kjoegé. Il n'avait jamais vu la capitale, bien qu'elle ne soit qu'à cinq milles de distance de la petite ville. Quand le temps était clair, Knoud apercevait, au delà du golfe, les hautes tours de Copenhague, et, le jour de la confirmation, il vit même reluire distinctement au soleil la croix dorée de l'église Notre-Dame. Comme ses pensées volaient auprès de Jeanne!

Pensait-elle encore à lui? Oui, vers Noël arriva une lettre de son père annonçant qu'ils prospéraient très bien à Copenhague, et que Jeanne notamment pouvait, à cause de sa belle voix, s'attendre à beaucoup de bonheur. Elle avait déjà un emploi à la Comédie, à celle où l'on chante; elle y gagnait un peu d'argent, et c'était elle qui envoyait aux chers voisins de Kjoegé un écu pour s'amuser le jour de Noël. Elle les priait de boire à sa santé; c'était ce qu'elle avait ajouté de sa main dans un post-scriptum à la lettre, et il y avait encore:

« Bien des amitiés à Knoud. »

Toute la famille pleura à la lecture de cette lettre. C'étaient là pourtant de bonnes nouvelles ; aussi pleuraient-ils de joie. Tous les jours Jeanne avait occupé la pensée de Knoud ; et maintenant il voyait qu'elle pensait aussi à lui. Plus le temps approchait où il aurait fini son apprentissage, plus il lui paraissait évident qu'elle devait être sa femme. A cette idée, un gai sourire se jouait sur ses lèvres, et il tirait son fil deux fois plus vite ; il lui arriva même, en appuyant de toutes ses forces contre le tire-pied, de s'enfoncer profondément l'alène dans le doigt ; mais cela lui était bien égal. Il se disait que certainement il ne jouerait pas le rôle d'un muet, comme avaient fait les deux jeunes gens de pain d'épice, et que leur histoire lui servirait de leçon.

Le voilà passé compagnon. Il a le sac serré sur le dos. Pour la première fois il se rend à Copenhague, où il est déjà engagé chez un maître. Combien Jeanne sera surprise et joyeuse ! Elle compte à présent dix-sept ans et lui dix-neuf.

Il voulait acheter à Kjoegé un anneau pour elle ; mais il réfléchit qu'il en trouverait de bien plus beaux à Copenhague. Il dit adieu à ses parents, et par un jour d'automne pluvieux, il quitta à pied sa ville natale. Les feuilles tombaient des arbres. Il arriva tout trempé dans la capitale et se rendit chez son nouveau maître.

Dès que vint le premier dimanche, il s'apprêta pour rendre visite au père de Jeanne. Il tira dehors ses habits neufs et un beau chapeau, acheté à Kjoegé, qui lui allait fort bien. Jusqu'ici Knoud n'avait porté que la casquette.

Il trouva la maison qu'il cherchait et monta bien des escaliers. Il lui semblait qu'il allait avoir le vertige. Il considérait, non sans effroi, comment les gens sont juchés les uns au-dessus des autres dans cette terrible capitale.

Dans la chambre, tout avait un air d'aisance. Le père de Jeanne le reçut très amicalement. Sa nouvelle femme ne connaissait pas Knoud ; elle lui offrit cependant une poignée de main et une bonne tasse de café.

« Cela va bien faire plaisir à Jeanne de te revoir, dit le père ; tu es vraiment devenu un fort gentil garçon. Tu vas la voir. Oh ! c'est une fille qui me donne bien de la joie, et qui, avec l'aide de Dieu, m'en donnera plus encore. Elle a là une chambre pour elle toute seule, et c'est elle-même qui en paye le loyer. »

Le brave homme frappa discrètement à la porte, comme s'il était un étranger, et ils entrèrent. Comme tout était charmant dans cette chambrette ! On n'aurait rien trouvé de plus beau chez la reine, pensa Knoud, c'était impossible ; il y avait là des tapis, des rideaux qui descendaient jusqu'à terre, une chaise recouverte de velours ; partout des fleurs, des tableaux et une glace où l'on risquait de mettre le pied, tant elle était grande : elle était grande comme une porte.

Knoud vit toutes ces merveilles d'un seul coup d'œil ; il n'avait cependant d'yeux que pour Jeanne, qui était devant lui. C'était une demoiselle ; elle était tout autre que Knoud ne se l'imaginait, mais bien plus belle. Dans tout Kjoegé il n'y avait pas une seule jeune fille comme elle ; elle avait l'air si distingué qu'elle en était presque imposante. Elle regarda Knoud d'un air étonné, mais un instant seulement; puis elle se précipita vers lui comme si elle allait l'embrasser ; elle ne le fit pas, mais en fut bien près.

Oui, elle se réjouissait de tout son cœur de revoir son ami d'enfance. N'avait-elle pas des larmes dans les yeux ? Que de questions elle se mit à lui adresser ! Elle demanda des nouvelles de tout le monde, des parents de Knoud, du *père Saule* et de la *mère Sureau*, ainsi qu'ils appelaient autrefois leurs chers arbres, comme si c'étaient des êtres vivants. « Après cela, pourquoi n'auraient-ils pas été doués de vie, dit Jeanne, puisque les pains d'épice eux-mêmes en ce temps-là s'animaient dans un conte qui me revient à la mémoire? » Jeanne se rappelait les bonshommes du marchand de la foire, leur amour muet, le long séjour qu'ils avaient fait l'un près de l'autre à l'étalage, jusqu'à ce que l'un d'eux se brisât en deux morceaux. Elle rit au souvenir de cette histoire ; quant à Knoud, le sang lui était monté aux joues et son cœur battait deux fois plus vite que d'ordinaire. « Non, se dit-il, Dieu soit loué ! elle n'est pas du tout devenue fière. »

Ce fut encore elle, il le remarqua bien, qui le fit inviter par ses parents à rester toute la soirée. Plus tard, elle prit un livre et fit une lecture à haute voix. Il semblait à Knoud que ce qu'elle lisait avait rapport à son amour, tant les pensées de l'auteur étaient en harmonie avec les siennes. Puis elle chanta une chanson toute simple, mais pour Knoud, ces quelques vers étaient tout un poème où, s'imaginait-il, débordait le cœur de la jeune fille. Certainement elle aimait Knoud, il n'y avait pas à en douter. Les larmes coulèrent sur les joues du jeune homme à cette pensée; il ne put les retenir. Il ne savait plus proférer une parole. Il lui semblait qu'il devenait entièrement bête ; et cependant elle lui pressa la main et dit : « Tu as un bon cœur, Knoud, reste toujours tel que tu es. »

Ce fut là une soirée sans pareille ; dormir ensuite, il n'y fallait pas songer, et Knoud, en effet, ne ferma pas l'œil du reste de la nuit.

Lorsqu'il avait pris congé, le père de Jeanne lui avait dit : « Eh bien, maintenant tu ne nous onblieras pas tout à fait ; tu ne laisseras point passer l'hiver entier sans revenir nous voir ? »

Il lui était d'avis que, sur ces paroles, il pouvait très bien y retourner le dimanche suivant et il en avait l'intention, ce qui ne l'empêchait pas, le soir, après le travail (et l'on travaillait à la lumière), de se promener à travers la ville et de passer toujours par la rue où Jeanne habitait. Il regardait les fenêtres de sa chambre, qni étaient presque toujours éclairées. Une fois il aperçut distinctement l'ombre de la jeune fille sur le rideau. Quelle belle soirée ce fut pour lui ! Madame la maîtresse n'aimait pas du tout ces continuelles sorties du soir ; elle secouait la tête en signe de mauvais présage. Le maître souriait et disait : « C'est un jeune homme ; il faut bien que jeunesse se passe. »

« Dimanche, nous nous verrons, pensait Knoud, et je lui dirai qu'elle possède toute mon âme, et qu'elle doit devenir ma femme. Je ne suis qu'un pauvre apprenti cordonnier ;

mais bientôt je serai maître ; je travaillerai, je peinerai autant qu'il faudra. Oui, je m'expliquerai franchement. L'amour muet ne mène à rien. L'histoire des pains d'épice me l'a dès longtemps prouvé. »

Le dimanche arriva, et Knoud se présenta ; mais quel malheur ! ils étaient tous invités à une soirée en ville. Knoud ne partant pas, il fallut le lui dire : Jeanne lui pressa la main et lui demanda : « As-tu déjà été au théâtre ? Il faut pourtant que tu y ailles une fois. Je chante mercredi, et si ce jour-là tu es libre, je t'enverrai un billet. Mon père sait où demeure ton maître. »

Comme c'était affectueux de sa part ! Le mercredi, à midi, il reçut, en effet, une enveloppe cachetée, sans un mot d'écrit dedans, mais le billet y était. Le soir, Knoud alla pour la première fois au théâtre. Il y vit Jeanne : qu'elle était belle et gracieuse ! Il est vrai qu'on la mariait à un étranger, mais ce n'était que de la comédie, qu'une feinte. Knoud le savait. Sans cela, elle n'aurait pas eu certainement le cœur de lui envoyer un billet pour qu'il vît de ses yeux une pareille chose. Tout le monde frappait des mains et s'extasiait tout haut, et Knoud criait : Hourra !

Oui, le roi lui-même souriait à Jeanne, montrant combien il avait de plaisir à l'entendre ! Que Knoud se sentait peu de chose ! « Mais je l'aime tant, se disait-il, et elle m'aime bien aussi ; cela égalise tout. Cependant l'homme doit prononcer le premier mot; c'est ce que pensait la demoiselle de pain d'épice. Son histoire renferme plus d'une leçon. »

Dès que vint le dimanche, il retourna chez ses amis. Il était aussi ému que le jour de sa confirmation, Jeanne était seule et le reçut ; cela ne pouvait pas mieux se rencontrer.

« C'est bien d'être venu, dit-elle; je pensais t'envoyer mon père ; mais j'avais le pressentiment que tu viendrais ce soir. Car j'ai à te dire que vendredi je pars pour la France ; il le faut pour que je parvienne à quelque chose de sortable. »

Il sembla à Knoud que tout dans la chambre tournait sens dessus dessous. Il sentait son cœur prêt à se briser en mille pièces. Pas une larme ne lui vint aux yeux, mais on voyait bien quel était son chagrin.

« Brave et fidèle garçon ! » dit-elle. Cela dénoua la langue de Knoud. Il lui dit avec quelle ardeur il l'aimait et qu'elle devait devenir sa femme. Mais dès qu'il eut prononcé ces mots, il vit Jeanne changer de couleur et pâlir. Elle laissa aller sa main et répondit d'un ton sérieux et affligé : « Ne te rends pas malheureux, Knoud, et ne me rends pas malheureuse aussi. Je serai toujours pour toi une bonne sœur en laquelle tu peux avoir confiance ; mais jamais plus. » Et elle passait sa douce main sur le front brûlant de Knoud : « Dieu nous donne la force, dit-elle encore, de venir à bout des choses difficiles, pourvu que nous ayons de la volonté et du courage. »

En ce moment sa belle-mère entra dans la chambre.

« Knoud est hors de lui parce que je pars en voyage, dit Jeanne. Sois donc un homme ! » En parlant ainsi, elle mettait sa main sur l'épaule du jeune Knoud, faisant semblant qu'il n'eût été question entre eux que de voyage et pas d'autre chose. « Tu es un enfant, continua-t-elle ; il faut qu'à présent tu sois bon et raisonnable, comme autrefois sous le saule, quand nous étions petits. »

Le monde paraissait à Knoud être sorti de ses gonds ; ses pensées étaient comme un fil détaché qui voltige çà et là, poussé par le vent. Il restait là, il ne savait pas si on l'avait prié de rester ; mais Jeanne et la belle-mère étaient amicales et compatissantes. Jeanne lui versa du thé, et chanta. Sa voix ne résonnait pas comme autrefois, mais elle était incomparablement belle. Le cœur du jeune homme se dilatait à l'entendre. Puis ils se séparèrent. Knoud ne tendait pas la main à Jeanne. Elle le comprit et dit : « Tu donneras pourtant la main à ta sœur en la quittant, mon vieux camarade d'enfance ! » Et elle souriait à travers les larmes qui coulaient sur ses joues, et elle répéta le nom de *frère*. Oui c'était là une belle consolation. Ainsi se firent leurs adieux.

III

Elle s'embarqua pour la France. Tous les jours Knoud errait longtemps à travers les rues de Copenhague. Les autres compagnons de l'atelier lui demandaient pourquoi il se promenait toujours ainsi plongé dans ses réflexions. Ils l'engagèrent à prendre part à leurs plaisirs. « Il faut s'amuser pendant qu'on est jeune ! » lui disaient-ils.

Il alla avec eux à la salle de danse. Il y avait là beaucoup de jolies jeunes filles. Aucune n'était aussi jolie que Jeanne. Là où justement il croyait pouvoir l'oublier, il eut au contraire son image plus présente à la pensée.

« Dieu nous donne de la force, avait-elle dit, pourvu que nous ayons de la volonté et du courage. » Il se rappelait cette parole et elle lui inspirait des sentiments de pitié. Les violons résonnèrent en ce moment, et les jeunes filles dansèrent une ronde. Il tressaillit d'effroi. Il lui paraissait qu'il était dans un endroit où il n'aurait pu conduire Jeanne, et cependant elle y était, puisqu'il la portait dans son cœur. Il sortit et courut, à travers les rues, passant devant la maison où elle avait demeuré. Là il faisait sombre ; tout était vide et désert. Le monde suivait son chemin, et Knoud le sien.

L'hiver vint et les eaux gelèrent. La nature changea d'aspect et l'on eût dit partout des apprêts funèbres. Mais lorsque le printemps revint et que le premier bateau à vapeur reprit la mer, Knoud fut saisi du désir de voyager au loin, au loin, ailleurs qu'en France.

Il boucla son sac et s'en alla au loin, au loin, à travers l'Allemagne, de ville en ville, sans séjourner ni s'arrêter. Ce ne fut que lorsqu'il entra dans l'antique et curieuse cité de Nuremberg qu'il lui sembla qu'il redevenait maître de ses pieds, et qu'il se décida à y rester.

Nuremberg est une ville singulière, qui a l'air d'une image découpée dans quelque vieille chronique historiée.

Les rues serpentent capricieusement : les maisons n'y aiment pas à se suivre en rang et évitent la ligne droite. Partout des pignons flanqués de tourelles. Des statues sortent des murailles surchargées de sculptures bizarres. Du haut des toits de structure singulière, des gargouilles, sous forme de dragons, de lièvres, de chiens aux longues jambes, s'élancent jusqu'au milieu de la rue.

Knoud, le sac au dos, s'arrêta sur la place du Marché. Il resta debout près d'une vieille fontaine ornée de superbes statues de bronze figurant des personnages bibliques et historiques, entre lesquels les jets d'eau s'élancent. Une jolie servante y puisait précisément de l'eau. Knoud, fatigué par la marche, avait grande soif ; elle lui présenta à boire, et lui donna aussi une des roses d'un bouquet qu'elle portait à la main. Cela parut au jeune homme d'un bon augure.

De puissants sons d'orgue venant d'une église voisine se firent entendre et lui rappelèrent son pays. Ils lui semblaient tout pareils à ceux qui faisaient résonner l'église de Kjoegé.

Il entra dans le vaste sanctuaire. Le soleil y pénétrant à travers les vitraux de couleur, éclairait les rangées de hauts et sveltes piliers. La piété remplit les pensées de Knoud, et la paix et le repos rentrèrent dans son cœur.

Il chercha et trouva à Nuremberg un bon maître; il demeura chez lui et apprit la langue allemande.

Les anciens fossés qui entouraient les fortifications de la ville sont divisés et convertis en jardins potagers ; mais les hautes murailles avec leurs tours massives sont encore debout. Le chemin couvert existe toujours. Le cordier y tourne sa corde. Dans les fentes des vieux murs, les sureaux croissent par bouquets touffus, avançant leurs branches au-dessus des petites maisonnettes basses qui sont adossées aux fortifications. Dans l'une de ces maisonnettes habitait le maître chez qui travaillait Knoud. Au-dessus de la mansarde où le jeune homme se tenait assis, un beau sureau étendait son feuillage.

Knoud resta là un été et un hiver; mais le printemps vint ensuite, et alors il ne put y tenir. Le sureau fleurit ; il remplissait l'air de senteurs. Il rappelait à Knoud un autre sureau, et le jeune homme se sentait reporté dans le jardinet de Kjoegé. Alors il quitta ce maître pour en chercher un autre dans l'intérieur de la ville où il ne poussait pas de sureau.

Son nouvel atelier était proche d'un vieux pont, au-dessous duquel roulait un ruisseau rapide qui faisait tourner bruyamment une roue de moulin. L'eau passait entre des maisons qui avaient toutes de vieux pignons délabrés ; on eût dit qu'elles allaient les secouer dans le ruisseau. Là ne poussait pas de sureau, mais juste en face de l'atelier se dressait un grand vieux saule qui s'accrochait par ses racines à la maison pour ne pas être entraîné par le torrent. Il laissait une partie de ses branches pendre dans le ruisseau, comme celui du jardin de Kjoegé.

Oui, Knoud avait passé de la *mère Sureau* au *père Saule*. Les soirs de clair de lune, le saule avait quelque chose qui lui allait au cœur, l'attendrissait et le décourageait. Il ne put y tenir. Pourquoi ? demandez-le au saule, demandez-le au sureau en fleur.

Il dit adieu à son maître de Nuremberg et quitta la ville. A personne il ne parlait de Jeanne. Il ensevelissait son chagrin au fond de lui-même. L'histoire des pains d'épice lui revenait parfois à la mémoire, et il en comprenait mieux que jamais le sens profond. Il savait pourquoi le bonhomme avait à gauche une amande amère. Le cœur de Knoud était aussi plein d'amertume. Jeanne, au contraire, qui avait toujours été si douce et si affectueuse, n'était-elle pas tout sucre et tout miel comme la demoiselle du naïf récit ?

Sa pensée s'étant arrêtée à ces souvenirs, il se sentit oppressé. A peine pouvait-il respirer. Il crut que la courroie de son sac en était cause, il la desserra. Cela ne servit à rien. Pour lui, il y avait deux mondes dans lesquels il vivait : le monde extérieur qui l'environnait, et celui qui était au fond de son âme, monde de souvenirs et de sentiments ; c'est dans celui-ci qu'il habitait le plus souvent, et à l'autre il demeurait à peu près étranger.

Ce n'est que lorsqu'il aperçut les hautes montagnes que son esprit se détacha des mornes pensées et prit garde aux choses du dehors. A ce spectacle grandiose, ses yeux se remplirent de larmes.

Les Alpes lui apparurent comme les ailes ployées de la terre. « Qu'arriverait-il, se disait-il, si elle déployait et étendait tout à coup ces ailes immenses avec leurs forêts sombres, leurs torrents, leurs masses de neige ? Sans doute, la terre, au jugement dernier, s'élèvera ainsi portée dans l'infini, et comme une bulle de savon au soleil, elle se dispersera en des millions d'atomes dans l'éclat des rayons de la divinité. Oh ! que n'est-ce aujourd'hui le jugement dernier ? » disait Knoud en soupirant.

Il traversa un pays qui lui parut un magnifique verger. Du haut des balcons des chalets, les jeunes filles qui battaient le chanvre le saluaient de la tête ; il leur répondait honnêtement, mais sans jamais ajouter une parole gaie, comme font d'ordinaire les jeunes gens de son âge.

Lorsqu'à travers les épaisses feuillées, il découvrit les grands lacs aux eaux verdâtres, il se souvint de la mer qui baigne le rivage où il était né, et de la baie profonde de Kjoegé. La mélancolie envahit son âme, mais ce n'était déjà plus de la douleur.

Il vit le Rhin tout entier se précipiter du haut d'un rocher et s'éparpiller en des millions de gouttes qui forment une masse blanche et nuageuse à travers laquelle les couleurs de l'arc-en-ciel se jouent comme un ruban voltigeant dans l'air. Cet imposant spectacle le fit songer à la cascade bruissante et écumante du ruisseau qui agite les roues du moulin de Kjoegé. Partout le souvenir du lieu de sa naissance le poursuivait.

Volontiers il serait resté dans une de ces tranquilles cités des bords du Rhin ; mais il y croissait trop de sureaux et trop de saules. Il continua de voyager ; il franchit de hautes montagnes sur des sentiers qui longeaient des rocs coupés à pic, comme une gouttière longe le faîte d'un toit. Il se trouvait au-dessus des nuages qui flottaient sous ses pieds ; il entendait à une prodigieuse profondeur le fracas des torrents roulant au fond des vallées. Rien ne l'effrayait ni ne l'étonnait. Sur les sommets neigeux où fleurissent les roses des Alpes, il marchait vers les pays du soleil. Il dit adieu aux contrées du Nord, et il arriva, sous des allées de châtaigniers enlacés de vignes, à des champs de maïs. Des monts escarpés le séparaient, comme une immense muraille, des lieux qui lui avaient laissé de si tristes souvenirs. « Et il était bon que cela fût ainsi, » se disait-il.

IV

Devant lui était une grande et magnifique ville; les gens du pays l'appelaient Milano. Il y trouva un maître allemand qui lui donna du travail. Le maître était un vieux brave homme, et sa femme une bonne femme bien pieuse. Les deux vieux se prirent d'affection pour le compagnon étranger qui parlait peu, mais n'en travaillait que plus, et qui vivait honnêtement et chrétiennement.

Il semblait à Knoud que Dieu avait délivré son cœur du poids pesant qui l'oppressait. Son plus grand plaisir était de monter au Dôme, dont le marbre était blanc comme la neige de son pays. Il avançait à travers les tourelles pointues, les aiguilles et les arcades. A chaque recoin, à chaque ogive, de blanches statues lui souriaient. Au-dessus de lui, il avait le ciel bleu ; au-dessous, la ville, puis la plaine immense de la verte Lombardie, et tout au loin les hautes montagnes. Il pensait à l'église de Kjoegé, à ses murs rouges couverts de lierre; il y avait une bien grande différence entre elle et la cathédrale milanaise ! Il ne désirait pas la revoir ; il ne voulait plus retourner là-bas. C'est ici, derrière les montagnes, qu'il souhaitait d'être enterré.

Il y avait un an qu'il était en cette ville, et trois ans qu'il avait quitté sa patrie. Un jour son maître, pour le distraire, le conduisit, non aux Arènes voir les exercices équestres, mais bien au grand Opéra. La salle valait certes la peine d'être vue. Elle a sept étages de loges garnies toutes de beaux rideaux de soie. Du premier rang jusqu'au plus haut de l'édifice, des dames élégantes, parées comme si elles allaient au bal, étaient assises, avec des bouquets à la main. Les messieurs avaient aussi revêtu leur costume de cérémonie ; beaucoup avaient des habits chamarrés d'or et d'argent. Il faisait clair comme en plein soleil ; une magnifique musique retentissait. C'était bien plus beau qu'à la comédie de Copenhague. Mais là, il y avait Jeanne.

Elle était aussi ici. Oui, on aurait dit un enchantement. La toile se lève, et voilà que Jeanne apparaît, couverte de pierreries et de soie, avec une couronne d'or sur la tête. Elle chanta comme les anges du bon Dieu savent seuls chanter. Elle s'avançait tout à fait sur le devant de la scène, et souriait comme Jeanne seule savait sourire. Elle regardait justement Knoud. Le pauvre garçon saisit la main de son maître, criant tout haut : « Jeanne ! » Mais il n'y eut que le vieux qui l'entendit ; la musique étouffa sa voix : Et le maître de Knoud, faisant un signe de tête affirmatif : « Oui, oui, dit-il, elle s'appelle bien Jeanne. » En même temps, il tira une feuille de papier imprimé et y montra le nom... Le nom de Jeanne y était tout au long.

Non, ce n'était pas un rêve. Tous les assistants étaient transportés d'enthousiasme. Ils jetaient des bouquets, des couronnes: Chaque fois que Jeanne quittait la scène, ils la rappelaient ; elle venait, disparaissait, revenait de nouveau.

Après le spectacle, les gens se pressaient autour de sa voiture. On détela les chevaux pour la traîner. Knoud y était au premier rang. Il était joyeux, affolé plus encore que les autres. Lorsque la voiture s'arrêta devant la maison splendidement éclairée où Jeanne était logée, il se plaça près de la portière de la voiture. Jeanne en descendit. La lumière tombait en plein sur son gentil visage. Elle souriait, remerciait tout le monde avec une douce grâce, était profondément émue. Knoud la regarda dans les yeux et elle le regarda aussi, mais ne le reconnut point. Un homme qui avait sur la poitrine une étoile étincelante de diamants, lui présenta le bras : « Ils sont fiancés, » disait-on dans la foule.

Knoud rentra au logis et aussitôt il prépara son sac. Il voulait, il lui fallait absolument retourner dans sa patrie, auprès du sureau, auprès du saule. Ah! sous le saule, en une heure un homme peut repasser en esprit sa vie entière.

Les braves gens chez qui il demeurait le prièrent vivement de rester auprès d'eux. Tout ce qu'ils purent dire ne le retint pas. Ils lui firent remarquer que l'hiver était proche, que la neige tombait déjà dans les montagnes. « Il faut bien, répondit-il, que les voitures se frayent un passage ; dans l'ornière qu'elles auront faite, je saurai trouver mon chemin. »

V

Il prit son sac et son bâton et marcha vers les montagnes. Il les monta et les descendit. Ses forces diminuaient, et il ne voyait encore ni village ni maison. Il allait vers le Nord. Les étoiles étincelaient autour de lui. Ses jambes vacillaient, la tête lui tournait. Au fond de la vallée, il vit briller aussi des étoiles, comme s'il y eut un ciel au-dessous de lui aussi bien qu'au-dessus.

Il se sentait malade. Les étoiles d'en bas augmentaient sans cesse. Leur lueur devenait de plus en plus forte, et elles se mouvaient çà et là. C'était une petite ville dont il apercevait les lumières. Quand il eut reconnu cela, il rassembla ses dernières forces et atteignit une pauvre auberge.

Il y resta la nuit et tout le jour suivant. Il avait besoin de repos et de soins. Le dégel était venu ; il pleuvait dans la vallée. Dans la matinée du jour suivant, il vint un homme avec une vielle, qui joua un air qui ressemblait tout à fait à une mélodie danoise. Il fut alors impossible à Knoud de séjourner plus longtemps, il se remit en route, il marcha vers le Nord ; il marcha pendant bien des journées, avec hâte, comme s'il craignait que tout le monde ne fût mort en son pays avant qu'il y arrivât.

Il ne parlait à qui que ce fût de ce qui le poussait ainsi. Personne ne se doutait de la cause de son chagrin, qui était pourtant le plus profond qu'un homme puisse ressentir. Une pareille douleur n'intéresse pas le monde, pas même vos amis, et Knoud, du reste, n'avait pas d'amis. Comme un étranger, il traversait les pays étrangers, marchant toujours vers le Nord.

Le soir survint. Il suivait la grande route. La gelée se faisait de nouveau sentir. Le pays devenait plat. On voyait des prés, des champs. Au bord de la route s'élevait un grand saule. Tout avait un air qui rappelait à Knoud son pays. Il s'assit sous l'arbre ; il était bien fatigué ; sa tête s'inclina, ses yeux se fermèrent pour le sommeil.

Cela ne l'empêcha pas de remarquer que le saule abaissait et étendait ses branches au-dessus de lui. L'arbre lui apparut comme un puissant vieillard. Oui, c'était le *père Saule* lui-même qui le souleva dans ses bras et le porta, le fils fatigué et épuisé, dans sa patrie, sur le rivage uni de Kjoegé. Oui, c'était le *père Saule* en personne qui avait parcouru le monde à la recherche de son Knoud, qui l'avait trouvé et ramené dans le jardin, au bord du ruisseau, et là était Jeanne dans toute sa splendeur, avec la couronne d'or sur la tête, telle qu'il l'avait vue la dernière fois ; elle lui cria de loin : « Sois le bien venu ! »

Deux figures singulières se dressaient aussi devant lui. Il les connaissait dès son enfance ; mais elles avaient bien plus la forme humaine qu'alors. Elles étaient fort changées à leur avantage. C'étaient les deux pains d'épice, l'homme et la femme ; ils lui tournèrent le côté droit, et vraiment ils avaient fort bonne mine.

« Nous te remercions, lui dirent-ils, tu nous as rendu un grand service. Tu nous as délié la langue, tu nous as appris qu'il ne faut pas taire ses pensées ; sans quoi l'on n'aboutit à rien. Aussi avons-nous atteint notre but et nous sommes fiancés. » Ayant dit, ils traversèrent les rues de Kjoegé, la main dans la main. Ils avaient l'air tout à fait convenable, et même du côté de l'envers il n'y avait rien à redire, Ils se dirigèrent vers l'église. Knoud et Jeanne les suivaient, eux aussi, la main dans la main. L'église était là comme autrefois avec ses murailles toujours tapissées de lierre vert. La grande porte s'ouvrit à deux battants. L'orgue résonnait. Ils entrèrent dans la grande nef. « Les maîtres en avant, » dirent les fiancés de pain d'épice, et ils firent place à Knoud et à Jeanne qui s'agenouillèrent en face de l'autel. Jeanne pencha la tête contre le visage de Knoud; des larmes froides coulaient de ses yeux; la glace qui enveloppait son cœur fondait par l'ardent amour de Knoud. Il s'éveilla alors et se trouva assis sous le vieux saule, dans un pays étranger, par une froide soirée d'hiver. Les nuages secouaient une grêle qui lui fouettait le visage.

« Cette heure-ci, dit-il, a été la plus belle de ma vie; et c'était un rêve ! Mon Dieu, laissez-moi rêver encore ainsi ! » Il referma les yeux, s'endormit et rêva.

Vers le matin il tomba de la neige. Le vent la poussa sur lui. Il dormait toujours. Des gens des hameaux environnants passèrent, allant à l'église. Ils virent quelqu'un étendu au bord de la route. C'était un compagnon. Il était mort de froid sous le saule.

LES
AVENTURES DU CHARDON

Devant un riche château seigneurial s'étendait un beau jardin, bien tenu, planté d'arbres et de fleurs rares. Les personnes qui venaient rendre visite au propriétaire exprimaient leur admiration pour ces arbustes apportés des pays lointains, pour ces parterres disposés avec tant d'art ; et l'on voyait aisément que ces compliments n'étaient pas de leur part de simples formules de politesse. Les gens d'alentour, habitants des bourgs et des villages voisins venaient le dimanche demander la permission de se promener dans les magnifiques allées. Quand les écoliers se conduisaient bien, on les menait là pour les récompenser de leur sagesse.

Tout contre le jardin, mais en dehors, au pied de la haie

de clôture, on trouvait un grand et vigoureux chardon ; sa racine vivace poussait des branches de tous côtés, il formait à lui seul comme un buisson. Personne n'y faisait pourtant la moindre attention, hormis le vieil âne qui traînait la petite voiture de la laitière. Souvent la laitière l'attachait non loin de là, et la bête tendait tant qu'elle pouvait son long cou vers le chardon, en disant : « Que tu es donc beau !.. tu es à croquer ! » Mais le licou était trop court, et l'âne en était pour ses tendres coups d'œil et pour ses compliments.

Un jour une nombreuse société est réunie au château. Ce sont toutes personnes de qualité, la plupart arrivant de la capitale. Il y a parmi elles beaucoup de jolies jeunes filles. L'une d'elles, la plus jolie de toutes, vient de loin. Originaire d'Écosse, elle est d'une haute naissance et possède de vastes domaines, de grandes richesses. C'est un riche parti : « Quel bonheur de l'avoir pour fiancée ! » disent les jeunes gens, et leurs mères disent de même.

Cette jeunesse s'ébat sur les pelouses, joue au ballon et à divers jeux. Puis on se promène au milieu des parterres, et, comme c'est l'usage dans le Nord, chacune des jeunes filles cueille une fleur et l'attache à la boutonnière d'un des jeunes messieurs. L'étrangère est longtemps à choisir sa fleur ; aucune ne paraît être à son goût. Voilà que ses regards tombent sur la haie, derrière laquelle s'élève le buisson de chardons avec ses grosses fleurs rouges et bleues.

Elle sourit et prie le fils de la maison d'aller lui en cueillir une : « C'est la fleur de mon pays, dit-elle, elle figure dans les armes d'Écosse ; donnez-la-moi, je vous prie. »

Le jeune homme s'empresse d'aller cueillir la plus belle,

ce qu'il ne fit pas sans se piquer fortement aux épines. La jeune Écossaise lui met à la boutonnière cette fleur vulgaire, et il s'en trouve singulièrement flatté. Tous les autres jeunes gens auraient volontiers échangé leurs fleurs rares contre celle offerte par la main de l'étrangère. Si le fils de la maison se rengorgeait, qu'était-ce donc du chardon? Il ne se sentait pas d'aise; il éprouvait une satisfaction, un bien-être, comme lorsque après une bonne rosée, les rayons du soleil le venaient réchauffer..

« Je suis donc quelque chose de bien plus relevé que je n'en ai l'air, pensait-il en lui-même. Je m'en étais toujours douté. A bien dire, je devrais être en dedans de la haie et non pas au dehors. Mais, en ce monde, on ne se trouve pas toujours placé à sa vraie place. Voici du moins une de mes filles qui a franchi la haie et qui même se pavane à la boutonnière d'un beau cavalier. »

Il raconta cet événement à toutes les pousses qui se développèrent sur son tronc fertile, à tous les boutons qui surgirent sur ses branches. Peu de jours s'étaient écoulés lorsqu'il apprit, non par les paroles des passants, non par les gazouillements des oiseaux, mais par ces mille échos qui, lorsqu'on laisse les fenêtres ouvertes, répandent partout ce qui se dit dans l'intérieur des appartements, il apprit, disons-nous, que le jeune homme qui avait été décoré de la fleur de chardon par la belle Écossaise avait aussi obtenu son cœur et sa main.

« C'est moi qui les ai unis, c'est moi qui ai fait ce mariage! » s'écria le chardon, et plus que jamais, il raconta le mémorable événement à toutes les fleurs nouvelles dont ses branches se couvraient.

« Certainement, se dit-il encore, on va me transplanter dans le jardin, je l'ai bien mérité. Peut-être même serai-je mis précieusement dans un pot où mes racines seront bien serrées dans du bon fumier. Il paraît que c'est là le plus grand honneur que les plantes puissent recevoir. »

Le lendemain, il était tellement persuadé que les marques de distinction allaient pleuvoir sur lui, qu'à la moindre de ses fleurs, il promettait que bientôt on les mettrait tous dans un pot de faience, et que pour elle, elle ornerait peut-être la boutonnière d'un élégant, ce qui était la plus rare fortune qu'une fleur de chardon pût rêver.

Ces hautes espérances ne se réalisèrent nullement ; point de pot de faience ni de terre cuite ; aucune boutonnière ne se fleurit plus aux dépens du buisson. Les fleurs continuèrent de respirer l'air et la lumière, de boire les rayons du soleil le jour, et la rosée la nuit ; elles s'épanouirent et ne reçurent que la visite des abeilles et des frêlons qui leur dérobaient leur suc.

» Voleurs, brigands ! s'écriait le chardon indigné, que ne puis-je vous transpercer de mes dards ! Comment osez-vous ravir leur parfum à ces fleurs qui sont destinées à orner la boutonnière des galants ! »

Quoi qu'il pût dire, il n'y avait pas de changement dans sa situation. Les fleurs finissaient par laisser pencher leurs petites têtes. Elles pâlissaient, se fanaient ; mais il en poussait toujours de nouvelles : à chacune qui naissait, le père disait avec une inaltérable confiance : « Tu viens comme marée en carême, impossible d'éclore plus à propos. J'attends à chaque minute le moment où nous passerons de l'autre côté de la haie. »

Quelques marguerites innocentes, un long et maigre plantin qui poussaient dans le voisinage, entendaient ces discours, et y croyaient naïvement. Ils en conçurent une profonde admiration pour le chardon, qui, en retour, les considérait avec le plus complet mépris.

Le vieil âne, quelque peu sceptique de sa nature, n'était pas aussi sûr de ce que proclamait avec tant d'assurance le chardon. Toutefois, pour parer à toute éventualité, il fit de nouveaux efforts pour attraper ce cher chardon avant qu'il fût transporté en des lieux inaccessibles. En vain il tira sur son licou ; celui-ci était trop court et il ne put le rompre.

A force de songer au glorieux chardon qui figure dans les armes d'Écosse, notre chardon se persuada que c'était un de ses ancêtres; qu'il descendait de cette illustre famille et était issu de quelque rejeton venu d'Écosse en des temps reculés. C'étaient là des pensées élevées, mais les grandes idées allaient bien à un grand chardon comme il était, et qui formait un buisson à lui tout seul.

La voisine l'ortie l'approuvait fort... « Très souvent, dit-elle, on est de haute naissance sans le savoir ; cela se voit tous les jours. Tenez, moi-même, je suis sûre de n'être pas une plante vulgaire. N'est-ce pas moi qui fournis la plus fine mousseline, celle dont s'habillent les reines ? »

L'été se passe, et ensuite l'automne. Les feuilles des arbres tombent. Les fleurs prennent des teintes plus foncées et ont moins de parfum. Le garçon jardinier, en recueillant les tiges séchées, chante à tue-tête :

> Amont, aval ! en haut, en bas !
> C'est là tout le cours de la vie !

Les jeunes sapins du bois recommencent à penser à Noël, à ce beau jour où on les décore de rubans, de bonbons et de petites bougies. Ils aspirent à ce brillant destin, quoiqu'il doive leur en coûter la vie.

« Comment! je suis encore ici, dit le chardon, et voilà huit jours que les noces ont été célébrées! C'est moi pourtant qui ai fait ce mariage, et personne n'a l'air de penser à moi, non plus que si je n'existais point. On me laisse pour reverdir. Je suis trop fier pour faire un pas vers ces ingrats, et d'ailleurs, le voudrais-je, je ne puis bouger. Je n'ai rien de mieux à faire qu'à patienter encore. »

Quelques semaines se passèrent. Le chardon restait là, avec son unique et dernière fleur ; elle était grosse et pleine, on eût presque dit une fleur d'artichaut ; elle était poussée près de la racine, c'était une fleur robuste. Le vent froid souffla sur elle ; ses vives couleurs disparurent ; elle devint comme un soleil argenté.

Un jour le jeune couple, maintenant mari et femme, vint se promener dans le jardin. Ils arrivèrent près de la haie, et la belle Écossaise regarda par delà dans les champs : « Tiens ! dit-elle, voilà encore le grand chardon, mais il n'y a plus de fleurs !

— Mais si, en voilà encore une, ou du moins son spectre, dit le jeune homme en montrant le calice desséché et blanchi.

— Tiens ! elle est fort jolie comme cela, reprit la jeune dame. Il nous la faut prendre, pour qu'on la reproduise sur le cadre de notre portrait à nous deux. »

Le jeune homme dut franchir de nouveau la haie et cueillir a fleur fanée. Elle le piqua de la bonne façon : ne l'avait-il pas appelée un spectre ? Mais il ne lui en voulut pas : sa jeune femme était contente. Elle rapporta la fleur dans le salon. Il s'y trouvait un tableau représentant les jeunes époux: le mari était peint une fleur de chardon à sa boutonnière. On parla beaucoup de cette fleur et de l'autre, la dernière, qui brillait comme de l'argent et qu'on devait ciseler sur le cadre.

L'air emporta au loin tout ce qu'on dit.

« Ce que c'est que la vie, dit le chardon : ma fille aînée a trouvé place dans une boutonnière, et mon dernier rejeton a été mis sur un cadre doré. Et moi, où me mettra-t-on ? »

L'âne était attaché non loin : il louchait vers le chardon : « Si tu veux être bien, tout à fait bien, à l'abri de la froidure, viens dans mon estomac, mon bijou. Approche ;

je ne puis arriver jusqu'à toi, ce maudit licou n'est pas assez long. »

Le chardon ne répondit pas à ces avances grossières. Il devint de plus en plus songeur, et, à force de tourner et retourner ses pensées, il aboutit, vers Noël, à cette conclusion qui était bien au-dessus de sa basse condition : « Pourvu que mes enfants se trouvent bien là où ils sont, se dit-il ; moi, leur père, je me résignerai à rester en dehors de la haie, à cette place où je suis né.

— Ce que vous pensez là vous fait honneur, dit le dernier rayon de soleil. Aussi vous en serez récompensé.

— Me mettra-t-on dans un pot ou sur un cadre ? demanda le chardon.

— On vous mettra dans un conte, » eut le temps de répondre le rayon avant de s'éclipser.

LA FILLE
DU ROI DE LA VASE

I

Les cigognes racontent à leurs petits bien des histoires qui se passent toutes dans les joncs des marais ; elles sont appropriées à l'âge, à l'esprit des jeunes cigognes. Les toutes petites sont déjà ravies quand leur mère leur chantonne *cribble crabble plouremourre ;* mais quand elles ont quelques semaines de plus, elles veulent qu'il y ait un sens dans ce qu'on leur dit ; elles aiment surtout à entendre raconter des histoires du temps passé où figurent des cigognes de la famille.

Des deux plus longs et plus curieux contes qui se sont conservés chez les cigognes, il y en a un qui est partout connu : c'est celui de Moïse, exposé par sa mère sur le Nil. Des cigognes l'aperçurent et voltigèrent autour du berceau, délibérant sur ce qu'il fallait faire pour sauver l'enfant ; c'est ce qui attira l'attention de la fille de Pharaon.

Le second conte n'est pas connu encore des enfants des hommes. Voilà pourtant près de mille ans qu'il passe de bec en bec, d'une mère cigogne à une mère cigogne : l'une le raconte mieux que l'autre. Nous allons le raconter mieux qu'elles toutes, si la vanité humaine ne nous abuse.

Le couple de cigognes qui y joue un rôle habitait chaque été le toit de la maison de bois d'un féroce *Viking*, comme on appelait ces pirates du Nord qui faisaient trembler les petits-fils de l'empereur Charlemagne. Cette maison était située non loin de la grande bruyère qui couvrait, près de Skagen, les tourbières de la pointe septentrionale du Jutland. Là est aujourd'hui le cercle de Hjoerring : on peut lire, dans les manuels de géographie, la description de la vaste bruyère qui s'étend toujours sur cette contrée. Autrefois, dit-on, elle formait le fond d'une mer qui s'est soulevé peu à peu. Maintenant, ce sont, à plusieurs lieues à l'entour, des tourbières entourées de prairies humides ; le sol est marécageux et vacille sous les pieds ; il y pousse quelques arbres rabougris, des joncs, des myrtilles. Presque toujours d'épais brouillards s'appesantissent sur ces lieux qui, il y a soixante ans, étaient encore infestés de loups. C'est avec raison qu'on les appelle les marais sauvages. On n'a pas de peine à s'imaginer que d'eau, que de boue étaient accumulées en cet endroit, il y a mille ans, et quel pays désolé cela faisait !

L'aspect général était le même qu'à présent. Les roseaux avaient les mêmes grandes feuilles pointues, ils portaient les mêmes plumets d'un bleu brun. Les bouleaux avaient comme aujourd'hui leurs écorces blanches, leurs feuilles délicates et pendantes. Quant aux êtres vivants, les mouches, les libellules avaient comme aujourd'hui leur tunique de gaze, taillée de même. Les cigognes étaient vêtues de blanc et de noir, et portaient des bas rouges ; elles n'ont point changé de costume. Les hommes seuls avaient une coupe d'habits un peu différente de celle de nos jours ; quelle qu'elle fût, celui d'entre eux, maître ou serf, chasseur ou guerrier, qui osait s'avancer sur le sol mouvant des marais, avait le sort réservé à quiconque aujourd'hui s'y hasarde : il enfonçait, disparaissait, allait trouver le Roi de la vase qui, disait-on, régnait dans le grand empire souterrain des marécages. On sait bien peu de chose du gouvernement de ce potentat; n'en disons donc pas de mal, il est possible que son gouvernement soit très paternel.

Au bord des marécages, à proximité du large bras de mer du Kattégat, s'élevait la maison du pirate normand. Elle était bâtie de grosses poutres; les caves étaient recouvertes de dalles de pierre; l'eau n'y pénétrait pas. Elle avait trois étages et au-dessus se dressait une tourelle. Sur le faîte de la tourelle un couple de cigognes avait construit son nid, où la mère cigogne couvait tranquillement ses œufs.

Un soir le papa ne revint au gîte que fort tard; il paraissait tout saisi, tout bouleversé; ses plumes étaient hérissées.

« J'ai à te conter quelque chose d'affreux, dit-il à sa compagne.

— Tu t'en garderas bien, répondit maman cigogne; fais donc attention que je couve et que ton histoire pourrait me donner le frisson : mes œufs s'en ressentiraient, j'en suis sûre.

— Il faut que tu le saches, reprit-il : ici est arrivée la fille du roi d'Égypte qui en hiver nous donne l'hospitalité; elle a osé entreprendre ce long voyage et... elle est perdue!

Comment! perdue! Elle qui est de la famille des fées!.., Allons, raconte vite, tu sais bien que rien ne m'est plus nuisible que l'attente dans le temps où je couve.

— Vois-tu, petite mère, la douce créature a cru à ce que disait le médecin, ainsi que tu me l'as rapporté toi-même après l'avoir entendu; elle a cru que certaines fleurs qui poussent ici dans les marais guériraient son père malade; elle est venue volant à travers les airs, sous le plumage d'un cygne, en compagnie des autres princesses qui, sous le même déguisement, viennent tous les ans ici dans le Nord pour se rajeunir. Elle est arrivée, et déjà elle a disparu.

— Tu es trop prolixe dans ton récit, dit la mère cigogne; cela m'agace d'être ainsi tenue en suspens; je me tourne et me retourne ; mes œufs sont exposés à se refroidir. Allons, dépêche-toi.

— Voici donc ce que j'ai observé, ce que j'ai vu. Me promenant ce soir au milieu des joncs, là où le terrain marécageux n'enfonce pas encore sous mon poids, j'aperçois trois cygnes qui s'approchent en fendant les airs. Quelque chose dans leur façon de voler me dit : » Regarde bien, ce ne sont pas de vrais cygnes, ils n'en ont que le plumage. Hé ! hé ! il n'est pas facile de nous en faire accroire, à moi ni à toi, petite mère.

— Sans doute, sans doute, fit-elle, mais passe plus vite sur ces détails de plumage et arrive tout de suite à la princesse.

— Tu te souviens, continua le père cigogne sans s'émouvoir de l'impatience de sa moitié, tu te souviens qu'au milieu du marais il y a une espèce de lac ; en te soulevant un peu sur ton nid, tu peux même en découvrir d'ici une extrémité. Sur le bord de ce lac, tout contre les roseaux, gisait un grand tronc d'aune. Les trois cygnes s'y posèrent, battirent des ailes et regardèrent autour d'eux ; puis, ne voyant personne, l'un d'eux jeta son plumage et je reconnus aussitôt notre princesse d'Égypte. Elle était là assise au bord des roseaux, sans autre vêtement que ses longs cheveux noirs qui la couvraient tout entière. Je l'entendis qui recommandait aux deux autres de bien faire attention à son plumage de cygne, pendant qu'elle allait plonger pour cueillir la fleur qu'elle croyait apercevoir sous l'eau du marais. Les deux autres firent un signe de tête affirmatif. Alors elles attirèrent à elles (car c'étaient aussi des princesses) l'habit de plume.

« Que vont-elles donc en faire? » me demandai-je ; la princesse se le demandait probablement aussi. La réponse vint bien vite. Les deux cygnes s'élevèrent dans les airs en s'écriant : « Plonge, plonge tant que tu veux, reste dans ton marais, tu ne reverras plus l'Egypte. A quoi te servira-t-il maintenant d'avoir toujours été la favorite de notre père ? » Et tout en criant ainsi elles se mirent à déchirer le plumage en mille pièces ; le vent en dispersa les plumes, on eût dit une giboulée de neige. Puis elles s'enfuirent à tire-d'aile, les deux perfides princesses.

— C'est vraiment épouvantable, interrompit la mère

cigogne, je ne veux plus entendre de pareilles horreurs. Voyons, dis vite ce qui se passa ensuite.

— La pauvre délaissée gémit tout haut et pleura à chaudes larmes. Ces larmes tombèrent sur le tronc d'arbre qui soudain se mit en mouvement; car ce n'était pas un aune véritable, c'était le Roi de la vase qui règne sur le vaste fond des étangs. Je le vis de mes yeux se retourner et tendre ses bras, qui ressemblaient à de longues branches couvertes d'herbes et de boue. La malheureuse enfant, effrayée, sauta en bas du tronc, se mit à courir sur le sol marécageux ; mais il ne peut pas même me porter en cet endroit; elle enfonça aussitôt; le faux tronc d'arbre fit de même en l'entraînant. De grosses bulles d'air noir s'élevèrent à la place où ils s'étaient engloutis, et il ne resta plus trace de lui ni d'elle. La voilà enfermée au fond des marais ; elle ne portera pas en Égypte la fleur miraculeuse. Ton cœur se serait fendu, petite mère, si tu avais vu cet affreux spectacle.

— Alors, pourquoi venir me raconter de pareilles choses, quand j'ai à soigner mes œufs ? Mais, après tout, la princesse est fée, elle saura bien se tirer d'affaire. Quelqu'un viendra à son secours, tandis que si cela était arrivé à toi, à moi, à n'importe quelle cigogne, c'en serait fait d'elle pour jamais.

— Tous les jours, j'irai voir s'il se passe quelque chose de nouveau, » dit le père cigogne, et c'est ce qu'il fit en effet.

Longtemps il n'aperçut rien ; enfin il vit du fond du marais s'élever une tige verte. Lorsqu'elle fut au niveau de l'eau, il en sortit une feuille qui se développa en largeur à vue d'œil ; il s'y joignit un bouton de fleur. Un matin, le père cigogne, passant par là, vit le bouton s'épanouir par la force des chauds rayons du soleil, et au milieu de la corolle se trouvait une ravissante enfant, une délicieuse petite fille. Elle ressemblait tant à la princesse d'Egypte, que le père cigogne crut d'abord que c'était cette princesse même qui s'était ainsi rapetissée. Mais, en y réfléchissant, il pensa que ce devait être la fille de la princesse et du Roi de la vase ; c'était pour cela, se disait-il, qu'elle reposait sur les feuilles d'iris.

« Elle ne peut pourtant pas rester là, continua-t-il à se dire. Que faire? Dans mon nid, nous sommes déjà bien du monde. Ah ! une idée : la femme du Viking n'a pas d'enfant ; elle en souhaite un si vivement ! Ne dit-on pas communément « C'est la cigogne qui a apporté ce petit être. » Eh bien, cette fois il en sera réellement ainsi. Je vais porter l'enfant à la femme du pirate. Quelle joie ce sera pour elle ! »

Et papa cigogne fit comme il le disait : il enleva la petite du calice de la fleur, vola vers la maison du Viking. La fenêtre était close, non avec des carreaux de vitre, mais avec des peaux de vessie assez minces pour laisser filtrer la lumière. Il les troua de son bec, entra dans la salle et déposa l'enfant sur le sein même de la femme du pirate, qui dormait. Puis il vola vers son nid, au sommet de la tourelle de bois, et il raconta ce qu'il avait vu et ce qu'il avait fait. Les petites cigognes eurent la permission d'écouter ; elles étaient déjà assez grandelettes et assez raisonnables pour cela.

« Vois-tu, dit-il, la princesse n'est pas morte ; elle a envoyé son enfant en haut au soleil, et voilà la petite pourvue d'un abri.

— C'est ce que j'ai dit dès le commencement ! s'écria maman cigogne. Mais c'est assez nous occuper des autres. Pense un peu à ta propre famille. Voilà le temps de la migration qui approche ; je sens par moments des tiraillements sous les ailes. Les coucous et les rossignols sont déjà partis ; les cailles sont prêtes à filer dès que le vent sera favorable. Nos petits, si je ne m'abuse, se comporteront bravement pendant le voyage et nous feront honneur. »

II

La femme du pirate fut remplie de joie, lorsqu'en se réveillant elle trouva sur son sein la ravissante petite fille.

Elle l'embrassa, la caressa; mais la petite se mit à crier épouvantablement, à se démener, à frapper des pieds et des mains; elle paraissait d'une humeur terrible. Enfin, à force de pleurer, elle s'endormit, et quand elle dormait elle était le plus joli bijou qu'on pût voir.

LA FILLE DU ROI DE LA VASE.

La Viking en était folle ; son cœur ne souhaitait plus qu'une chose, c'était de faire admirer l'enfant à son mari. Celui-ci était parti pour une expédition avec ses hommes. Elle attendait son retour qu'elle croyait proche. Elle se mit avec tout son monde à préparer la maison pour la rentrée du maître. On tendit les belles tapisseries aux brillantes couleurs, qu'elle et ses suivantes avaient tissées, où elles avaient brodé

les images de leurs dieux : Odin, Thor et Freïa. Les esclaves nettoyèrent pour les rendre luisants les vieux boucliers de cuivre qui devaient décorer la grande salle. On posa des coussins sur les bancs ; on entassa du bois sec au milieu de la salle, à l'endroit du foyer, de sorte que la flamme pût aussitôt en jaillir. La femme du pirate mit elle-même la main à la besogne ; le soir elle fut bien fatiguée et s'endormit vite.

Un peu avant le matin elle s'éveilla. Quelle ne fut pas son angoisse ! l'enfant avait disparu. Elle sauta en bas de sa couche, alluma un fallot et chercha partout dans la chambre.

Enfin sur le lit, à la place des pieds, elle vit, non pas la petite fille, mais une énorme et affreuse grenouille. Elle se trouva presque mal à la vue de ce monstre. Elle prit une lourde barre de fer pour tuer la bête; celle-ci la regarda avec des yeux si étrangement tristes et éplorés, que la femme s'arrêta et n'osa frapper le coup.

Elle se remit à chercher dans tous les coins. La grenouille fit entendre un cri doux et plaintif. La femme en frissonna; elle courut vers la fenêtre et l'ouvrit à la hâte. Le soleil venait de se lever, il darda ses rayons vers le lit jusque sur la grosse grenouille. Aussitôt la large bouche de la bête se contracta, devint petite et vermeille, les membres se détirèrent, s'allongèrent, le corps prit une forme élégante et gracieuse, et la délicieuse petite fille de la veille reparut; il ne restait rien de la vilaine grenouille. « Qu'est-ce que ce prodige? se dit la femme du pirate stupéfaite. Est-ce un abominable rêve? Quoi qu'il en soit, reprit-elle après s'être un peu remise, voilà cette enfant chérie qui m'est rendue! » Elle l'embrassa, la serra sur son cœur; mais la petite se débattait, griffant et mordant, comme un chat sauvage.

Ce ne fut pas ce jour-là ni le suivant que le pirate revint. Il était cependant en route pour le retour. Mais le vent lui était contraire, il soufflait vers le sud. En revanche, c'était le vent favorable que les cigognes attendaient. Il en est ainsi en ce monde : le vent qui contrarie les uns est favorable aux autres.

Après que quelques jours et quelques nuits se furent passés, la femme du Viking vit bien ce qu'il en était de l'enfant. Un affreux charme pesait sur la petite. Le jour elle était ravissante comme un elfe, comme une fille du soleil, mais elle avait un caractère méchant et sauvage. La nuit, elle devenait une horrible grenouille, et alors elle était douce et humble, elle gémissait ; ses yeux étaient remplis de chagrin. Il y avait là deux natures qui, au dehors comme en dedans, alternaient selon le cours du soleil. Le jour, l'enfant avait la figure, la beauté de sa mère, mais sans doute le caractère de son père. La nuit, son corps rappelait qui était son père, le fangeux monarque, mais elle avait l'âme et le cœur de sa mère. « Qui pourra rompre cette malédiction, cet enchantement fatal ? » se disait la femme du Viking. Elle ne vivait plus que dans la douleur et l'angoisse. Son cœur s'était attaché à l'infortunée créature. Oserait-elle confier à son mari, qui allait revenir, ce qu'il en était de cette petite fille ? Non, certes, car il est probable qu'il la ferait, selon l'usage du temps, exposer sur la grande route, pour y être recueillie par le premier venu ou pour y périr. Dans la bonté de son cœur, la Viking ne voulait pas que cela arrivât, et elle résolut de ne laisser jamais voir à son mari l'enfant que pendant le jour.

Un matin, il y eut sur le toit de la maison un grand bruit de battements d'ailes. Plus de cent couples de cigognes s'y étaient rassemblées, après s'être, la nuit, exercées par de grandes manœuvres à bien voler en rangs.

« Tous les mâles sont-ils ici prêts à partir ? s'écria le chef, — et les femmes et les enfants aussi ? Bien. En avant.

— Comme nous nous sentons légères ! disaient en chœur les jeunes cigognes. Cela nous tire, nous démange jusque dans les ongles des pattes, comme si nous avions le corps rempli de grenouilles vivantes. Ah ! que c'est donc beau de faire un voyage à l'étranger !

— Restez bien en ligne au milieu de nous, criaient les papas.

— Ne faites pas aller trop le bec, ajoutaient les mamans : cela fatigue la poitrine. »

Et toute la troupe s'éleva à une grande hauteur dans les airs et, se dirigeant vers le sud, disparut.

Au même moment retentit à travers la bruyère le son du cor des combats. Le pirate venait de débarquer avec ses hommes. Ils revenaient tous chargés d'un riche butin pillé sur les côtes de Cornouailles, où, comme en Bretagne, le peuple éploré chantait dans les églises : « Délivrez-nous, Seigneur, des féroces Normands ! »

L'animation, le bruit, les fêtes, les plaisirs rentrèrent dans la demeure du Viking. La grosse tonne d'hydromel fut portée dans la grande salle. On mit le feu au bois entassé sur le foyer. Le sacrificateur immola des chevaux. Un immense banquet se préparait. Le prêtre aspergea les esclaves avec le sang de l'animal offert aux dieux. Le feu flamba ; la fumée s'assemblait au plafond et se dispersait, s'échappant par où elle pouvait. Les poutres étaient noircies de longues traînées de suie. On était habitué à cela, les cheminées n'étaient pas encore inventées.

Beaucoup d'hôtes avaient été invités; ils reçurent de riches présents. Toute ruse, toute perfidie, toute rancune, étaient oubliées ou mises de côté. On buvait ferme ; on se jetait à la tête les os des viandes : c'était un témoignage de franche amitié. Un barde jouait de la harpe ; mais ce barde était un guerrier comme les autres, il avait fait partie de l'expédition, il avait fait le coup de hache. Il entonna un chant où chacun entendit célébrer ses hauts faits de guerre et ses belles qualités. Le poète savait au moins ce dont il parlait. Chaque strophe se terminait par ce refrain : « Fortune, or, joie et amis disparaissent ; toi-même tu mourras un jour ; mais un nom glorieux ne périt jamais. »

Les convives frappaient alors sur leurs boucliers, frappaient sur la table avec leurs couteaux. C'était un tintamarre terrible.

La femme du Viking était assise au banc d'honneur ; elle portait des vêtements de soie, des bracelets d'or, de grosses perles d'ambre. Elle était resplendissante. La barde parla d'elle aussi dans sa chanson, et du trésor qu'elle venait d'apporter à son vaillant époux. Celui-ci du fond du cœur se réjouissait de la petite fille. Il ne l'avait vue que de jour, dans sa merveilleuse beauté. Les manières sauvages de l'enfant lui plaisaient par-dessus tout : « Ce deviendra, disait-il, une robuste guerrière qui saura manier l'épée et combattre contre un homme ; elle ne clignera pas l'œil, quand par plaisanterie on lui rasera le sourcil avec le tranchant du glaive. »

La tonne d'hydromel fut vidée. On en apporta une autre. Les Normands étaient vaillants à la table comme à la bataille. Ils connaissaient cependant le proverbe : « Les bêtes savent quand elles doivent quitter le pâturage, mais l'homme qui n'est pas sage ne mesure pas la capacité de son estomac. »

Ils connaissaient encore cet autre proverbe: « Tu as beau être le bienvenu ; si tu restes trop longtemps, tu ennuieras ton hôte. »

Ils restèrent le plus tard possible : l'hydromel et le lard sont un fameux régal ; et la joie ne tarit pas.

La nuit, quand on fut enfin couché, les esclaves s'en donnèrent à leur tour. Ils trempèrent leurs doigts dans la suie mêlée à la graisse, et les léchèrent avec délices ; ils rongèrent ce qui demeurait autour des os. Ce temps était, ma foi, un bon temps.

Pendant le cours de l'année, le pirate remit de nouveau à la voile, bien que les tempêtes d'automne soufflassent déjà. Il partit avec ses hommes pour les côtes de Bretagne, « une petite promenade », disait-il. La femme resta avec l'enfant. Maintenant elle aimait presque mieux la pauvre grenouille avec ses yeux si doux et ses profonds soupirs, que la belle enfant qui se débattait, qui égratignait et mordait sans cesse.

Les humides brouillards qui rongent les feuilles des bois étaient descendus sur la bruyère. La neige tombait en épais flocons ; l'hiver s'avançait ; les moineaux s'étaient installés dans les nids des cigognes et disaient beaucoup de mal des maîtres absents. Mais qu'étaient donc devenus notre couple de cicognes et ses petits ?

III

Elles étaient en Egypte, le pays lumineux où, même au cœur de l'hiver, le soleil darde des rayons aussi chauds que ceux qu'il lance chez nous au plus fort de l'été. Partout les tamarins, les myrtes, les lauriers étaient en fleur. Le croissant de Mahomet reluisait sur les coupoles des mosquées. Aux plus hauts balcons des minarets se perchaient les cigognes, se reposant de leur long voyage.

Elles allèrent par couples regagner leurs anciens nids, construits à la suite l'un de l'autre sous les arcades des temples ruinés, accrochés aux chapiteaux des colonnes antiques restées debout. Le dattier les couvrait de ses palmes comme d'un parasol. Sur le fond de l'horizon transparent se dessinait la silhouette grise des pyramides ; le désert découvrait sa vaste étendue où le lion de ses grands yeux fiers contemple le sphinx de marbre. Cela ne ressemblait pas aux marécages du Jutland, mais c'était un beau pays.

Les eaux du Nil s'étaient retirées ; les grenouilles grouillaient dans la vase. C'était là un fameux spectacle pour les cigognes. Les jeunes, qui n'avaient jamais été à pareille fête, crurent d'abord que c'était un mirage trompeur.

« Je vous l'avais bien dit, s'écria la mère cigogne, que vous trouveriez un pays de Cocagne ! Vive la chaude Égypte ! Vive le Nil, le fleuve nourricier ! »

Les jeunes cigognes avaient des chatouillements à l'estomac, rien qu'à voir les abondants festins qui les attendaient.

« Allons-nous plus loin ? demandèrent-ils. Y a-t-il à voir quelque chose par delà ?

— Non, non, c'est ici qu'il faut s'arrêter, répondit la mère cigogne. Après ces belles contrées viennent des forêts immenses où les branches des arbres s'enchevêtrent les unes dans les autres, où les plantes grimpantes interceptent tout passage. Il n'y a que l'éléphant qui, avec le poids de son énorme pied, puisse s'y frayer un chemin. Là les serpents sont trop gros pour nous, et les lézards sont trop agiles. D'autre part, si vous avanciez dans le désert, vous seriez aveuglés par le sable quand le temps est favorable, et quand il ne l'est pas un tourbillon vous emporterait au loin et vous ne retrouveriez plus votre gîte. Ecoutez la voix de l'expérience : le mieux est de nous fixer ici : nous y avons des grenouilles et des sauterelles à gogo ; que faut-il de plus ? Nous voici donc au terme de notre voyage. »

En effet, on demeura en ces parages. Les vieux se casèrent dans un nid suspendu à un minaret élancé. Ils se livrèrent aux douceurs d'un repos bien mérité, s'occupant à lisser leurs plumes et aiguisant leurs longs becs contre leurs jambes rouges. De temps à autre, ils tendaient le cou, saluaient les passants avec gravité, puis levaient la tête et jetaient autour d'eux un regard de leurs gros yeux bruns : ils avaient l'air d'en savoir long.

Les jeunes femelles se pavanaient au bord du fleuve, à travers les joncs. Elles y faisaient des connaissances parmi les jeunes cigogneaux, sans que le sentiment leur fît oublier de croquer à chaque troisième pas une grasse grenouille. Puis elles prenaient dans leur bec quelque petit serpent, le balançaient un peu, en dodelinant de la tête, pensant que cela leur allait bien ; après quoi elles dévoraient la bête, qui se tortillait.

Les petits mâles se chamaillaient, se battaient à coups d'ailes, à coups de bec. Le sang coulait souvent, et décidait les questions de préférence. De la sorte, ils se fiancèrent tous l'un après l'autre. Alors chacun avec sa chacune s'occupa de bâtir un nid. On recommença à se quereller pour les bonnes places. C'est que dans les pays chauds on est vif et violent. Enfin tout finissait par s'arranger et s'apaiser.

Les vieux regardaient tout cela d'un air paterne. Même quand les jeunes se battaient, ils souriaient, car tout sied bien à la jeunesse. Tout le monde des cigognes était heureux.

Le soleil resplendissait tous les jours. La nourriture était abondante. On n'avait qu'à penser au plaisir.

Mais dans le somptueux palais de celui que les cigognes appelaient leur hôte, toute joie avait fui. Le haut et puissant seigneur reposait sur un lit de douleur, au milieu d'une superbe salle tendue de riches tapis. Il gisait là, raide, paralysé, inerte comme une momie. Sa famille, ses serviteurs se tenaient autour de lui. Il n'était pas mort, mais en voyant en quel état il se trouvait, on ne pouvait dire non plus que c'était vivre.

La fleur miraculeuse des marais du nord, que celle qui l'aimait le plus tendrement avait voulu aller elle-même chercher pour le guérir, n'avait pas été apportée. Sa plus jeune et plus charmante fille, qui, dans cette intention, avait franchi sous le plumage d'un cygne les mers et les continents, n'était point revenue. Ses deux sœurs, à leur retour, dirent : « Elle a succombé », et voici l'histoire qu'elles avaient forgée :

« Toutes trois, dirent-elles, nous volions depuis longtemps à travers les airs, lorsqu'un chasseur nous aperçut, lança sa flèche qui vint frapper notre malheureuse sœur. Elle tomba lentement, chantant le doux chant du cygne, quand il dit adieu à la vie. Elle tomba au milieu d'un bois, non loin d'un grand lac du nord. Nous creusâmes sa tombe sous un bouleau. Puis nous songeâmes à la vengeance. Nous attachâmes un brandon sous l'aile d'une hirondelle qui nichait sous le toit de chaume du chasseur. La maison fût bientôt en flammes. Tout brûla, et le meurtrier de notre sœur périt dans le feu, qui jetait sa lueur au-dessus du lac, jusqu'au pied du bouleau où reposait son innocente victime. Pauvre

Il gisait là, raide, paralysé, inerte comme une momie.
Sa famille, ses serviteurs se tenaient autour de lui.
(P. 362.)

sœur ! jamais tu ne reverras l'Égypte ! Jamais tu ne rentreras dans ta patrie ! »

En faisant ce récit, elles pleuraient toutes deux des larmes feintes. Papa cigogne, qui les entendit raconter cette histoire, fit claqueter son bec d'indignation. On entendait le bruit qu'il faisait dans sa fureur : « Mensonge, perfidie, scélératesse indigne ! s'écria-t-il, que ne puis-je percer de mon bec le cœur de ces misérables !

— Il se casserait, ton bec, observa prudemment la mère cigogne. Vois la triste figure que tu ferais ensuite ! Pense d'abord à toi, à ta famille, et ne t'occupe pas du reste.

— Demain, dit papa cigogne, j'irai me poster à la lucarne de la coupole sous laquelle tous les savants et les sages du pays doivent s'assembler. Il y a une consultation solennelle sur l'état du malade. Peut-être approcheront-ils de la vérité. »

Tous les habiles gens de la contrée se réunirent le lendemain. Ils parlèrent beaucoup, longuement, éloquemment. Le père cigogne se demandait ce qu'il résultait de toutes ces paroles ; il n'en résultait rien d'utile ni pour le malade, ni pour sa fille enfermée dans le lointain marécage.

Cependant prêtons un instant l'oreille à ce que disaient ces savants et ces sages ; n'est-on pas obligé en ce monde d'entendre bien des paroles oiseuses ? Pour y comprendre quelque chose, il faut remonter au commencement de l'affaire et connaître l'oracle sur lequel les docteurs avaient été consultés, avant le départ de la jeune princesse pour les pays du Nord.

Cet oracle sur lequel ils avaient été appelés à délibérer était ainsi conçu : « L'amour produit la vie ; du plus vif amour naît la vie la plus élevée. Ce n'est que l'amour qui peut sauver la vie du roi. » Quelle conclusion pratique tirer de ces sentences ? C'est ce qu'on avait demandé aux savants et aux sages assemblés.

Les sages et les savants firent ressortir en beaucoup de discours la vérité et la sublimité de ces sentences de l'oracle.

Les cigognes assistaient à la délibération : « Oui, dit papa cigogne, c'est une belle pensée !

— Je ne la saisis pas bien, dit maman cigogne ; ce n'est certes pas ma faute, c'est qu'elle n'est point exprimée assez clairement. Mais je n'ai pas envie de me creuser la tête pour en découvrir le sens. Ma foi, j'ai à songer à bien d'autres choses ! »

Les docteurs pérorèrent à perte de vue sur l'amour. Ils définirent et analysèrent successivement tous les genres d'affections pour rechercher celui qui est le plus vif et le plus profond. Ils passèrent en revue la tendresse des époux, celle des enfants pour les pères et des pères pour les enfants. Allant plus loin, et étendant leur enquête au delà de la nature humaine, ils examinèrent l'amour que la lumière a pour les plantes et décrivirent les brûlants baisers que le soleil envoie à la terre et qui produisent sur toute sa surface la fécondité et la vie. N'était-ce pas de cet amour que l'oracle avait voulu parler ?

Tout cela prêta à de prolixes développements, avec un grand étalage d'érudition, avec des citations abondantes. Papa cigogne, malgré son bon vouloir de suivre la discussion, s'y perdait ; son cerveau se brouillait, ses yeux se fermèrent à demi. Le lendemain, il resta toute la journée perché sur une patte, méditant ce qu'il avait entendu, mais ne parvenant pas à digérer toute cette science.

Il comprit pourtant une chose, c'est que savants et ignorants, seigneurs et vassaux, maîtres et esclaves, tout le monde souhaitait du fond du cœur la guérison du bon roi : on considérait sa maladie comme un affreux malheur pour la contrée. Quelle joie et quelles bénédictions éclateraient partout, s'il pouvait se relever de son lit de douleur !

Il paraissait certain qu'une certaine fleur aurait la vertu de dissiper le mal dont il souffrait. Où poussait cette fleur ? On avait interrogé les astres, scruté les murmures du vent, feuilleté les anciens livres. De toutes ces recherches, il n'était sorti qu'une chose, qu'un arrêt : « De l'amour, car l'amour produit la vie ! » C'était bien la peine de s'être torturé l'esprit et d'avoir épuisé toutes les ressources de la science ; on n'était pas plus avancé qu'auparavant.

Un des docteurs finit cependant par avoir une idée : c'est que le secours devait venir de celle des filles du roi qui était le plus tendrement attachée et dévouée à son père. C'était un premier point qui pouvait conduire à d'autres. Pour cela, voici ce qu'on conseilla à la princesse de faire :

La nuit, au moment où la nouvelle lune allait déclinant vers l'horizon, la princesse se rendit au pied du grand sphinx de marbre, écarta le sable qui entourait le socle, pénétra dans un long couloir souterrain, et atteignit une salle de l'intérieur d'une des pyramides où reposait, au milieu de magnificences incomparables, la momie d'un des plus puissants Pharaons des anciens temps. Là, elle posa sa jeune tête contre la poitrine du mort desséché, et attendit ce qui lui serait révélé sur le lieu d'où viendraient à son père la santé et le salut.

La princesse s'endormit et apprit en rêve que, dans un lac profond des marécages du Danemark (l'endroit précis lui était montré), existait la fleur merveilleuse qui pouvait guérir son père.

C'est après avoir obtenu ces révélations que la jeune princesse avait revêtu le plumage d'un cygne et pris son vol vers les bruyères du Nord.

Notre vénérable couple de cigognes était au courant de toutes ces circonstances, et il sait de plus que le Roi de la vase a entraîné la malheureuse princesse au fond des eaux, tandis que dans son pays on la croit morte et perdue pour toujours.

Les savants et les sages, à la suite de cet événement funeste, furent de nouveau consultés. Ils délibérèrent longtemps ; ils siégeaient encore en conseil quand les cigognes revinrent en Égypte.

Un des plus avisés trouva enfin ce que maman cigogne avait dit dès le premier moment : « Elle était fée, elle saura bien s'en tirer ! » Les autres, faute d'avoir rien de mieux à dire, adoptèrent cette conclusion qui fut disertement exposée et formulée, et le conseil s'ajourna, en attendant la suite des événements.

« Moi, dit le père cigogne, je sais bien ce que je vais faire. Je vais enlever le plumage de cygne des deux perfides princesses. Comme ces plumages étaient l'œuvre de leur sœur et qu'elles ne sauraient en fabriquer d'autres, elles ne pourront plus voler jusqu'aux marais du Nord pour y mal faire. Ces deux plumages magiques, je les cacherai là-bas ; peut-être serviront-ils à quelqu'un.

— Où les cacheras-tu ? demanda maman cigogne.

— Là-haut, dans notre nid près du marais, répondit-il ; moi et mes petits nous nous partagerons la peine de les y transporter. Si c'est trop lourd pour être fait en une fois, nous trouverons assez de cachettes en route pour les déposer, et nous les reprendrons à un autre passage. Un seul suffirait, il est vrai, pour notre princesse ; mais on ne sait ce qui peut arriver, mieux vaut en avoir deux. Dans ces pays du Nord on ne peut jamais avoir trop d'effets de voyage.

— Personne ne te saura le moindre gré de ce que tu veux faire, dit maman cigogne. Mais tu es le maître ; hors du temps où je couve, je n'ai rien à dire »

IV

Retournons aux contrées du Nord. Dans la maison du pirate, où les cigognes revinrent au printemps, on avait donné à la petite fille le nom de Helga. C'était un nom beaucoup trop doux pour un caractère pareil. D'année en année, pendant que les oiseaux voyageurs accomplissaient leur migration périodique, en automne vers le Nil, au printemps vers les mers septentrionales, l'enfant croissait en beauté comme en sauvagerie. Avant même qu'on y eût songé, elle se trouva une jeune fille de seize ans, merveilleusement belle. L'enveloppe était d'une enchanteresse, mais l'intérieur était dur et sans pitié ; elle avait l'âme farouche, tout à fait digne de ces temps sombres et rudes.

C'était un plaisir pour elle de prendre de ses mains blanches le sang chaud qui coulait des blessures des bêtes offertes en sacrifice, et d'en asperger les assistants. Dans sa férocité, elle coupait d'un coup de dent le cou du coq noir que le prêtre allait égorger. Elle disait avec une sérieuse gravité à son père adoptif :

« Si ton ennemi pénétrait la nuit par le toit dans ta maison, pendant que tu es plongé dans le sommeil, si je le voyais ou l'entendais approcher pour te tuer, je ne te réveillerais point. Je ne le pourrais, car mes oreilles me tintent encore du coup que tu m'as donné il y a bien des années. Tu sais? je ne l'oublie pas. »

Le pirate était enchanté de ces paroles et en riait de tout son cœur. Il était, comme tout le monde, ébloui par les grâces de l'enfant. Il continuait à ignorer que chez Helga forme et humeur changeaient incessamment. Elle montait à cheval sans selle, se tenait droite et ferme, lorsque l'animal partait à triple galop; elle ne sautait pas à terre quand il se battait avec les autres chevaux. Tout habillée, elle s'élançait dans le fleuve et le descendait à la nage, pour aller au-devant des vaisseaux de son père, lorsqu'il revenait de ses expéditions. Elle coupa la plus longue boucle de ses magnifiques cheveux et en tressa une corde pour son arc : « Ce qu'on fait soi-même, dit-elle, est toujours mieux fait. »

La femme du Viking était une femme de tête et d'une forte volonté. Mais devant sa fille adoptive, elle devenait humble et timide ; elle pensait au mauvais charme qui pesait sur la malheureuse enfant.

Souvent Helga, lorsque sa mère se tenait au balcon et la regardait, par méchanceté et pour lui faire peur, se plaçait sur le rebord du puits profond, faisant aller ses bras et ses jambes au-dessus de l'ouverture béante, et tout à coup se laissait glisser dans le trou noir. Avec ses instincts de grenouille, elle plongeait et replongeait dans l'eau, puis elle remontait, grimpant avec une force et une agilité merveilleuses. Les vêtements dégouttants d'eau, elle se précipitait dans la salle jonchée de feuillages verts, selon l'usage de ce temps. Les feuilles se ranimaient, pour ainsi dire, sous la pluie fraîche qui les arrosait.

Il y avait toutefois un moment dans la journée où Helga devenait traitable et acceptait le frein. C'était vers le crépuscule. Elle se montrait alors tranquille et songeuse ; elle se laissait conduire et conseiller. Un pressentiment l'attirait vers sa mère adoptive. Lorsque le soleil se couchait et que la métamorphose s'opérait à l'extérieur comme à l'intérieur, elle restait sans mouvement, triste et silencieuse. Cette énorme grenouille, avec sa petite tête plate, faisait pitié à voir. Ses yeux avaient toujours le même regard désolé. Elle n'avait pas de voix. De temps en temps on entendait un coassement étouffé, comme le sanglot d'un enfant endormi.

La Viking la prenait alors sur ses genoux, oubliant l'affreuse laideur du monstre. Plongeant son regard au fond des yeux de l'infortunée, elle disait : « Je souhaiterais presque que tu fusses toujours ainsi. Je ne t'en aimerais pas moins et j'aurais bien soin de toi. Tu me fais peur quand ta beauté te revient. »

Elle traça des signes magiques renommés pour rompre les sortilèges; elle les jeta, selon les rites, sur sa malheureuse fille. Rien n'y fit. Tout ce qu'on pouvait remarquer, c'est qu'en grandissant, la forme de la grenouille se dégrossissait et s'humanisait un peu, pour ainsi dire, sans en être moins horrible.

Le père cigogne, qui ne la connaissait que sous la forme d'une jeune fille, disait à sa compagne : « Croirait-on qu'elle a été si petite qu'elle tenait dans le calice d'une fleur d'iris? La voilà grande et forte, le vrai portrait de sa mère, la princesse d'Égypte. Celle-ci, nous ne la reverrons sans doute jamais. Tu avais pourtant dit, ma chère, tout aussi bien que le plus savant des savants de là-bas, qu'étant fée, elle saurait se tirer d'affaire. Je crains que son présage ne se réalise point. Depuis bien des années, je parcours dans tous les sens le grand marécage; jamais elle n'a donné signe de vie. Je vais même te le raconter, puisque c'est maintenant de l'histoire ancienne et que tu ne pourras plus m'en gronder : chaque année, quand je reviens ici le premier, te devançant de quelques jours, raccommoder notre nid et le purger des ordures de ces malpropres de moineaux, je me promène toute une nuit, comme si j'étais un hibou ou une chauve-souris, au-dessus des marais. Je n'ai jamais aperçu d'elle la moindre trace. Personne n'a pu jusqu'à présent profiter des deux plumages de cygne que moi et mes petits, nous avons eu tant de mal à apporter des bords du Nil en trois voyages. Les voilà maintenant dans notre nid. Mais si le feu prenait à la maison qui est en bois, ces beaux et précieux plumages seraient perdus.

— Et notre bon nid aussi serait perdu, interrompit la mère cigogne d'un ton de dépit ; tu n'as pas l'air d'y penser, et tu t'en soucies, en tout cas, beaucoup moins que de tes plumages ridicules et de ta princesse marécageuse. Va donc la rejoindre au fond de la vase si elle t'intéresse tant, et reste auprès d'elle. Tu n'es qu'un mauvais père. Tu t'occupes de tout, excepté de tes enfants. Je te l'ai dit dès la première fois que j'ai couvé des œufs. Et cette sauvage Helga, tu as fait un beau chef-d'œuvre de l'apporter ici ! Pourvu qu'un de ces jours elle ne m'envoie pas, à moi ou à mes petits une flèche à travers les ailes ! Elle est si brusque et si emportée qu'elle ne sait jamais ce qu'elle fait. Elle devrait pourtant songer que nous sommes plus anciens qu'elle dans la maison. Avant qu'elle fût ici, je me promenais, comme je le fais en Egypte, partout et familièrement dans la cour. Tout le monde me connaissait et m'estimait ; je pouvais même m'oublier un peu et visiter les pots et les casseroles. Maintenant on ne peut plus s'y fier. J'en suis réduite à rester sur le toit et à me faire du mauvais sang à cause de cette péronnelle ! De plus, elle est cause que nous nous querellons. Vraiment, tu aurais mieux fait de la laisser dans la fleur d'iris ; elle serait devenue ce qu'il aurait plu à Dieu.

— La, la, tu es moins méchante que tes paroles ne le feraient croire, dit le père cigogne ; va, je te connais mieux que tu ne te connais toi-même. »

Sur ce, il fit un bond hors du nid, battit l'air de deux lourds coups d'ailes, étendit ses pattes tout en long et se mit à voguer majestueusement dans l'air sans remuer les ailes. Après avoir franchi ainsi un certain espace, il frappa de nouveau fortement l'air, puis se remit à planer avec une véritable majesté. Le soleil faisait reluire ses belles plumes noires, entre lesquelles s'avançait sa tête fière et distinguée, à l'expression fière et réfléchie.

« Il est pourtant le plus beau de tous, pensa maman cigogne, qui le suivait des yeux ; mais je n'aurais garde de lui dire ; il est assez glorieux comme cela. »

V

Cet automne-là, le pirate revint dans ses foyers plus tôt que de coutume. Sa barque était remplie de butin et de prisonniers. Parmi eux, il y avait un jeune prêtre de ces chrétiens qui jetaient la dérision sur les anciens dieux scandinaves.

Bien souvent dans la maison du Viking, il avait été question de la religion nouvelle qui se répandait dans le Sud et gagnait partout du terrain avec une singulière rapidité. Saint Ansgaire l'avait apportée jusqu'à Hedeby sur la Slie, où il avait fondé une église. Helga avait, comme tout le monde, ouï parler du Christ qui avait donné sa vie pour l'amour des hommes et pour le salut de l'humanité. Mais chez elle, tout entrait, comme on dit, par une oreille et sortait par l'autre. On aurait dit que lorsqu'elle avait figure de jeune fille le mot amour n'avait pas de sens pour elle. Elle ne paraissait capable de le comprendre que lorsqu'elle était blottie sous la hideuse forme d'une grenouille, dans le réduit où la cachait alors à tous les yeux la femme du pirate.

Celle-ci avait écouté attentivement tous les récits qui se faisaient sur ce fils du vrai et seul Dieu, et elle en avait été singulièrement frappée. Les hommes qui accompagnaient le Viking dans ses expéditions parlaient des temples magnifiques en pierres de taille sculptées élevés à celui à qui ses fidèles adressent des prières toutes d'amour. Ils avaient rapporté quelques lourds vases d'or massif, artistement ciselés et imprégnés de suaves parfums : c'étaient des encensoirs ; les prêtres chrétiens les secouaient, disait-on, devant l'autel sans tache, sur lequel le sang ne coulait jamais.

De jeune prêtre prisonnier fut jeté dans la profonde cave murée de la maison de bois ; on lui lia pieds et mains avec des cordes. La femme du pirate était touchée du malheur de ce captif, qui lui parut beau comme Baldour, le fils aîné de la déesse Frigga.

Helga, au contraire, proposa de lui passer des cordes à travers les tendons des talons et de l'attacher à la queue d'un taureau : « Je le poursuivrai avec mes chiens, dit-elle, à travers la bruyère et les marécages. Quelle chasse et quel spectacle agréable pour nos dieux !

— Je sais ce qui leur sera plus agréable encore, dit le Viking ; puisque ce chrétien se raille de nos dieux puissants, il sera demain immolé sur leur autel dans le bois sacré. »

Pour la première fois on allait donc y accomplir un sacrifice humain. Helga demanda comme une grâce que ce fût elle qui aspergerait avec le sang de la victime les idoles et le peuple assemblé. Elle aiguisa son grand coutelas ; elle en donna un coup à l'un des chiens féroces qui couraient autour de la maison du pirate, et l'animal tomba comme foudroyé : « Ce n'était que pour essayer mon couteau », dit-elle.

La Viking jeta un regard affligé sur la sauvage jeune fille qui se plaisait dans la méchanceté. Lorsque la nuit vint et que Helga fut transformée de corps et d'esprit, sa mère adoptive lui fit connaître par des paroles touchantes la profonde tristesse de son âme. L'affreuse et monstrueuse grenouille se tenait debout devant elle et la contemplait de ses yeux bruns mélancoliques. Elle écoutait ce que disait sa mère et paraissait tout comprendre comme si elle était, à défaut de la parole, douée pleinement de la pensée.

« Jamais encore, dit la femme du pirate, je n'ai laissé entendre à qui que ce soit, pas même à mon seigneur et maître, ce que j'ai à souffrir à cause de toi. Mon cœur est abreuvé d'amertume, tant j'ai conçu pour toi une tendresse maternelle, tandis que la tendresse ni l'amour n'ont jamais pénétré dans ton âme et que ton cœur est pareil à une de ces froides fleurs qui naissent dans la boue des marécages ! »

L'infortuné monstre se mit à trembler. On aurait dit que ces paroles de reproche avaient touché un lien invisible entre son corps et son âme. Ses yeux se remplirent de grosses larmes.

« Les jours douloureux, reprit la femme du pirate, viendront aussi pour toi qui te réjouis du malheur des autres. Mon cœur alors saignera, et je serai désolée. Ah ! il eût mieux valu qu'on t'eût exposée sur la grande route, et que le froid de la nuit t'eût pour toujours endormie, quand tu venais de naître. »

La Viking pleura amèrement. Dans son chagrin et dans sa colère elle se retira derrière la peau d'ours qui pendait au plafond et partageait la chambre en deux. La pauvre grenouille demeura seule dans un coin. Il régnait un profond silence. Tout à coup on eut entendu comme des sanglots étouffés. C'était Helga que l'affliction de sa mère adoptive avait singulièrement remuée et bouleversée. Le monstre fit un pas du côté de la porte, puis écouta; n'entendant aucun bruit, elle marcha de nouveau, et, arrivée contre la porte, elle souleva de ses mains maladroites le verrou de bois qui la fermait. Elle tira ensuite le loquet et sortit. Une lampe était allumée dans l'antichambre. Elle la prit. Elle se dirigea vers

la cave; elle ôta la barre de fer qui en maintenait la porte. Ces choses lui étaient difficiles à faire dans son état de métamorphose, mais une volonté énergique lui en donnait le pouvoir. Elle descendit les escaliers avec sa lumière et se trouva près du prisonnier.

Il sommeillait. Elle le toucha de sa main froide et humide. Il se réveilla et aperçut l'horrible monstre. Il tressaillit et crut avoir devant lui une apparition de l'enfer. Helga prit son couteau dont elle s'était pourvue, coupa les liens qui attachaient les pieds et les mains du prêtre, et lui fit signe de la suivre.

Il prononça une sainte prière, fit le signe de la croix : la figure effroyable ne disparut pas. Il reconnut alors que ce n'était pas une vision et murmura les paroles de l'Écriture : « Béni soit celui qui prend pitié du malheureux ; le Seigneur le secourra aussi dans l'infortune ! »

« Qu'es-tu ? continua-t-il en élevant la voix. D'où vient cette forme bestiale, et comment sembles-tu remplie, malgré cela, de compassion et de bienveillance ? »

La grenouille resta muette; elle renouvela ses signes; le prêtre la suivit. A travers les couloirs fermés seulement par des peaux de bêtes, elle le conduisit vers l'écurie, lui montra un cheval. Le prisonnier la comprit et s'élança sur le cheval. Le monstre sauta à la crinière de l'animal, lui fit prendre sa course et le dirigea vers la bruyère.

Ils coururent ainsi à travers la plaine. Le prêtre voyait bien que la miséricorde de Dieu agissait par le moyen de ce monstre; il prononça de nouvelles prières, psalmodia de saints cantiques pour conjurer le charme, s'il y en avait. Helga frissonna. Était-ce la puissance des prières ? était-ce l'approche du matin ? Elle voulut arrêter le cheval et sauter par terre. Le prêtre la retint et précipita au contraire le galop de leur monture.

Le ciel se colora de teintes rouges et les premiers rayons du soleil jaillirent à l'horizon; aussitôt la transformation s'opéra. La belle jeune fille avec tous ses instincts diaboliques reparut. Elle sauta à bas du cheval, qui s'arrêta à sa voix, tira de sa ceinture son couteau aiguisé, et prompte comme l'éclair, se précipita sur le prêtre, qui ne s'attendait à rien.

« Pâle esclave, s'écria-t-elle, je vais t'enfoncer ce couteau dans la poitrine ! »

Le prêtre, descendu à son tour de la monture qui les avait emportés jusque-là, évita le coup. Un vieux chêne près duquel ils se trouvaient lui vint en aide : ses racines qui s'enchevêtraient en mille replis au-dessus du sol emprisonnèrent les pieds de la jeune fille et la retinrent fermement. Tout à côté jaillissait une source. Le prêtre y prit de l'eau dans le creux de la main, il la répandit sur la tête d'Helga, et, prononçant des paroles de bénédiction, il ordonna aux esprits de ténèbres de s'éloigner d'elle. L'eau sainte n'a pas de force là où la source de la foi ne coule pas intérieurement. Toutefois l'action mystérieuse du prêtre produisit sur Helga un effet frappant. La violente créature se trouva comme brisée et anéantie ; elle laissa tomber ses bras et s'échapper de ses mains le couteau, que le prêtre ramassa. Elle considéra avec de grands yeux étonnés celui qui lui paraissait maintenant un habile et puissant magicien.

« Il a récité, se dit-elle, des runes secrètes et tracé dans l'air des caractères sacrés qui domptent les éléments. »

Elle qui n'aurait pas sourcillé s'il avait brandi au-dessus d'elle une hache flamboyante, elle se sentait vaincue par ce signe de la croix qu'il avait tracé sur son front. Pour la première fois, sans mouvement, la tête penchée sur la poitrine, tout le corps fléchi, elle semblait domptée et apprivoisée.

Le prêtre lui rappela l'action de miséricorde que, sous une autre forme, elle avait exercée à son égard. Elle avait coupé ses liens et l'avait ramené à la lumière et à la vie.

« A mon tour, poursuivit-il, je romprai les chaînes qui te lient; je vais te conduire à Hedeby, sur le sol chrétien. Saint Ansgaire saura bien rompre l'étrange enchantement qui pèse sur toi. »

Il se jeta à genoux et pria avec ferveur. La forêt formait un tranquille sanctuaire; les oiseaux remplaçaient par leurs gazouillements les chants des fidèles; la menthe sauvage parfumait l'air, au lieu de l'encens. Le prêtre prononça d'une voix retentissante le verset de l'Écriture : « Qu'il apparaisse à ceux qui sont dans les ténèbres et dans l'ombre de la mort, et qu'il dirige nos pas dans la voie de la paix! »

Pendant qu'il priait, le cheval qui les avait amenés broutait à côté d'eux de grands buissons de mûres tout chargés de fruits. Il faisait tomber dans les mains d'Helga les baies savoureuses qui s'offraient ainsi d'elles-mêmes pour lui servir de rafraîchissement.

Helga était comme une somnambule, entre la veille et le sommeil. Elle se laissa patiemment asseoir sur la croupe du cheval. Le prêtre monta ensuite devant elle; il avait fait avec deux branches une croix qu'il tenait devant lui. Le cheval reprit sa course à travers la forêt qui était de plus en plus sauvage.

Le chemin était sans cesse barré par d'épaisses broussailles; les eaux sans écoulement formait des marécages. Il leur fallait faire détour sur détour. En revanche, l'air était frais, vivifiant, imprégné de bonnes senteurs. Le prêtre, dans ce long voyage, cherchait à instruire Helga; il lui faisait entendre des paroles toutes pénétrées de l'ardeur de la foi et de la charité chrétienne. La goutte de pluie, dit-on, creuse

Il se jette à genoux et prie avec ferveur. (Page 380.)

la pierre la plus dure. Les vagues de la mer, en les caressant, arrondissent les pointes et les aspérités du granit. De même, les paroles du prêtre, aidées de la grâce divine, adoucissaient peu à peu la farouche Helga. Elle n'en avait pas conscience elle-même. Comme les chants d'une mère pénètrent dans l'âme de l'enfant, qui en répète les mots l'un après l'autre sans les comprendre ; comme ces mots se groupent peu à peu et finissent par lui offrir un sens, ainsi agissait l'enseignement nouveau et vivifiant du prêtre chrétien.

Ils sortirent de la forêt, franchirent une bruyère étendue, au bout de laquelle ils rentrèrent dans un bois. A la tombée du soir, une troupe de brigands se précipita sur eux.

« Où as-tu volé cette ravissante jeune fille ? » s'écrièrent les bandits en les entourant. Le prêtre n'avait d'autre arme que le couteau qu'il avait arraché à la jeune fille. Il s'en servit pour écarter les brigands. L'un d'eux brandit sa hache sur lui ; il esquiva le coup ; mais la hache frappa le cheval, qui, tout sanglant, tomba sur ses genoux. Helga se précipita sur son coursier favori. Le prêtre se plaça devant elle pour la défendre. Un lourd marteau de fer qui lui fut lancé l'atteignit au front, fit jaillir sa cervelle ; il tomba foudroyé.

Les brigands saisirent la belle Helga pour l'emmener. Le soleil se couchait ; le dernier rayon s'éteignit. La métamorphose s'opéra. La jeune fille ravissante se changea tout à coup en une grenouille gigantesque : sa large bouche verdâtre, ses bras minces et visqueux, ses mains membraneuses, s'ouvrant comme des éventails, faisaient horreur.

Les brigands, terrifiés, reculèrent à cette vue. Le monstre s'en alla sautillant et disparut dans les broussailles. Ils se dirent que c'était quelque méchante ruse du dieu Loke. Il y avait là, en tout cas, un redoutable mystère. Ils se sauvèrent tout tremblants, sans regarder derrière eux.

VI.

La pleine lune se leva et éclaira de sa lueur toute la contrée. La pauvre Helga, sous sa forme misérable, se traîna hors du fourré et revint auprès du prêtre tué. Elle le regarda avec des yeux qui paraissaient pleurer. Sa petite tête de grenouille fit entendre un *coua, coua* qui ressemblait aux sanglots d'un enfant. Elle se jeta sur lui avec désespoir, cherchant à le ranimer. Elle puisa de l'eau dans ses mains et la lui versa sur le visage. Peine inutile ! il était mort. Elle le comprit bientôt. Elle comprit encore que, s'il restait ainsi, les bêtes féroces viendraient lacérer le cadavre. « Non, cela ne sera pas, » se dit-elle.

Elle essaya de creuser la terre au moyen d'une branche d'arbre. Les membranes tendues entre ses doigts se déchirèrent et le sang se mit à couler. Ce travail était au-dessus de ses forces ; il fallut y renoncer. Elle couvrit le mort de feuilles fraîches, plaça sur ces feuilles de grandes branches, entre les branches entassa des feuilles et des herbes sèches, et sur le tout porta les pierres les plus lourdes qu'elle put soulever, construisant ainsi un tombeau.

La nuit entière se passa à ce travail. Le soleil perça les

brouillards du matin : la belle jeune fille était là debout, les mains ensanglantées, et, pour la première fois, des larmes sur les joues.

Elle regarda autour d'elle, comme si elle sortait d'un affreux cauchemar. Se sentant défaillir, elle s'appuya à un arbre. Puis elle grimpa dans les branches et s'y blottit comme un écureuil effrayé.

Le calme et le silence règnent dans la forêt déserte, le silence de la mort, dit le vulgaire, mais combien au contraire la vie y éclate de toutes parts! Des essaims de papillons jouent dans les airs, voltigeant en cercle les uns autour des autres. Du fond des fourmilières sortent des milliers de petits êtres actifs courant çà et là avec une prodigieuse rapidité. Les moustiques dansent des sarabandes. Les grosses mouches bourdonnent. Les bêtes du bon Dieu, les scarabées dorés, tous les insectes se mettent en route. Le ver de terre lui-même sort de sa demeure. Une taupe montre le nez à la porte de son souterrain. L'homme passe au milieu de tout cela, et, ne voyant rien, s'imagine que la mort règne autour de lui, comme un aveugle nie la clarté du jour.

Une troupe de pies aperçut Helga. Elles volèrent en rond, en piaillant, autour du sommet de l'arbre, se posèrent sur les hautes branches, s'approchèrent avec une impertinente curiosité. Un regard de la jeune fille les mit en fuite. Elles s'en allèrent, jasant à qui mieux mieux sur le compte de cette étrange créature et se demandant ce qu'il fallait en penser. Qu'elles n'y comprissent rien, il n'y avait pas à s'en étonner. Helga ne se comprenait plus elle-même. Elle resta immobile la plus grande partie du jour. Le soir, quand le soleil fut près de disparaître, elle glissa à bas de l'arbre qu'elle avait choisi pour refuge. En même temps que le dernier rayon de l'astre s'éteignait, elle reprit son horrible forme. Toutefois ses yeux conservaient une expression de plus en plus humaine ; ils étaient même plus doux et plus tendres que lorsqu'elle était jeune fille. Ils brillaient d'un sentiment profond et se remplissaient de ces belles larmes perlées qui soulagent le cœur.

Helga aperçut au pied du monticule funéraire qu'elle avait formé la nuit précédente la croix de branches, dernier ouvrage de celui qui y était inhumé. Elle la ramassa et traça autour de la tombe des signes reproduisant la même figure. Pendant qu'elle gravait ainsi le symbole sacré sur le sol, les membranes de ses mains tombèrent comme un gant déchiré. Elle en aperçut la blancheur éclatante. Ses lèvres tremblèrent, sa langue remua ; le nom que le prêtre avait souvent répété pendant leur course à travers la forêt se représenta à sa mémoire : « Jésus-Christ ! » et elle le prononça distinctement. Aussitôt la peau du monstre se détacha d'elle-même et glissa à ses pieds. Helga était redevenue la belle jeune fille que le jour seul avait jusqu'alors connue.

Ce fut pour elle un moment de joyeuse surprise ; mais une sensation d'insurmontable fatigue la saisit aussitôt ; elle s'étendit sur l'herbe, pencha la tête et s'endormit.

Son sommeil ne fut pas long. Vers minuit, elle se réveilla.

Devant elle, elle voyait le jeune prêtre assassiné sorti de sa tombe de feuillage et tout environné de lumière. Le cheval tué était aussi debout, jetant l'écume par les naseaux.

Le prêtre la regardait de son profond regard, où la pitié tempérait la justice. Ce regard sembla éclairer toute l'âme de Helga. Elle vit un instant toute sa vie passée : le bien qu'on lui avait fait, la tendresse et le dévouement de sa mère adoptive, qui l'avait mille fois sauvée. Elle reconnut aussi qu'elle-même s'était abandonnée toujours à ses farouches instincts et n'avait fait aucun effort pour les combattre. Elle sentit son indignité, et en même temps un éclair de la flamme qui purifie les cœurs l'illumina.

« Fille de la vase, dit le prêtre chrétien, tu ne dois pas retourner à la vase d'où tu es sortie. Le rayon de soleil enfermé dans ton être t'entraînera vers sa source. Je reviens du pays des morts; toi aussi tu en parcourras un jour les sombres vallées pour atteindre au sommet des montagnes resplendissantes de lumière où trônent la Grâce et la Perfection. Mais le moment n'est pas encore venu. Je ne viens plus te chercher pour te conduire à Hedeby. Avant de recevoir le baptême, il est nécessaire que tu retournes à la nappe d'eau marécageuse et que tu en retires et rapportes à la lumière la racine de ton être. C'est seulement après que tu auras accompli ce devoir, que le sacre divin pourra t'être donné ! »

Il déposa Helga sur le cheval frémissant; il lui mit entre les mains un de ces ostensoirs d'or que la jeune fille se souvenait d'avoir vus dans la maison du Viking. Lui-même ayant en main la croix de branches, il prit place sur la monture impatiente. Ils partirent à travers les airs. La blessure ouverte que le prêtre avait au front brillait comme un diadème orné de pierreries.

Ils couraient au-dessus de la forêt bruissante, franchissaient les collines, les lacs et les plaines. Lorsqu'il y avait au-dessous d'eux de ces monticules qu'on nomme des tombeaux des Géants, les héros antiques qui y reposent sortaient de terre, tout vêtus d'acier, montés sur leurs chevaux de bataille. Leur casque doré luisait à la clarté de la lune, et leur long manteau flottait au vent comme une noire traînée de fumée. Les dragons qui couvent les trésors cachés dressaient la tête et agitaient leurs ailes. Les gnomes, les kobolds interrompaient dans les mines leur travail souterrain. Ils s'élançaient de leurs puits profonds; cela faisait un fourmillement de flammes rouges, bleues et vertes, qui pétillaient, s'éteignaient, renaissaient comme du papier qui brûle.

Ils arrivèrent au vaste marécage dont il est parlé au commencement de ce récit. Ils volèrent tout autour, en décrivant de grands cercles. Le prêtre leva la croix toute droite, elle jetait autant d'éclat que si elle eût été d'or étincelant. Il psalmodiait des cantiques, que Helga cherchait à répéter, comme l'enfant joint sa voix hésitante au chant maternel. De l'encensoir qu'elle avait à la main s'éleva une fumée d'encens, au parfum si pénétrant et si puissant, que tout ce qui reposait de germes au fond de l'eau fut attiré à la surface pour y éclore à la vie : joncs, herbes, plantes, tout s'épanouit en un instant. Des milliers d'iris s'étendirent sur la nappe d'eau comme un épais tapis de fleurs. Sur ce tapis se trouvait, bercée par le flot paisible, une femme endormie. Helga crut d'abord apercevoir sa propre image réfléchie dans l'étang ; mais la ressemblance l'abusait : c'était sa mère, la princesse du Nil, l'épouse du Roi de la vase.

Le prêtre ordonna à Helga de la placer sur le cheval. L'animal s'affaissa d'abord sous ce nouveau poids, comme s'il n'eût été qu'une enveloppe gonflée de vent. Mais en le touchant avec la croix, le prêtre rendit toute sa force au fantôme aérien, qui emporta vigoureusement son triple fardeau. Ils s'éloignèrent du marais, et furent en un clin d'œil sur la terre ferme. Le coq chanta dans la maison du Viking. Le prêtre et le cheval disparurent dans les airs comme les personnages d'un rêve. La mère et la fille restaient seules en présence l'une de l'autre.

« N'est-ce pas mon image que je vois? dit la mère contemplant sa fille avec surprise.

— C'est aussi la première pensée que j'aie eue, répondit Helga, mais nous sommes deux, et je suis ton enfant! »

Elles se tinrent longtemps embrassées.

« Mon enfant, dit la mère, tu es la fleur de mon cœur née au fond des eaux ! Je comprends maintenant le sens de l'oracle : c'est par toi que mon père doit renaître à la vie ! »

VII

Pendant qu'elles se tenaient enlacées, le père cigogne vint voltiger autour d'elles en traçant des cercles de plus en plus étroits. Lorsqu'il eut bien vu à qui il avait affaire, il partit comme un trait vers son nid; il y prit les plumages de cygne qu'il gardait depuis bien des années, revint vers la mère et la fille, et laissa tomber les deux vêtements magiques. La mère les reconnut aussitôt, vêtit l'un et fit vêtir l'autre à sa fille, et les voilà devenues deux cygnes blancs planant dans les airs.

Père cigogne les accompagnait : « Nous pouvons causer ensemble, dit-il, bien que nos becs ne soient pas tout à fait de même forme. Cela n'empêche pas de s'entendre. Vous venez bien à propos, car nous partons cette nuit même pour l'Égypte : regardez-moi bien, ne reconnaissez-vous pas un vieil ami des bords du Nil. Mère cigogne vous aime bien aussi, quoique son bec parle quelquefois autrement que son cœur. Elle a toujours dit que la princesse saurait bien à la fin s'échapper du marécage. Pour mon compte, j'en suis tout réjoui. Tout à l'heure, quand il fera plus grand jour, nous partirons en bande nombreuse ; il y aura moins de danger pour vous, et nous vous montrerons le chemin. »

Helga dit qu'elle ne pouvait quitter le Danemark sans avoir revu sa mère adoptive, la bonne femme du Viking. Les soins qu'elle lui avait donnés, les tendres paroles qu'elle lui avait dites, les larmes qu'elle avait versées, tout cela se représentait à son esprit, et en ce moment il lui semblait que de ses deux mères c'était celle-là qu'elle préférait.

« Oui, oui, dit le père cigogne, nous passerons par la grande maison de bois. Là m'attend maman cigogne avec nos jeunes. Ils vont être bien étonnés de vous voir. La maman ne dira pas grand'chose, elle a le parler bref, mais elle a le cœur meilleur que la tête. Je m'en vais faire claquer mon bec, afin de les avertir de notre arrivée. »

Et il fit, en effet, claquer son bec de la bonne façon.

La maison du pirate était tout entière plongée dans le

sommeil. La Viking ne s'était décidé que bien tard à prendre du repos. Elle était dans l'affliction et dans l'angoisse à cause de Helga, qui depuis trois jours avait disparu en même temps que le prisonnier chrétien. C'était elle bien certainement qui avait favorisé la fuite de celui-ci, car le cheval qui manquait à l'écurie était le sien.

Elle finit par gagner sa couche et s'endormir. Le rêve envahit son esprit. Un ouragan terrible était déchaîné. Les vagues de la mer roulaient en mugissant, soulevées à l'est et à l'ouest par les courants de la mer du Nord et du Cattegat. L'immense serpent qui, au fond de l'Océan, tient la terre enserrée dans ses replis, tremblait, tressaillait convulsivement. C'était la nuit terrible du Ragnarok, comme l'appelaient les païens, où la création devait périr et en même temps tous les dieux. La trompette de guerre retentit. On vit les dieux revêtus de leurs puissantes armures passer et galoper par-dessus l'arc-en-ciel pour tenter le dernier combat. Les valkyries ailées volaient en avant. Les héros morts aux champs de bataille formaient l'arrière-garde. L'atmosphère était éclairée des lueurs de cent aurores boréales, mais elles ne purent lutter contre les ténèbres qui allaient s'épaississant de plus en plus.

La Viking épouvantée vit tout à coup à côté d'elle Helga sous l'horrible forme de grenouille. La pauvre créature tremblait et se serrait contre sa mère adoptive, qui la prit sur ses genoux et la pressa contre son sein. L'air retentissait de coups d'épées et de massues. On entendait comme le bruit d'une grêle infernale : c'étaient des milliers de flèches qui sifflaient de tous côtés. L'heure était sonnée où le ciel et la terre allaient se fendre et s'éparpiller dans l'espace ; où les étoiles allaient être précipitées avec tout l'univers dans la mer de feu de Sourtour qui doit tout engloutir. Mais la femme du Viking avait toujours cru qu'il surgirait une nouvelle terre, un nouveau ciel où régnerait le dieu inconnu. Après l'immense cataclysme, elle vit en effet le jour reparaître. Elle aperçut montant vers le ciel un être transfiguré et d'une beauté parfaite. C'était, croyait-elle, Baldour, le dieu doux et compatissant qui ressuscitait de l'empire des morts ; mais, en le regardant mieux, elle reconnut le prêtre chrétien échappé de sa prison.

« Jésus-Christ ! » s'écriait-elle en le reconnaissant. En même temps elle imprimait un baiser sur le front de Helga. L'enveloppe bestiale dans laquelle celle-ci était enfermée tombait aussitôt. Helga se trouvait devant elle dans sa beauté de jeune fille, non plus farouche, mais gracieuse, douce, aimante, les yeux brillants de tendresse ; elle embrassait les mains de sa mère adoptive, la bénissait pour les marques d'affection qu'elle lui avait prodiguées, pour les bonnes pensées qu'elle avait éveillées en elle, et surtout pour avoir invoqué ce nom divin qui l'avait délivrée du charme funeste. Pendant qu'elle parlait, Helga se transformait en un cygne aux puissantes ailes. Elle s'éleva dans les airs, qu'elle fendit avec un bruissement pareil à celui que fait une bande d'oiseaux voyageurs.

La femme du pirate se réveilla en ce moment. Elle entendit réellement au dehors de nombreux battements d'ailes. Elle se rappela que c'était le temps où les cigognes émigrent. Elle voulut voir, avant leur départ, ces oiseaux amis des hommes. Elle se leva et alla regarder au dehors.

Partout sur les rebords du toit, cigognes se pressaient contre cigognes. Toujours il en arrivait de nouvelles bandes voltigeant en larges cercles. En face du balcon, près du puits, ur la margelle duquel la sauvage Helga s'asseyait autrefois pour effrayer sa mère, se tenaient deux beaux cygnes qui la regardaient d'un air d'intelligence. Elle se rappela son rêve ou sa vision, se souvint d'avoir vu Helga transformée en cygne, et cette pensée la remplit d'une joie singulière.

Les cygnes se mirent à battre des ailes. Ils courbèrent leur cou comme pour envoyer un dernier salut. La Viking étendit ses bras vers eux. On aurait dit qu'elle comprenait tout ; elle leur souriait à travers les larmes.

Voilà que toutes les cigognes s'élevèrent à la fois avec un grand bruit d'ailes et un formidable claquetage de becs.

« Nous n'attendons pas les cygnes, dit mère cigogne. Ils n'en finissent pas avec leurs adieux. S'ils veulent venir, libre à eux! Nous ne pouvons pas rester ici jusqu'à ce que les vanneaux et les grives partent à leur tour. C'est tout de même beau de voyager comme nous par familles, et non pas comme les perdrix et les pluviers, dont les mâles volent à part et les femelles aussi. Ce sont des animaux non civilisés. Mais quel bruit ces cygnes font-ils donc avec leurs ailes ?

— Chacun vole à sa manière, répond père cigogne ; les cygnes volent en biais. Les grues marchent bien en triangle et les vanneaux en ligne serpentine.

— Ne vas-tu pas nous parler de serpents, quand nous sommes dans les airs? interrompit mère cigogne. Les jeunes se sentent venir l'eau à la bouche, et, ne pouvant satisfaire leur envie, ils sont de mauvaise humeur lorsqu'ils ont besoin de tout leur courage pour supporter la fatigue.

— Sont-ce là les hautes montagnes dont j'ai entendu parler ? demande Helga à sa mère.

— Non, répond celle-ci, c'est un orage qui passe au-dessous de nous.

— Et qu'est-ce que ces grands nuages blancs?

— Ce sont les pics couverts d'une neige éternelle. »

Elles passaient au-dessus des Alpes. Elles voient s'étendre les flots bleus de la Méditerranée.

« L'Afrique! les côtes d'Égypte! » s'écrie avec allégresse la princesse du Nil, apercevant de loin sa patrie, qui se déroulait comme un long ruban jaune.

Les cigognes se signalèrent également les unes aux autres les sommets des Pyramides et hâtèrent leur vol.

« Je flaire déjà les grenouilles grasses, dit mère cigogne. Oui, mes petits, vous allez vous régaler et faire ripaille. Du courage! Vous verrez aussi vos parents, les ibis, les grues, les marabouts: ils sont tous de notre famille, mais ce sont nos cadets; ils sont loin d'être aussi beaux que nous, quoiqu'ils se donnent de grands airs Les ibis surtout ont des prétentions insupportables. Autrefois, les Égyptiens les adoraient, embaumaient leurs corps morts avec des herbes odoriférantes ; ils en faisaient des momies sacrées. Cela leur a tourné la tête. En vérité, ne vaut-il pas mieux avoir l'estomac bien garni de simples têtards, et être en vie, que d'être mort et d'avoir le ventre rempli de condiments précieux? Je suis sûr que c'est votre avis, et c'est le mien. Patience, vous allez pouvoir vous en donner à cœur joie: encore quelques coups d'ailes !

— Voici les cigognes revenues, » dit-on, dans le riche palais des bords du Nil.

Le roi reposait dans la salle ouverte, étendu sur des coussins, et couvert d'une peau de léopard. Il était toujours paralisé et engourdi ; il n'était pas mort ; on ne pouvait dire non plus qu'il vivait.

Deux magnifiques cygnes vinrent tout à coup s'abattre dans la salle. Ils jetèrent bas leur plumage et deux femmes, l'une paraissant à peine plus âgée que l'autre, et toutes deux se ressemblant comme deux gouttes d'eau, s'approchèrent du vieux roi immobile et malade. Helga se pencha sur lui et l'embrassa. Aussitôt les joues de son grand-père se colorèrent, ses yeux reprirent leur vivacité; le mouvement revint dans ses membres raidis. Le monarque se leva guéri et plein de joie : la fleur née au fond des marais du Nord avait opéré ce prodige.

VIII

L'allégresse régnait dans le palais du monarque et dans les nids des cigognes. Ces dernières faisaient chère abondante et réparaient les privations du voyage.

Quand elle fut bien repue, ainsi que toute sa famille :

« J'espère, dit la mère cigogne à son époux, que tu vas devenir un personnage important : cela ne peut te manquer, après tout ce que tu as fait?

— Qu'ai-je donc fait de si méritoire? dit le père cigogne, et que veux-tu que je devienne?

— C'est toi qui as tout fait, répliqua la mère. Sans toi et sans nos petits, est-ce que les princesses auraient jamais revu l'Égypte? auraient-elles, par conséquent, pu rendre la santé au vieux roi? Il est impossible qu'on ne te décerne point quelque récompense. On te donnera pour le moins le bonnet de docteur, transmissible à nos petits, qui le transmettront à leurs petits, et ainsi de suite à perpétuité. Cette distinction te siéra à merveille, je t'assure. Tu as l'air grave d'un docteur, tu joueras très bien ton personnage. »

Les savants et les sages s'assemblèrent et exposèrent l'idée fondamentale qui paraissait se dégager de ces événements. « L'Amour fait naître la vie, » disaient-ils, voilà bien l'oracle, mais ils s'accordaient assez mal sur l'application qu'il y avait à faire de cet axiome. Enfin la majorité conclut que la princesse d'Égypte était allée trouver comme un chaud rayon de soleil le Roi de la vase, et que de leur union était provenue ce que l'énigme appelait la fleur miraculeuse.

« Je ne puis rapporter bien clairement leurs paroles, dit aux siens le père cigogne qui avait écouté leurs discussions du haut du toit. Tout ce que je sais, c'est que leurs explications ont été si subtiles, si profondes, qu'ils ont reçu immédiatement les plus hautes distinctions et les plus magnifiques présents. Il y en a même un qui n'a pas ouvert la bouche, et à qui l'on a donné cependant un superbe cadeau, parce qu'on a supposé qu'il n'en pensait pas moins.

— Et toi, qui as tout fait, ils t'ont oublié! répartit la mère cigogne. Ce serait un peu fort ! prenons patience, ton tour viendra. »

Bien avant dans la nuit, lorsque le doux et paisible sommeil était depuis longtemps descendu sur les heureux habitants du palais, quelqu'un veillait. Ce n'était pas le père cigogne; bien qu'il fût planté sur une patte, et qu'on eût dit de loin une sentinelle, il dormait profondément. C'était Helga, penchée sur le balcon, elle contemplait le ciel clair, les étoiles étincelantes, qui paraissaient bien plus grandes que dans les brumes du Nord. Elle songeait aux marécages du Danemark, aux doux yeux de sa mère adoptive, à la bonté et à la tendresse qu'elle avait trouvées dans la femme du pirate normand. Elle eût voulu lui dire où elle était, lui faire savoir qu'elle pensait à elle. Une idée lui vint, à force d'y réfléchir.

Aux premiers beaux jours du printemps, lorsque les cigognes allaient repartir pour le Nord, Helga retira de son bras son bracelet d'or, et y fit graver son nom. Elle appela alors le père cigogne, lui mit le grand anneau d'or autour du cour, et le pria de le remettre à la femme du Viking, qui comprendrait que sa fille adoptive vivait heureuse et se souvenait d'elle.

« C'est lourd à porter, pensa le père cigogne lorsqu'il s'envola avec le bracelet; mais il ne faut jeter sur la route ni or ni honneur. D'ailleurs les cigognes portent bonheur, c'est entendu, et l'on est obligé de justifier sa bonne réputation.

— Encore un service qu'on te demande! dit la mère cigogne, et toujours pas la moindre distinction! C'est révoltant.

— Ne comptes-tu pour rien une bonne conscience ?

— Elle ne donne ni bon vent, ni bon plat, » répliqua la mère cigogne, toujours indignée.

Toutefois, à leur retour, ils éprouvèrent une douce surprise. Helga avait fait représenter toute son histoire en hiéroglyphes sur un monument, et les cigognes y jouaient un grand rôle ; pleine justice leur était rendue.

« C'est une attention délicate, à la bonne heure ! dit le père cigogne.

— C'est bien le moins qu'on te devait, » repartit la mère d'un ton radouci.

Et lorsque Helga les aperçut, elle vint sur le balcon, les appela, les flatta, leur caressa le dos. Le vieux couple se dandinait, courbant le cou et balançant la tête. La mère cigogne oublia tout à fait l'amertume qu'elle avait sur le cœur, et les petits, témoins de cette scène touchante, se réjouissaient de la faveur accordée à leur parents.

Franchissons un millier d'années :

« Eh bien, dit une cigogne mâle, voilà que nous avons entendu la fin de cette histoire qu'on a si souvent contée. La conclusion me plaît tout à fait. Qu'en dis-tu, ma bonne ?

— Oui, répondit la cigogne femelle, mais nos petits la trouveront-ils à leur goût ?

— Ah ! dit l'autre, voilà, en effet, le point important. »

LE

SCHILLING D'ARGENT

I

Il y avait une fois un schilling. Lorsqu'il sortit de la Monnaie, il était d'une blancheur éblouissante ; il sauta, tinta : « Hourrah! dit-il, me voilà parti pour le vaste monde! » Et il devait, en effet, parcourir bien des pays.

Il passa dans les mains de diverses personnes. L'enfant le tenait ferme avec ses menottes chaudes. L'avare le serrait convulsivement dans ses mains froides. Les vieux le tournaient, le retournaient, Dieu sait combien de fois, avant de le lâcher. Les jeunes gens le faisaient rouler avec insouciance.

Notre schilling était d'argent de bon aloi, presque sans alliage. Il y avait déjà un an qu'il trottait par le monde, sans avoir quitté encore le pays où on l'avait monnayé. Un jour enfin il partit en voyage pour l'étranger. Son possesseur l'emportait par mégarde. Il avait résolu de ne prendre dans sa bourse que de la monnaie du pays où il se rendait. Aussi fut-il surpris de retrouver, au moment du départ, ce schilling égaré. « Ma foi, gardons-le, se dit-il, là-bas il me rappellera le pays! » Il laissa donc retomber au fond de la bourse le schilling, qui bondit et résonna joyeusement.

Le voilà donc parmi une quantité de camarades étrangers qui ne faisaient qu'aller et venir. Il en arrivait toujours de nouveaux avec des effigies nouvelles, et ils ne restaient guère en place. Notre schilling, au contraire, ne bougeait pas. On tenait donc à lui : c'était une honorable distinction.

Plusieurs semaines s'étaient écoulées : le schilling avait fait déjà bien du chemin à travers le monde, mais il ne savait pas du tout où il se trouvait. Les pièces de monnaie qui survenaient lui disaient les unes qu'elles étaient françaises, les autres qu'elles étaient italiennes. Telle qui entrait lui apprit qu'on arrivait en telle ville ; telle autre qu'on arrivait dans telle autre ville. Mais c'était insuffisant pour se faire une idée du beau voyage qu'il faisait. Au fond du sac on ne voit rien, et c'était le cas de notre schilling.

Il s'avisa un jour que la bourse n'était pas bien fermée. Il glissa vers l'ouverture pour tâcher d'apercevoir quelque chose. Mal lui prit d'être trop curieux. Il tomba dans la poche du pantalon ; quand le soir son maître se déshabilla, il en retira sa bourse, mais y laissa le schilling. Le pantalon fut mis dans l'antichambre, avec les autres habits, pour être brossé par le garçon d'hôtel. Le schilling s'échappa de la poche et roula par terre ; personne ne l'entendit, personne ne le vit.

Le lendemain, les habits furent rapportés dans la chambre. Le voyageur les revêtit, quitta la ville, laissant là le schilling perdu. Quelqu'un le trouva et le mit dans son gousset, pensant bien s'en servir.

« Enfin, dit le schilling, je vais donc circuler de nouveau et voir d'autres hommes, d'autres mœurs et d'autres usages que ceux de mon pays ! »

Lorsqu'il fut sur le point de passer en de nouvelles mains, il entendit ces mots : « Qu'est-ce que cette pièce ? Je ne connais pas cette monnaie. C'est probablement une pièce fausse ; je n'en veux pas : elle ne vaut rien. »

C'est en ce moment que commencent en réalité les aventures du schilling, et voici comme il racontait plus tard à ses camarades les traverses qu'il avait essuyées.

II

« Elle est fausse, elle ne vaut rien ! » A ces mots, disait le schilling, je vibrai d'indignation. Ne savais-je pas bien que j'étais de bon argent, que je sonnais bien, et que mon empreinte était loyale et authentique? Ces gens se trompent, pensais-je ; ou plutôt ce n'est pas de moi qu'ils parlent. Mais non, c'était bien de moi-même qu'il s'agissait, c'était bien moi qu'ils accusaient d'être une pièce fausse !

« Je la passerai ce soir à la faveur de l'obscurité, » se dit l'homme qui m'avait ramassé.

« C'est ce qu'il fit en effet ; le soir on m'accepta sans mot dire. Mais le lendemain on recommença à m'injurier de plus belle : « Mauvaise pièce, disait-on, tâchons de nous en débar-
« rasser. »

« Je tremblais entre les doigts des gens qui cherchaient à me glisser furtivement à autrui.

« Malheureux que je suis ! m'écriais-je. A quoi me sert-il d'être si pur de tout alliage, d'avoir été si nettement frappé ! On n'est donc pas estimé, dans le monde, à sa juste valeur, mais d'après l'opinion qu'on se forme de vous. Ce doit être bien affreux d'avoir la conscience chargée de fautes, puisque, même innocent, on souffre à ce point d'avoir seulement l'air coupable !

« Chaque fois qu'on me produisait à la lumière pour me mettre en circulation, je frémissais de crainte. Je m'attendais à être examiné, scruté, pesé, jeté sur la table, dédaigné et injurié comme l'œuvre du mensonge et de la fraude.

« J'arrivai ainsi entre les mains d'une pauvre vieille femme. Elle m'avait reçu pour salaire d'une rude journée de travail. Impossible de tirer parti de moi ! Personne ne voulait me recevoir. C'était une perte sérieuse pour la pauvre vieille.

« Me voilà donc réduite, se dit-elle, à tromper quel-
« qu'un en lui faisant accepter cette pièce fausse. C'est bien
« contre mon gré, mais je ne possède rien et je ne puis me
« permettre le luxe de conserver un mauvais schilling. Ma
« foi, je vais le donner au boulanger qui est si riche : cela
« lui fera moins de tort qu'à n'importe qui. C'est mal néan-
« moins ce que je fais. »

« Faut-il que j'aie encore le malheur de peser sur la conscience de cette brave femme ! me dis-je en soupirant. Ah ! qui aurait supposé, en me voyant si brillant dans mon jeune temps, qu'un jour je descendrais si bas ? ».

« La vieille femme entra chez l'opulent boulanger ; celui-ci connaissait trop bien les pièces ayant cours pour se laisser prendre : il me jeta à la figure de la pauvre vieille, qui s'en alla honteuse et sans pain. C'était pour moi le comble de l'humiliation ! J'étais désolé et navré, comme peut l'être un schilling méprisé, dont personne ne veut.

« La bonne femme me reprit pourtant, et, de retour chez elle, elle me regarda de son regard bienveillant : « Non,

« dit-elle, je ne veux plus chercher à attraper personne ; je
« vais te trouer pour que chacun voie bien que tu es une
« pièce fausse. Mais l'idée m'en vient tout à coup : qui sait ?
« Ne serais-tu pas une de ces pièces de monnaie qui portent
« bonheur ? J'en ai comme un pressentiment. Oui, c'est cela,
« je vais te percer au milieu, et passer un ruban par le
« trou ; je t'attacherai au cou de la petite fille de la voisine
« et tu lui porteras bonheur. »

« Elle me transperça comme elle l'avait dit, et ce ne fut pas pour moi une sensation agréable. Toutefois, de ceux dont l'intention est bonne on supporte bien des choses. Elle passa le ruban par le trou : me voilà transformé en une sorte de médaillon, et l'on me suspend au cou de la petite qui, toute joyeuse, me sourit et me baise. Je passai la nuit sur le sein innocent de l'enfant.

« Le matin venu, sa mère me prit entre les doigts, me regarda bien. Elle avait son idée sur moi, je le devinai aussitôt. Elle prit des ciseaux et coupa le ruban.

« Ah ! tu es un schilling qui porte bonheur ! dit-elle.
« C'est ce que nous verrons. »

« Elle me plongea dans du vinaigre. Oh ! le bain pénible que je subis ! j'en devins verdâtre. Elle mit ensuite du mastic dans le trou, et, sur le crépuscule, alla chez le receveur de la loterie afin d'y prendre un billet. Je m'attendais à un nouvel affront. On allait me rejeter avec dédain, et cela devant une quantité de pièces fières de leur éclat. J'échappai à cet affront. Il y avait beaucoup de monde chez le receveur ; il ne savait à qui entendre ; il me lança parmi les autres pièces, et, comme je rendis un bon son d'argent, tout fut dit. J'ignore si le billet de la voisine sortit au premier tirage, mais ce que je sais bien, c'est que, le lendemain, je fus reconnu de nouveau pour une mauvaise pièce et mis à part pour être passé en fraude.

« Mes misérables pérégrinations recommencèrent. Je roulai de main en main, de maison en maison, insulté, mal vu de tout le monde. Personne n'avait confiance en moi, et je finis par douter de ma propre valeur. Dieu ! quel affreux temps ce fut là !

« Arrive un voyageur étranger. On s'empresse naturellement de lui passer la mauvaise pièce, qu'il prend sans la regarder. Mais quand il veut me donner à son tour, chacun se récrie : « Elle est fausse, elle ne vaut rien ! » Voilà les affligeantes paroles que je fus condamné pour la centième fois à entendre.

« On me l'a pourtant donnée pour bonne, » dit l'étranger en me considérant avec attention. Un sourire s'épanouit tout à coup sur ses lèvres. C'était extraordinaire ; toute autre était l'impression que je produisais habituellement sur ceux qui me regardaient. « Tiens ! s'écria-t-il, c'est une pièce de
« mon pays, un brave et honnête schilling. On l'a troué ; on
« l'a traité comme une pièce fausse. Je vais le garder et je
« le remporterai chez nous. »

« Je fus, à ces mots, pénétré de la joie la plus vive. Depuis longtemps je n'étais plus accoutumé à recevoir des marques d'estime. On m'appelait un brave et honnête schilling, et bientôt je retournerais dans mon pays, où tout le monde me ferait fête comme autrefois. Je crois que, dans mon transport, j'aurais lancé des étincelles si ma substance l'avait permis.

« Je fus enveloppé dans du beau papier de soie, afin de

ne plus être confondu avec les autres monnaies ; et lorsque mon possesseur rencontrait des compatriotes, il me montrait à eux ; tous disaient du bien de moi, et l'on prétendait même que mon histoire était intéressante.

« Enfin j'arrivai dans ma patrie. Toutes mes peines furent finies, et je repris un nouveau plaisir à l'existence. Je n'éprouvais plus de contrariétés ; je ne subissais plus d'affronts. J'avais l'apparence d'une pièce fausse à cause du trou dont j'étais percé ; mais cela n'y faisait rien ; on s'assurait tout de suite que j'étais de bon aloi et l'on me recevait partout avec plaisir.

« Ceci prouve qu'avec la patience et le temps, on finit toujours par être apprécié à sa véritable valeur.

« C'est vraiment ma conviction, » dit le schilling en terminant son récit.

LE JARDINIER ET SES MAITRES

A une petite lieue de la capitale se trouvait un château; ses murailles étaient épaisses; ses tours avaient des créneaux et des toits pointus. C'était un ancien et superbe château.

Là résidait, mais pendant l'été seulement, une noble et riche famille. De tous les domaines qu'elle possédait, ce château était la perle et le joyau. On l'avait récemment restauré extérieurement, orné et décoré si bien qu'il brillait d'une nouvelle jeunesse. A l'intérieur régnait le confortable joint à l'agréable; rien n'y laissait à désirer. Au-dessus de la grande porte était sculpté le blason de la famille. De magnifiques guirlandes de roses ciselées dans la pierre entouraient les animaux fantastiques des armoiries.

Devant le château s'étendait une vaste pelouse. On y voyait, s'élançant au milieu du vert gazon, des bouquets d'aubépine rouge, d'épine blanche, des parterres de fleurs rares, sans parler des merveilles que renfermait une grande serre bien entretenue.

La noble famille possédait un fameux jardinier; aussi était-ce un plaisir de parcourir le jardin aux fleurs, le verger, le potager. Au bout de ce dernier, il existait encore un reste du jardin des anciens temps. C'étaient des buissons de buis et d'ifs, taillés en forme de pyramides et de couronnes. Derrière, s'élevaient deux vieux arbres énormes; ils étaient si vieux qu'il n'y poussait presque plus de feuilles. On aurait pu s'imaginer qu'un ouragan ou une trombe les avaient couverts de tas de boue et de fumier, mais c'étaient des nids d'oiseaux qui occupaient presque toutes les branches.

Là nichait, de temps immémorial, toute une bande de corneilles et de choucas. Cela formait comme une cité. Ces oiseaux avaient élu domicile en ce lieu avant tout le monde; ils pouvaient s'en prétendre les véritables seigneurs; et de fait ils avaient l'air de mépriser fort les humains qui étaient venus usurper leur domaine. Toutefois, quand ces êtres d'espèce inférieure, incapables de s'élever de dessus terre, tiraient quelque coup de fusil dans le voisinage, corneilles et choucas se sentaient froid dans le dos et s'enfuyaient à tire-d'aile en criant : rak, rak.

Le jardinier parlait souvent à ses maîtres de ces vieux

arbres, prétendant qu'ils gâtaient la perspective, conseillant de les abattre; on aurait, en outre, l'avantage d'être ainsi débarrassé de ces oiseaux aux cris discordants, qui seraient forcés d'aller nicher ailleurs. Les maîtres n'entendaient nullement de cette oreille-là. Ils ne voulaient pas que les arbres ni les corneilles disparussent. « C'est, disaient-ils, un vestige de la vénérable antiquité qu'il ne faut pas détruire. Voyez-vous, cher Larsen, ajoutaient-ils, ces arbres sont l'héritage de ces oiseaux, nous aurions tort de le leur enlever. »

Larsen, comme vous le saisissez parfaitement, était le nom du jardinier. « N'avez-vous donc pas assez d'espace, continuaient les maîtres, pour déployer vos talents? vous avez un grand jardin aux fleurs, une vaste serre, un immense potager. Que feriez-vous de plus d'espace? »

En effet, ce n'était pas le terrain qui lui manquait. Il le cultivait, du reste, avec autant d'habileté que de zèle. Les maîtres le reconnaissaient volontiers. Ils ne lui cachaient pas cependant qu'ils avaient parfois vu et goûté, chez d'autres, des fleurs et des fruits qui surpassaient ceux qu'ils trouvaient dans leur jardin. Le brave homme se chagrinait de cette remarque, car il faisait de son mieux, il ne pensait qu'à satisfaire ses maîtres, et il connaissait à fond son métier.

Un jour ils le mandèrent au salon et lui dirent, avec toute la douceur et la bienveillance possible, que la veille, dînant au château voisin, ils avaient mangé des pommes et des poires si parfumées, si savoureuses, si exquises, que tous les convives en avaient exprimé leur admiration. « Ces fruits, poursuivirent les maîtres, ne sont probablement pas des produits de ce pays-ci; ils viennent certainement de l'étranger. Mais il faudrait tâcher de se procurer l'espèce d'arbre qui les porte et l'acclimater. Ils avaient été achetés, à ce qu'on nous a dit, chez le premier fruitier de la ville. Montez à cheval, allez le trouver pour savoir d'où il a tiré ces fruits. Nous ferons venir des greffes de cette sorte d'arbre, et votre habileté fera le reste. »

Le jardinier connaissait parfaitement le fruitier ; c'était précisément à lui qu'il vendait le superflu des fruits de son verger.

Il partit à cheval pour la ville et demanda au fruitier d'où provenaient ces poires et ces pommes délicieuses qu'on avait mangées au château de X...

« Elles venaient de votre propre jardin, » répondit le fruitier ; et il lui montra les pommes et les poires pareilles, que le jardinier reconnut aussitôt pour les siennes. Combien il en fut réjoui, vous pouvez aisément le deviner. Il accourut au plus vite et raconta à ses maîtres que ces fameuses pommes et ces poires délicieuses étaient les fruit des arbres de leur jardin. Les maîtres se refusaient à le croire : « Ce n'est pas possible, mon bon Larsen. Tenez, je gage que le fruitier se garderait bien de vous l'attester par écrit. »

Le lendemain, Larsen apporta l'attestation signée du fruitier : « C'est tout ce qu'il y a de plus extraordinaire ! » dirent les maîtres.

De ce moment, tous les jours on plaça sur la table de pleines corbeilles de ces pommes et de ces poires. On en expédia aux amis de la ville et de la campagne, même aux amis des pays étrangers. Ces présents faisaient plaisir à tout le monde, à ceux qui les recevaient et à ceux qui les donnaient. Mais pour que l'orgueil du jardinier n'en fût point rop exalté, on eut soin de lui faire remarquer combien l'été avait été favorable aux fruits, qui avaient partout réussi à merveille.

Quelque temps se passa. La noble famille fut invitée à dîner à la cour. Le lendemain, le jardinier fut de nouveau appelé au salon. On lui dit que des melons d'un parfum et d'un goût merveilleux avaient été servis sur la table du roi.

« Ils viennent des serres de Sa Majesté. Il faudrait, cher Larsen, obtenir du jardinier du roi quelques pepins de ces fruits incomparables.

— Mais c'est de moi-même que le jardinier tient la graine de ces melons ! dit joyeusement le jardinier.

— Il faut donc, répartit le seigneur, que cet homme ait su les perfectionner singulièrement par sa culture, car je n'en ai jamais mangé de si savoureux. L'eau m'en vient à la bouche en y songeant.

— Hé bien, dit le jardinier, voilà de quoi me rendre fier,

Il faut donc que Votre Seigneurie sache que le jardinier du roi n'a pas été heureux cette année avec ses melons. Ces jours derniers il est venu me voir ; il a vu combien les miens avaient bonne mine, et après en avoir goûté, il m'a prié de lui en envoyer trois pour la table de Sa Majesté.

— Non, non, mon brave Larsen, ne vous imaginez pas que ces divins fruits que nous avons mangés hier provinssent de votre jardin.

— J'en suis parfaitement certain, répondit Larsen, et je vous en fournirai la preuve. »

Il alla trouver le jardinier du roi et se fit donner par lui un certificat d'où il résultait que les melons qui avaient figuré au dîner de la cour avaient bien réellement poussé dans les serres de ses maîtres.

Les maîtres ne pouvaient revenir de leur surprise. Ils ne firent pas un mystère de l'événement. Bien loin de là, ils montrèrent ce papier à qui le voulut voir.

Ce fut à qui leur demanderait alors des pepins de leurs melons et des greffes de leurs arbres fruitiers. Les greffes réussirent de tous côtés. Les fruits qui en naquirent reçurent partout le nom des propriétaires du château, de sorte que ce nom se répandit en Angleterre, en Allemagne et en France.

Qui se serait attendu à rien de pareil ?

« Pourvu que notre jardinier n'aille pas concevoir une trop haute opinion de lui-même ! » se disaient les maîtres.

Leur appréhension était mal fondée. Au lieu de s'enorgueillir et de se reposer sur sa renommée, Larsen n'en eut que plus d'activité et de zèle. Chaque année il s'attacha à produire quelque nouveau chef-d'œuvre. Il y réussit presque toujours. Mais il ne lui en fallut pas moins entendre souvent dire que les pommes et les poires de la fameuse année étaient les meilleurs fruits qu'il eût obtenus. Les melons continuaient sans doute à bien venir, mais ils n'avaient plus tout à fait le même parfum. Les fraises étaient excellentes, il est vrai, mais pas meilleures que celles du comte Z. Et lorsqu'une année les petits radis manquèrent, il ne fut plus question que de ces détestables petits radis. Des autres légumes, qui étaient parfaits, pas un mot. On aurait dit que les maîtres éprouvaient un véritable soulagement à pouvoir s'écrier :

« Quels atroces petits radis ! Vraiment, cette année est bien mauvaise : rien ne vient bien cette année ! »

Deux ou trois fois par semaine, le jardinier apportait des fleurs pour orner le salon. Il avait un art particulier pour faire les bouquets; il disposait les couleurs de telle sorte qu'elles se faisaient valoir l'une l'autre et il obtenait ainsi des effets ravissants.

« Vous avez bon goût, cher Larsen, disaient les maîtres. Vraiment oui. Mais n'oubliez pas que c'est un don de Dieu. On le reçoit en naissant ; par soi-même on n'en a aucun mérite. »

Un jour le jardinier arriva au salon avec un grand vase où parmi des feuilles d'iris s'étalait une grande fleur d'un bleu éclatant.

« C'est superbe ! s'écria Sa Seigneurie enchantée : on dirait le fameux lotus indien ! »

Pendant la journée, les maîtres la plaçaient au soleil où elle resplendissait ; le soir on dirigeait sur elle la lumière au moyen d'un réflecteur. On la montrait à tout le monde ; tout le monde l'admirait. On déclarait qu'on n'avait jamais vu une fleur pareille, qu'elle devait être des plus rares. Ce fut

l'avis notamment de la plus noble jeune fille du pays, qui vint en visite au château : elle était princesse, fille du roi; elle avait, en outre, de l'esprit et du cœur, mais, dans sa position, ce n'est là qu'un détail oiseux.

Les seigneurs tinrent à honneur de lui offrir la magnifique fleur, ils la lui envoyèrent au palais royal. Puis ils allèrent au jardin en chercher une autre pour le salon. Ils le parcoururent vainement jusque dans les moindres recoins; ils n'en trouvèrent aucune autre, non plus que dans la serre. Ils appelèrent le jardinier et lui demandèrent où il avait pris la fleur bleue :

« Si vous n'en avez pas trouvé, dit Larsen, c'est que vous n'avez pas cherché dans le potager. Ah! ce n'est pas une fleur à grande prétention, mais elle est belle tout de même : c'est tout simplement une fleur d'artichaut !

— Grand Dieu ! une fleur d'artichaut ! s'écrièrent Leurs Seigneuries. Mais, malheureux, vous auriez dû nous dire cela tout d'abord. Que va penser la princesse ? que nous nous sommes moqués d'elle. Nous voilà compromis à la cour. La princesse a vu la fleur dans notre salon, elle l'a prise pour une fleur rare et exotique ; elle est pourtant instruite en botanique, mais la science ne s'occupe pas des légumes. Quelle idée avez-vous eue, Larsen, d'introduire dans nos appartements une fleur de rien ! Vous nous avez rendus impertinents ou ridicules. »

On se garda bien de remettre au salon une de ces fleurs potagères. Les maîtres se firent à la hâte excuser auprès de la princesse, rejetant la faute sur leur jardinier qui avait eu cette bizare fantaisie, et qui avait reçu une verte remontrance.

« C'est un tort et une injustice, dit la princesse. Comment ! il a attiré nos regards sur une magnifique fleur que nous ne savions pas apprécier ; il nous a fait découvrir la beauté où nous ne nous avisions pas de la chercher ; et on l'en blâmerait ! Tous les jours, aussi longtemps que les artichauts seront fleuris, je le prie de m'apporter au palais une de ces fleurs. »

Ainsi fut-il fait. Les maîtres de Larsen s'empressèrent, de leur côté, de réinstaller la fleur bleue dans leur salon, et de la mettre bien en évidence, comme la première fois.

« Oui, elle est magnifique, dirent-ils ; on ne peut le nier. C'est curieux, une fleur d'artichaut ! »

Le jardinier fut complimenté.

« Oh ! les compliments, les éloges, voilà ce qu'il aime ! disaient les maîtres ; il est comme un enfant gâté. »

Un jour d'automne s'éleva une tempête épouvantable ; elle ne fit qu'aller en augmentant toute la nuit. Sur la lisière du bois, une rangée de grands arbres furent arrachés avec leurs racines. Les deux arbres couverts de nids d'oiseaux furent aussi renversés. On entendit jusqu'au matin les cris perçants, les piaillements aigus des corneilles effarées, dont les ailes venaient frapper les fenêtres.

« Vous voilà satisfait, Larsen, dirent les maîtres, voilà ces pauvres vieux arbres par terre. Maintenant il ne reste plus ici de trace des anciens temps, tout en est détruit, comme vous le désiriez. Ma foi, cela nous a fait de la peine. »

Le jardinier ne répondit rien : il réfléchit aussitôt à ce qu'il ferait de ce nouvel emplacement, bien situé au soleil. En tombant, les deux arbres avaient abîmé les buis taillés en pyramides, ils furent enlevés. Larsen les remplaça par des arbustes et des plantes pris dans les bois et dans les champs de la contrée. Jamais jardinier n'avait encore eu cette idée. Il réunit là le genévrier de la bruyère du Jutland, qui ressemble tant au cyprès d'Italie, le houx toujours vert, les plus belles fougères semblables aux palmiers, de grands bouillons blancs qu'on prendrait pour des candélabres d'église. Le sol était couvert de jolies fleurs des prés et des bois. Cela formait un charmant coup d'œil. A la place des vieux arbres fut planté un grand mât au haut duquel flottait l'étendard du Danebrog, et tout autour se dressaient des perches où, en été, grimpait le houblon. En hiver, à Noël, selon un antique usage, une gerbe d'avoine fut suspendue à une perche, pour que les oiseaux prissent part à la fête : « Il devient sentimental sur ses vieux jours, ce bon Larsen, disaient les maîtres ; mais ce n'en est pas moins un serviteur fidèle et dévoué. »

Vers le nouvel an, une des feuilles illustrées de la capitale publia une gravure du vieux château. On y voyait le mât avec le Danebrog, et la gerbe d'avoine au bout d'une perche. Et dans le texte, on faisait ressortir ce qu'avait de touchant cette ancienne coutume de faire participer les oiseaux du bon Dieu à la joie générale des fêtes de Noël : on félicitait ceux qui l'avaient remise en pratique.

« Vraiment, tout ce que fait ce Larsen, on le tambourine aussitôt, dirent les maîtres. Il a de la chance. Nous devons presque être fiers qu'il veuille bien rester à notre service. »

Ce n'était là qu'une façon de parler. Ils n'en étaient pas fiers du tout, et n'oubliaient pas qu'ils étaient les maîtres et qu'ils pouvaient, s'il leur plaisait, renvoyer leur jardinier, ce qui eût été sa mort, tant il aimait son jardin. Aussi ne le firent-ils pas. C'étaient de bons maîtres. Mais ce genre de bonté n'est pas fort rare et c'est heureux pour les gens comme Larsen.

TABLE

	Pages
INTRODUCTION	
HANS CHRISTIAN ANDERSEN	VII
LA VIERGE DES GLACIERS	1
I. Le Petit Rudy	1
II. Le Voyage vers la nouvelle patrie	13
III. L'Oncle	20
IV. Babette	27
V. Le Retour	41
VI. La Visite au Moulin	44
VII. Le Nid d'aigle	50
VIII. Les Nouvelles que raconte le chat du salon	56
IX. La Vierge des glaces	60
X. La Marraine	63
XI. Le Cousin	67
XII. Les Puissances funestes	70
XIII. Chez le Meunier	74
XIV. Les Spectres de la nuit	78
XV. Fin	81
IB ET LA PETITE CHRISTINE	90
ELLE SE CONDUIT MAL	113
UN CRÈVE-CŒUR	127
UN COUPLE D'AMOUREUX	133

TABLE.

	Pages.
UNE HISTOIRE DANS LES DUNES	137
CAQUETS D'ENFANTS	187
UNE FEUILLE DU CIEL	191
CE QUE LE VIEUX FAIT EST BIEN FAIT	195
LE SYLPHE	205
LA REINE DES NEIGES, EN SEPT HISTOIRES	213
Première histoire. — Qui traite du miroir et de ses morceaux.	213
Deuxième histoire. — Un petit Garçon et une petite Fille.	216
Troisième histoire. — Le Jardin de la Femme qui savait faire des enchantements	226
Quatrième histoire. — Prince et Princesse	238
Cinquième histoire. — La petite Fille des brigands	251
Sixième histoire. — La Laponne et la Finnoise	258
Septième histoire. — Le Palais de la Reine des Neiges	264
LE FILS DU PORTIER	271
SOUS LE SAULE	307
LES AVENTURES DU CHARDON	335
LA FILLE DU ROI DE LA VASE	343
LE SCHILLING D'ARGENT	403
LE JARDINIER ET SES MAITRES	411

FIN DE LA TABLE

A LA MÊME LIBRAIRIE

FABIOLA, OU L'ÉGLISE DES CATACOMBES, par Son Ém. le cardinal Wiseman, archevêque de Wetminster. Traduction de mademoiselle Nettement, illustration de Yan' Dargent. 1 vol. grand in-8 raisin. . . . . 10 fr.

LA TIRELIRE AUX HISTOIRES, lectures choisies, par Mme Louise Sw. Belloc, auteur de la *Bibliothèque des familles*, etc. Illustrations de G. Staal. 1 vol. grand in-8 raisin. 10 fr.

LA CASSETTE DES SEPT AMIS, par S. Henry Berthoud. 1 vol. in-8 raisin, illustré par Yan Dargent de plus de 125 vignettes dans le texte et hors texte. . . . . 10 fr.

LES HOTES DU LOGIS, par S. Henry Berthoud, illustrés d'un grand nombre de vignettes sur bois, grav. par les meilleurs artistes. Dessins de Yan' Dargent. 1 v. gr. in-8 raisin. 10 fr.

LES FÉERIES DE LA SCIENCE, par S. Henry Berthoud, illustrées de plus de 150 vign. dans le texte et hors texte, d'après les dessins de Yan' Dargent. 1 vol. grand in-8 raisin. 10 fr.

L'HOMME DEPUIS CINQ MILLE ANS, par S. Henry Berthoud, illustré d'un grand nombre de vignettes sur bois, gravées par les meilleurs artistes, d'après les dessins de Yan' Dargent. 1 vol. grand in-8 raisin. . . . . 10 fr.

LE MONDE DES INSECTES, par S. Henry Berthoud, illustré d'un grand nombre de vignettes sur bois, gravées par les premiers artistes, d'après les dessins de Yan' Dargent. 1 vol. grand in-8 raisin. . . . . 10 fr.

CONTES DU DOCTEUR SAM, par S. Henry Berthoud, illustrés par MM. H. Staal, Pizetta, etc., d'un grand nombre de vignettes dans le texte et de dix grands bois hors texte. 1 vol. grand in-8 raisin. . . . . 10 fr.

CONTES DE TOUS PAYS, par Émile Chasles, illustrés d'un grand nombre de vignettes dans le texte et hors texte d'après les dessins de Staal. 1 vol grand in-8 raisin. . . . . . 10 fr.

NOUVEAUX CONTES DE TOUS PAYS, par Émile Chasles, illustrés d'un grand nombre de vignettes dans le texte et hors texte d'après les dessins de Staal. 1 vol. grand in-8 raisin. 10 fr.

LE BUFFON DES FAMILLES, illustré d'un grand nombre de vignettes dans le texte et tirées à part. Un vol. gr. in-8 raisin. . . . . 10 fr.

LE MAGASIN DES ENFANTS, ou Dialogues d'une sage gouvernante avec ses élèves, par Mme Leprince de Beaumont, précédé d'une Notice par Mme S.-L. Belloc, illustré d'après les dessins de Staal. 1 vol. gr. in-8 raisin. . . . . 10 fr.

ŒUVRES DE BERQUIN. L'Ami des Enfants. Nouvelle édition, illustrée de dessins par Staal et Gérard Séguin. 1 vol. grand in-8 raisin, imprimé avec le plus grand soin par Simon Raçon. . . . . 10 fr.

Sandford et Merton, le Petit Grandisson, etc., etc. Nouvelle édition illustrée de nombreuses vignettes dessinées par Staal et gravées par les meilleurs artistes. 1 vol. grand in-8 raisin. 10 fr.

CONTES DE SCHMID, traduction de l'abbé Macker, la seule approuvée par l'auteur; nouvelle édition illustrée par G. Staal d'un grand nombre de vignettes dans le texte et de grands bois hors texte gravés par Gusmand, Pannemacker, Huyot, Trichon, Mouard, Midderich, etc. 2 vol. grand in-8 raisin. Chaque vol. . . . . 10 fr.

LES VEILLÉES DU CHATEAU, ou Cours de morale à l'usage des enfants, par Mme la comtesse de Genlis. Nouvelle édition, avec vignettes de Staal, grand in-8 raisin, imprimé avec le plus grand soin, papier satiné, glacé. . . . . 10 fr.

CONTES DES FEES, par Perrault, Mme d'Aulnoy, Hamilton, et Mme Leprince de Beaumont. Nouvelle édition, nombreuses vignettes de MM. Staal, Bertall, etc. 1 vol. gr. in-8 raisin. 10 fr.

AVENTURES DE ROBINSON CRUSOÉ, par D. de Foë. 1 beau vol. grand in-8 raisin, illustré par Grandville. . . . . 10 fr.

ROBINSON SUISSE, par M. Wyss, avec la Suite donnée par l'auteur, traduction de Mme Élise Voïart; précédé d'une Notice de Charles Nodier. 1 v. gr. in-8 raisin, ill. de 200 vign. d'après les dessins de Lemercier. . . . . 10 fr.

DÉCOUVERTE DE L'AMÉRIQUE, par J.-H. Campe, précédé d'un Essai sur la vie et les ouvrages de l'auteur, par Ch. Saint-Maurice. 1 vol. gr. in-8 raisin, illustré de 120 bois dans le texte et à part. . . . . 10 fr.

VOYAGES ILLUSTRÉS DE GULLIVER, dessins par Grandville. 1 beau vol. gr. in-8 raisin, papier glacé. . . . . 10 fr.

Pour la première fois, l'ingénieuse fiction de Swift a été exactement rendue et religieusement respectée. Les quatre cents sujets de Grandville y luttent de finesse et d'esprit avec l'original.

FABLES DE FLORIAN. 1 vol. grand in-8, illustré par Grandville de 80 grandes gravures, 25 vign. dans le texte. . . . . 10 fr.

L'illustration de Florian appartenait de droit au crayon qui venait de peindre avec tant de bonheur les bêtes de La Fontaine.

LES ANIMAUX HISTORIQUES, par Ortaire Fournier, suivis des Lettres sur l'intelligence et la perfectibilité des animaux, par C. G. Leroy, *et de particularités curieuses extraites de Buffon*. 1 vol. grand in-8 raisin, orné d'illustrations de Victor Adam. . . . 10 fr.

LA BUCHE, récits sur la vie des plantes, par J. H. Fabre, docteur ès sciences, illustrations de Yan' Dargent. 1 vol. grand in-8 raisin. . . . . 10 fr.